CNAEC 中国工程咨询协会
CHINA NATIONAL ASSOCIATION OF ENGINEERING CONSULTANTS

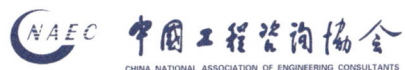

2022
中国工程咨询行业发展报告

Annual Report for China Engineering Consulting Indurstry Development 2022

中国工程咨询协会 编著
China National Association of Engineering Consultants

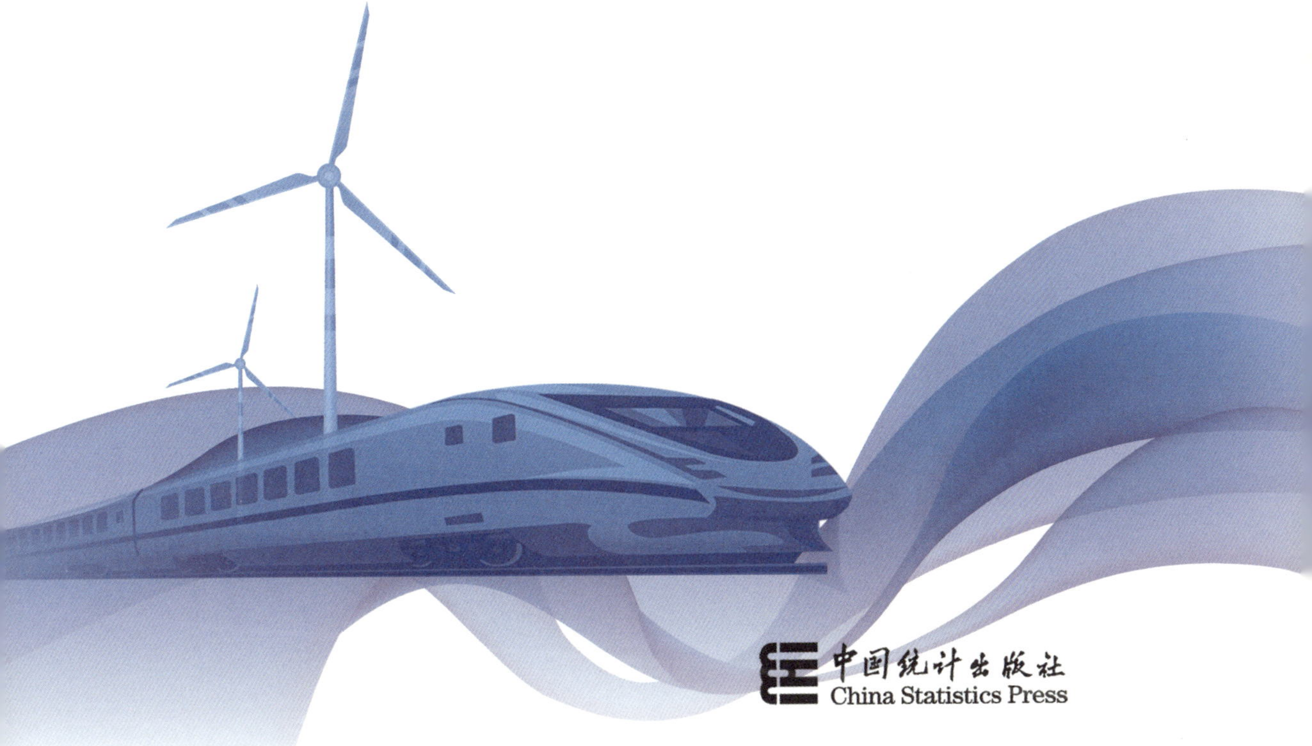

中国统计出版社
China Statistics Press

图书在版编目（CIP）数据

中国工程咨询行业发展报告 . 2022 / 中国工程咨询协会编著 . -- 北京：中国统计出版社，2024.1
ISBN 978-7-5230-0392-3

Ⅰ．①中… Ⅱ．①中… Ⅲ．①建筑工程－咨询服务－研究报告－中国－ 2022 Ⅳ．① F426.9

中国国家版本馆 CIP 数据核字（2024）第 011425 号

中国工程咨询行业发展报告 2022

| 作　　者 / 中国工程咨询协会
| 责任编辑 / 冯诗萌
| 执行编辑 / 刘　琛
| 封面设计 / 李雪燕
| 出版发行 / 中国统计出版社有限公司
| 通信地址 / 北京市丰台区西三环南路甲 6 号　　邮政编码 /100073
| 发行电话 / 邮购 (010) 63376909　　书店 (010) 68783171
| 网　　址 /http://www.zgtjcbs.com/
| 印　　刷 / 河北宝昌佳彩印刷有限公司
| 开　　本 /787mm×1092mm 1/16
| 字　　数 /261 千字
| 印　　张 /19.25
| 版　　别 /2024 年 1 月第 1 版
| 版　　次 /2024 年 1 月第 1 次印刷
| 定　　价 /118.00 元

版权所有，侵权必究。
如有印装差错，请与发行部联系退换。

编委会

编委会主任：肖凤桐

编写组成员：刘建军　张秋艳　吴　雷　杨　巍

　　　　　　刘　洁　张思静　孟令轲

序 言 Preface

经过精心准备，中国工程咨询行业发展报告终于付梓出版，这弥补了行业发展历史的一个空白，对进一步加强行业统计工作、扩大行业宣传、增强行业影响力有重要的推动作用。

2017年，中国工程咨询协会完成了第一部工程咨询行业发展报告的编制工作，重点是系统梳理行业发展的历史脉络，厘清系列重要概念。此后，依次编制完成2018年至2021年行业发展报告。每年约有3000多家工程咨询机构填报年度统计数据，为行业报告编制提供了有力的支持。在编制报告的过程中，坚持开门办报告，逐步形成以年度发展综述、调查数据分析、专题研究为主要结构的稳定体例。2022年度行业发展报告体例保持不变，强化专题研究内容。针对行业发展的重要趋势和热点问题，上海市工程咨询行业协会等单位提供了一系列有深度的专题研究，在此，表示深深的感谢。

中国工程咨询行业是时代的产物。改革开放以来，党和国家日益重视工程投资建设决策的科学化、民主化水平，借鉴国外工程咨询有益经验，引入可行性研究制度，推动了中国工程咨询行业的形成和快速发展。40多年来，中国工程咨询行业进入到了以全过程咨询为目标的专业化、系统化的创新发展阶段。行业规模不断扩大，已经形成一支近 4 万家备案机构、约 400 万人员的从业队伍，各类咨询业务蓬勃发展，新业态活力不断迸发，工程咨询优化供给结构重要支撑力量的作用进一步凸显。

本报告是行业发展的一个缩影，也是展示行业风采的重要窗口。报告总结年度行业发展的新成效、及时跟踪咨询业务发展的新动向、研判行业发展存在的问题。用数据说话是行业报告的一大特点，虽然行业信息调查统计工作覆盖面还不高，但是已有数据也一定程度上体现行业年度发展的情况。我们希望，2022 年度行业报告的公开出版，能够推动越来越多的工程咨询机构重视行业年度调查工作，积极参与其中，使行业发展报告越来越完善。

中国工程咨询协会会长

育凤桐

2023 年 11 月

目 录 Contents

上编 中国工程咨询行业 2022 年度行业发展报告

第一章 2022 年行业发展综述
第一节 行业发展环境 3
第二节 行业发展成效 5
第三节 行业发展存在的主要问题 9
第四节 有关建议 10

第二章 2022 年度调查样本数据分析
第一节 样本单位基本情况 11
第二节 业务情况 29
第三节 创新能力情况 47
第四节 社会公益情况 56
第五节 共同样本情况 58

下编 专题研究

专题研究一、行业高质量发展
关于加快推进工程咨询业高质量发展的指导意见 65
提高前期决策咨询质量发挥前期决策咨询在全过程咨询
中的"引领作用" 73

专题研究二、"2022年菲迪克工程项目奖"获奖项目
重庆市轨道交通环线工程 86
乌东德水电站项目 90
成都天府机场项目 97

专题研究三、乡村振兴
以政策凝共识、用服务推成效 109
构建规划咨询新理念，助力乡村振兴新成效 120
解码未来乡村解锁共同富裕"三位一体"综合咨询服务
乡村振兴 126
创新咨询思路打通乡村振兴项目融资"最后一公里" 138
探索乡村建设咨询新路子做好项目咨询智力支撑好助手 150

专题研究四、中国工程咨询协会成立30周年
中国工程咨询协会成立30周年 奋力推动行业高质量发展 166
服务重大战略 助力国家建设 171
工程咨询业推动经济社会高质量发展 177

附录

附录一、2022年备案工程咨询单位数据图

2022年备案工程咨询单位数据图 187

附录二、政策法规

关于加快推进城镇环境基础设施建设的指导意见 191

国家发展改革委等部门关于推进共建"一带一路"绿色
发展的意见 199

国家发展改革委投资咨询评估管理办法 205

中共中央办公厅国务院办公厅印发《关于推进以县城
为重要载体的城镇化建设的意见》 213

国务院办公厅关于进一步盘活存量资产扩大有效投资
的意见 220

"十四五"新型城镇化实施方案 227

韩正在中国国际工程咨询有限公司主持召开座谈会
强调深入论证科学决策扎实做好重大项目建设工作 246

国家发展改革委办公厅关于做好基础设施领域不动产
投资信托基金（REITs） 248

中华人民共和国国家发展和改革委员会
中华人民共和国商务部令 第52号 252

发展改革委关于进一步完善政策环境加大力度支持
民间投资发展的意见 253

附录三、鸣谢单位

2022年度提供数据的工程咨询单位列表 260

上 编

中国工程咨询2022年度行业发展报告

中国工程咨询2022年度行业发展报告

第一章 2022年行业发展综述

第一节 行业发展环境

1. 全年固定资产投资保持稳定增长

固定资产总体保持增长态势,工程咨询行业市场需求保持稳定。根据国家统计局数据,2022年国内生产总值1210207亿元,比2021年增长3.0%。其中,第一产业增加值88345亿元,比上年增长4.1%;第二产业增加值483164亿元,增长3.8%;第三产业增加值638698亿元,增长2.3%。全年全社会固定资产投资579556亿元,比上年增长4.9%。固定资产投资(不含农户)572138亿元,增长5.1%。在固定资产投资(不含农户)中,分区域看,东部地区投资增长3.6%,中部地区投资增长8.9%,西部地区投资增长4.7%,东北地区投资增长1.2%。在固定资产投资(不含农户)中,第一产业投资14293亿元,比上年增长0.2%;第二产业投资184004亿元,增长10.3%;第三产业投资373842亿元,增长3.0%。民间固定资产投资310145亿元,增长0.9%。基础设施投资增长9.4%。社会领域投资增长10.9%。从2022年统计共同样本的有关数据看[①],工程咨询机构基本保持了营业收入、合同额的正向增长。

2. 财政和货币政策协同发力

财政政策和货币政策的协调发力确保了流动性适度充足,为固定资

[①] 中国工程咨询协会自2017年开始行业调查统计工作,2018年至2022年每年约3000多家工程咨询机构参加了调查工作,其中,有800多家工程咨询机构参与了4年的调查,组成了统计共同样本。

产投资创造了有利的资金环境。货币信贷合理增长，2022年新增人民币贷款21.31万亿元，同比多增1.36万亿元；年末人民币贷款、广义货币（M2）、社会融资规模存量同比分别增长11.1%、11.8%和9.6%。信贷结构持续优化，年末普惠小微贷款和制造业中长期贷款余额同比分别增长23.8%和36.7%。企业融资和个人消费信贷成本稳中有降，全年企业贷款加权平均利率为4.17%，同比下降0.34个百分点，12月新发放个人住房贷款利率平均为4.26%，较上年12月下降1.37个百分点。人民币汇率双向浮动，在合理均衡水平上保持基本稳定，年末人民币对美元汇率中间价为6.9646元。总体看，2022年稳健的货币政策精准有力，结构性货币政策工具聚焦重点、合理适度、有进有退，保持货币供应量和社会融资规模增速同名义经济增速基本匹配。

3. 激发投资活力

国家采取积极有力的政策措施，扩大有效投资。在投资政策制定方面，出台了《关于进一步完善政策环境加大力度支持民间投资的意见》《关于进一步盘活存量资产扩大有效投资的意见》等政策，激发民间投资活力，积极盘活存量资产。扩大中央政府投资。2022年，中央预算内投资规模约6400亿元，较2021年度增加300亿元。国家发展改革委加快下达投资计划并督促项目加快开工建设，全国发行新增专项债4.04万亿元，截至2022年底项目开工率超过96%。我国创新设立政策性开发性金融工具，由国家发展改革委筛选形成备选项目清单，政策性银行按市场化原则选取项目投放资金并加强配套融资支持。金融工具共投放7399亿元，支持超过了2700个重大项目。确定专项再贷款与财政贴息配套支持部分领域设备更新改造的政策，21家全国性银行共发放设备更新改造项目贷款1214亿元。

4. 进一步完善投资决策管理机制

为完善国家发展改革委投资决策程序，提高投资决策科学化、民主化水平，切实提升咨询评估质量，国家发展改革委对《国家发展改革委投资咨询评估管理办法》（发改投资规〔2018〕1604号）进行了修订。这次修订注重投资咨询评估全过程管理，提出由国家发展改革委投资司建立咨询评估工作机制，投资司每年组织第三方机构或专家对选出的一定数量咨询评估机构进行评价、核查和监督检查，关注咨询服务质量。对于咨询评估机构,要求建立健全管理制度,建立咨询评估任务专项档案制度,将咨询评估报告、承诺书以及专家意见等存档备查,加强对工作流程、专家库、保密和财务等方面的管理,不断提升工作质量和效率。新的管理办法强调工作质量重要性,将评估质量评价作为国家发展改革委安排中央预算内投资结算咨询评估费用的依据,对于咨询评估任务完成后的质量评价,主办司局进行评价的同时,投资司也同步进行评价。这次修订为项目投资决策的科学性、全面性及合格性方面起到示范作用。

第二节 行业发展成效

1. 服务经济恢复发展

工程咨询行业按照中央部署要求,加强统筹谋划,发挥服务有效投资的关键作用,努力稳住经济社会发展基本盘。加强重点项目建设。工程咨询单位持续推进重点领域补短板投资,加快谋划布局建设一批具有根本性、前瞻性、基础性的大项目好项目,为长远发展打下坚实基础。如长江设计集团有限公司谋划推动长江经济带"两新一重"重大水利工程项目落地,带动有效投资超1000亿元。深入基层一线谋划抓实项目。工程咨询单位主动下沉基层,在地方前沿上聚焦需求、贴近服务、精心谋划,助力基层政府项目建设扎实高效推进。如陕西省政府投资评审中心深入榆林、铜川、宝鸡、商洛等7市10个县区,帮助梳理重点项目1083个,用好用足各类建设资金。加强债券融资服务满足资金需求。工程咨询单位发挥咨询前端优势,做好专项债券项目申报服务,有效拓宽融资渠道,破解项目建设资金难题。如长春市工程咨询有限公司为地方政府谋划成功超百亿元的专项债项目,占吉林省整体专项债额度的六分之一。

2. 聚焦重大问题加强智库建设

工程咨询行业把咨政建言作为工程咨询特色新型智库的首要任务,瞄准经济社会发展的全局问题、重大战略议题与焦点现实问题,充分发挥专业化优势,建言献策,使工程咨询智库成为党和政府决策咨询的重要基地。龙头智库引领作用进一步凸显。一批工程咨询智库已经成为党政决策得力参谋助手,发挥着不可替代的支撑作用。如中国国际工程咨询有限公司报送政策咨询专报112篇,在国家高端智库建设培育单位中名列第一。建设数字智库创新咨询应用场景。工程咨询单位运用云计算、人工智能等手段,加强数字化场景应用研究,建设智慧型、网络化智库平台。如浙江省发展规划研究院加快推进"1＋2＋N"总体架构体系的数字智库建设,打造"多跨场景"应用,服务"重要课题研究""重大规划编制""投资项目评估"等核心业务。研究产业关键环节和重大问题。工程咨询单位紧密跟踪产业趋势、产业升级、产业安全等问题,提出一系列具有战略性、前瞻性、综合性的研究成果。如中国石化咨询有限责任公司深入开展政府部门委托课题20余项,涵盖推进能源革命、建设新型能源体系、能源强国、石油核心需求及保障措施等大事要事。

3. 践行"双碳战略"推动绿色发展

工程咨询行业深入贯彻习近平生态文明思想,立足新发展阶段,贯彻新发展理念,服务生态优先、绿色低碳的高质量发展道路。深度服务"双碳"顶层设计。工程咨询单位通过编制规划、制定方案,细化碳达峰碳中和的目标及举措。如中国能源建设集团广东省电力设计研究院有限公司全面参与广东省碳达峰碳中和顶层设计工作,承接《广东省能源领域碳达峰实施路径研究》等重大决策课题及广州、深圳、东莞、湛江、云浮等地碳达峰行动方案。推动绿色低碳产业发展。工程咨询单位加快服务发展战略性新兴产业,建设绿色制造体系。如中国电力工程顾问集团东北电力设计院有限公司全面参与"氢动吉林"工程,推进中能建松原氢能产业园等一揽子项目,中标世界最大规模商用核能供热项目华龙一号常规岛设计和连云港核能供热厂一期工程常规岛及其 BOP 设计项目。严把项目评估关口。工程咨询单位坚持节能降碳导向,提升项目评估的能耗准入标准,在评估过程中严格落实高耗能高排放项目的产能等量或减量置换。如新疆维吾尔自治区政府投资项目评审中心做好全疆年综合能耗5000吨以上新建项目的节能评审工作,累计完成节能评审项目98余项,有效核减了项目能源消费量。加强绿色低碳科技攻关和应用。工程咨询单位积极研发新技术、新工艺,推广节能低碳技术及产业化应用,建立绿色评估服务平台。如中国建筑材料工业规划研究院成立绿色低碳研发检测中心,全面提升绿色咨询服务能力。

4. 深入推进全过程工程咨询打造咨询新生态

工程咨询行业在全过程工程咨询服务过程中不断优化资源配置,推进一体化咨询,打造精品优质样板工程,发挥典型示范作用,带动提升行业综合服务能力。优化资源发展多领域综合咨询服务。工程咨询单位实施资源重组,提升全链条业务咨询能力,为业主提供多领域、多阶段、多专业的一体化咨询服务。如湖北省国际工程咨询中心有限公司构建咨询、设计、造价、监理、招标等业态于一体的完整产业链,综合咨询覆盖能源电力、生态环保、市政公用、轨道交通、产业园区等领域,为甲方提供个性化、定制化服务。打造精品示范工程。工程咨询单位承接一批有广泛影响力的全过程工程项目,包括未来社区、医院、粮库等民生项目及数据中心、公路等基础设施项目,也包括具有深远影响的国家版本馆等新时代标志性文化传世工程。如中国联合工程有限公司承担杭州国家版本馆全过程工程咨询工作;华春建设工程项目管理有限责任公司承担西安国家版本馆的全过程造价咨询服务。全过程工程咨询角逐海外市场。工程咨询单位为海外项目提供综合咨询服务,扩大中国工程咨询标准、技术的国际市场。如中咨工程有限公司承担老挝小东布矿100万吨/年钾肥项目全过程咨询业务,是"一带一路"建设和国际产能合作中重点推动的矿产资源项目。

5. 坚持创新驱动加快推进数字化转型发展

工程咨询行业牢牢遵循习近平总书记关于推动传统产业高端化、智能化、绿色化,推动全产业链优化升级,积极培育新兴产业,加快数字产业化和产业数字化的重要指示精神,发挥互联网这一新基础设施的作用,发挥数据、信息、知识等新生产要素的作用,依靠信息技术创新驱动,培育咨询新业态新模式,以咨询新动能推动行业新发展。打造数字咨询平台,服务工业经济体系建设。工程咨询单位开发建设智能化、数字化咨询平台,推动智能工厂建设,为工业用户提供数字化升级、改造、诊断服务,提高全要素生产率。如机械工业第六设计研究院有限公司为泰州市200余家规模以上企业提供智能化改造和数字化转型诊断服务,自主研发兮睿工业互联网平台,在双高行业数字化转型、焦化行业、智慧矿山等特定领域及细分行业中成功应用。加强数字技术应用。工程咨询单位综合运用新的信息化技术手段和工具,研发数字化软件工具,加强咨询服务过程中的全流程数据贯通,形成数据驱动的智能咨询,提升数字化服务供给能力。如陕西通信规划设计院有限公司使用用户画像、边缘计算等手段,聚焦以客户为中心的场景化的用户分析作为数据驱动,指导 5G 和云网融合的协同发展。夯实数字人才队伍建设。工程咨询单位重视专业化人才建设,厚植数字化发展沃土。如新疆市政建筑设计研究院有限公司 BIM 人员达到了全员设计总人数的 80% 以上,巩固数字咨询人才优势。

6. 加快农业农村现代化建设

工程咨询行业贯彻中央一号文件精神,切实扛起乡村振兴责任,服务保障国家粮食安全,巩固脱贫攻坚成果,推动乡村振兴取得新进展、农业农村现代化迈出新步伐。推进农村一二三产业融合发展。工程咨询单位服务打造农业全产业链,促进农业与休闲、旅游、康养等产业深度融合,打造产业融合发展示范园区。如白城市工程建设咨询有限责任公司编制《吉林省通化市辉南县农业现代化示范区创建方案》等一系列方案,为符合条件的县市进行农村产业融合发展示范园的创建和认定申报工作,促进农业增效、农民增收、农村繁荣。优化高标准农田建设。工程咨询单位坚持中国人的饭碗任何时候都要牢牢端在自己手中,严格落实耕地利用政策,确保粮食供应安全。如新疆生产建设兵团工程咨询有限公司大力推进高标准农田建设,提升建设过程各环节的标准化水平。巩固脱贫攻坚成果。工程咨询单位巩固提升脱贫地区特色产业发展,完善联农带农机制,提高农民经营性收入。如中广核工程有限公司通过在吴东城村建设装机 160 千瓦的光伏基地、500 亩苎麻基地、300 亩中药材基地等举措,助力原村集体收入仅有数千元的吴东城村成为村集体年收入可达 25 万元的"实业村"。

7. 为共建"一带一路"提供有力支撑

工程咨询行业高质量推进"一带一路"建设,推动形成全方位、多层次、多元化的合作格局。绿色发展成为新基调。工程咨询单位在"一带一路"沿线国家和地区积极开展绿色能源、绿色基建、绿色交通等领域的务实合作,为这些国家实现绿色转型贡献中国智慧。如信息产业电子第十一设计研究院科技工程股份有限公司与上海电气集团合作共建迪拜五期(DEWA V)900MW 光伏发电项目,每年可向当地提供约 22.68 亿度的电量,减少 235.87 万吨碳排放。提升重大项目节能水平。工程咨询单位充分运用新技术、新工艺,结合项目所在地实际,实现成本有效降低。如鞍钢集团矿业设计研究院有限公司开展喀麦隆洛比铁矿1100万吨/年铁矿石采选联合项目和利比里亚邦矿150万吨/年铁精矿干式磨选项目的工程设计咨询业务，以新技术新工艺显著提升两个项目节能降耗水平。推进"两国双园"模式深化国际合作。工程咨询单位落实习近平总书记"共建经贸创新发展示范园区"的指示精神，服务"两国双园"方案编制，推动"双循环"发展格局。如中国国际经济咨询有限公司编制马鞍山经济技术开发区中－泰"两国双园"建设方案编制服务项目，深化安徽与泰国等东盟国家的双向经贸合作。

第三节 行业发展存在的主要问题

1. 高质量咨询成果供给相对不足

党的二十大报告指出高质量发展是全面建设社会主义现代化国家的首要任务。工程咨询行业是服务经济社会发展的先导产业，要源源不断地提供高质量工程咨询成果，以高质量咨询引领高质量咨询需求。由于多种因素的影响，行业高质量咨询服务还有待提升。部分工程咨询机构受审批制度改革、业主认知等因素的影响，主动或者被动地降低服务标准和质量要求，使得服务产品的形式化、流程化、同质化问题突出。一些工程咨询机构专业能力建设不足，热衷于短期利益，对事关发展的人才队伍建设、技术研发、服务创新等工作重视程度较低，数字化应用水平不高。

2. 行业管理综合化水平有待提升

党的十八大以来，工程咨询行业推进供给侧结构性改革，以取消资质资格、创新管理方式、加强政策引导、强化事中事后监管、放开咨询服务收费政府定价等手段，充分发挥市场在资源配置中的决定性作用，激发了行业发展活力。与此同时，行业发展环境有待完善。表现为：行业法规体系有待健全，行业立法缺位，行业活动和利益调节缺乏法律的直接规范；标准规范体系尚未健全，国家标准仅有《工程咨询基本术语》，大量社会团体标准还处在推进状态；行业监管不到位，对工程咨询机构和咨询工程师（投资）的监督检查等工作未机制化展开；信用体系建设滞后，尚未实现信用信息有效归集和依法依规实施失信惩戒等。

3. 一体化咨询能力有待提升

近年来全过程工程咨询等一体化咨询受到广泛重视,国家发展改革委、住建部也发布了开展全过程工程咨询试点的政策文件,试点工作取得了一定的进展。但是也暴露出一定问题,主要有:全过程工程咨询的政策支持力度有限,缺乏统一标准及规范,容易形成隐形壁垒和引发市场割裂,影响全过程工程咨询统一市场的健康发育。此外,全过程工程咨询服务缺少合理的价格引导,在部分地区和领域,偏离合理成本的低价发包与承揽的问题。工程咨询单位多数以投资决策阶段的技术性服务为主业,开展全过程工程咨询所需的多专业串联统筹和项目整体协同管理能力普遍较为欠缺。

第四节 有关建议

1. 全面提升工程咨询服务质量

质量是工程咨询服务的生命线。提升工程咨询服务质量是一项系统工程,需要多方面着手。完善政府投资审批机制,加强咨询服务质量要求,常态化、机制化开展工程咨询机构和从业人员的质量监督检查和执业检查等工作。引导企业重视可行性研究,更加充分地认识工程咨询作用,从需求端提升要求。工程咨询机构要加强基于项目全生命周期理念下的一体化咨询能力建设,重视数字化等新技术应用,不断推进咨询创新。加强行业自律和信用评价工作,进一步规范市场秩序,优化市场竞争。

2. 提升行业管理水平优化行业结构

建议完善工程咨询行业管理法规体系,适时推进行业立法工作。制定行业中长期发展规划、专项规划、行动计划。完善工程咨询机构备案管理和工程咨询资信评价工作。行业协会研究制定有关标准和规范,鼓励和推进优质优价。破除地方保护和区域壁垒,及时清理废除、制止各地区含有地方保护、市场分割、歧视民营工程咨询机构等妨碍公平竞争的政策及做法。加快工程咨询团体标准体系建设,完善工程咨询服务各类规范、标准、指南等编制。加强各类标准衔接,积极推动优秀团体标准转化为国家、行业标准。行业协会开展信用评价工作,做好试点经验推广,完善信用评价机制,细化失信惩戒办法。

3. 推动一体化咨询服务向纵深发展

政府投资项目应优先开展投资决策综合性咨询和全过程工程咨询。扩大全过程工程咨询试点范围,投资规模超过50亿元的政府投资项目和国有企业投资项目应优先采用全过程工程咨询服务模式。综合施策,发挥甲级资信机构的一体化服务示范引导作用,支持中小型工程咨询机构围绕投资决策、工程建设、管理运营等服务,开展跨阶段咨询业务组合或同一阶段不同类型咨询业务组合服务。支持有条件的工程咨询机构发展海外全过程工程咨询业务,大型项目合作中将全过程工程咨询纳入双边、多边合作协议。

第二章 2022年度调查样本数据分析

2022年度行业统计样本,只是投资项目在线审批监管平台备案工程咨询单位的一部分,但是有关分析及结论仍在一定程度上反映了行业2022年度的情况。

第一节 样本单位基本情况

1. 数量、分类及分布

本次调查样本中,数据有效的工程咨询单位2744家(未调查台湾省、香港特别行政区、澳门特别行政区)。其中,浙江省(浙)、上海市(沪)、江苏省(苏)、广西壮族自治区(桂)、四川省(川)、湖北省(鄂)的工程咨询单位数量位居前列,分别占样本总数的11.92%、11.08%、6.01%、5.65%、5.14%、4.37%(参见表1)。

表1 样本单位全国分布

省/直辖市	工程咨询机构数量(家)	占统计样本比例(%)
浙江省(浙)	327	11.92
上海市(沪)	304	11.08
江苏省(苏)	165	6.01
广西壮族自治区(桂)	155	5.65
四川省(川)	141	5.14

续表

省/直辖市	工程咨询机构数量（家）	占统计样本比例（％）
湖北省(鄂)	120	4.37
广东省(粤)	112	4.08
吉林省(吉)	107	3.90
湖南省(湘)	107	3.90
辽宁省(辽)	103	3.75
天津市(津)	99	3.61
北京市(京)	98	3.57
河南省(豫)	93	3.39
福建省(闽)	86	3.13
云南省(滇)	85	3.10
山东省(鲁)	80	2.92
重庆市(渝)	76	2.77
江西省(赣)	74	2.70
新疆维吾尔自治区(新)	63	2.30
安徽省(皖)	56	2.04
陕西省(陕)	52	1.90
青海省(青)	48	1.75
贵州省(黔)	42	1.53
内蒙古自治区(内蒙古)	33	1.20
甘肃省(甘)	33	1.20
河北省(冀)	31	1.13
海南省(琼)	28	1.02
宁夏回族自治区(宁)	15	0.55
黑龙江省(黑)	6	0.22
山西省(晋)	3	0.11
西藏自治区(藏)	2	0.07

从样本数据看，宁夏、黑龙江、山西、西藏等地工程咨询单位数量相对较少。从历史看，经济发达地区工业基础条件较好，投资需求较大，人才资源优势明显，工程咨询发展的基础好，计划经济时代就有众多的存量工程设计单位，这些因素推动经济发达地区工程咨询市场发展较快，工程咨询单位数量保持较高的增长。

1.1 所有制分类

从所有制分类看,样本单位中,国有企业873个,占比31.81%;事业单位121个,占比4.41%;民营企业1738个,占比63.34%;外资企业12个,占比0.44%(参见图1)。总体看民营企业超半数,其次是国有企业。

民营工程咨询机构数量上占据了行业的半壁江山,但是发展很不平衡。从样本数据看,在收入方面,排名前20名的民营工程咨询机构,工程咨询营业收入是排在末尾的100家民营工程咨询机构的60000多倍(60246);在员工数量方面,排名前20名的民营工程咨询机构平均每家员工数为596.45人,排在末尾的100家民营工程咨询机构则为51.9人。样本中,大部分民营工程咨询机构普遍存在规模小、业务收入不高的情况。

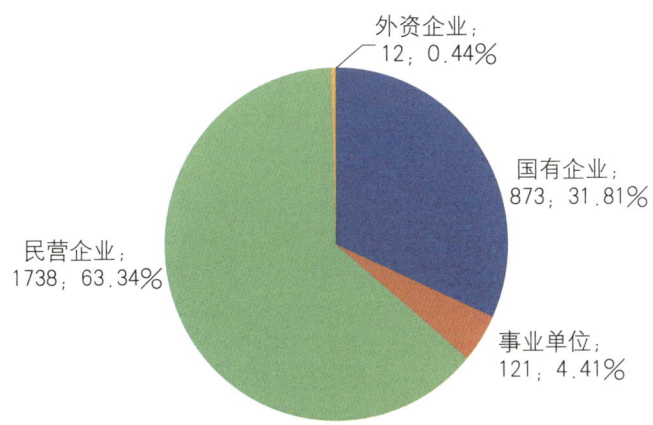

图1 不同类型单位占比(单位:家;%)

1.2 规模分类

从规模分类看,样本单位中,大型单位463个,占比16.87%;中型单位664个,占比24.20%;小型单位1423个,占比51.86%;微型单位194个,占比7.07%(参见图2),中小型工程咨询单位占据多数。其中,民营企业占比达67.47%,行业结构呈现"两头小、中间大",即规模较大和微型工程咨询单位在整个行业占比不高,行业资源整体较为分散,尚未呈现出健康的橄榄形结构。

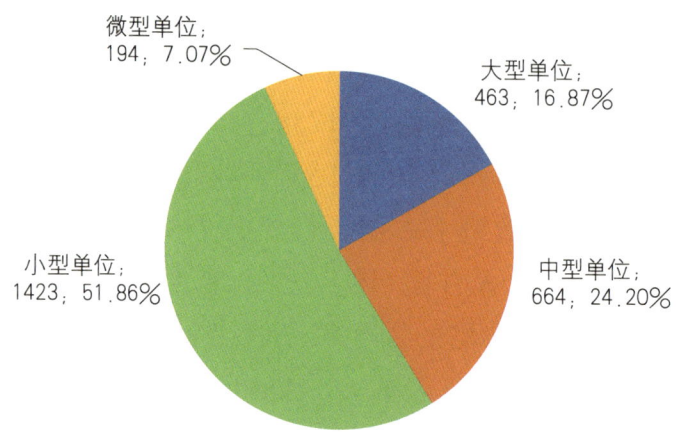

图 2　不同规模单位占比(单位:家;%)

2. 工程咨询资信单位情况

样本中,甲级资信单位867个,占比31.60%;乙级资信单位1071个,占比39.03%;其他单位(无资信或未反馈资信情况)806个,占比29.37%(参见图3)。

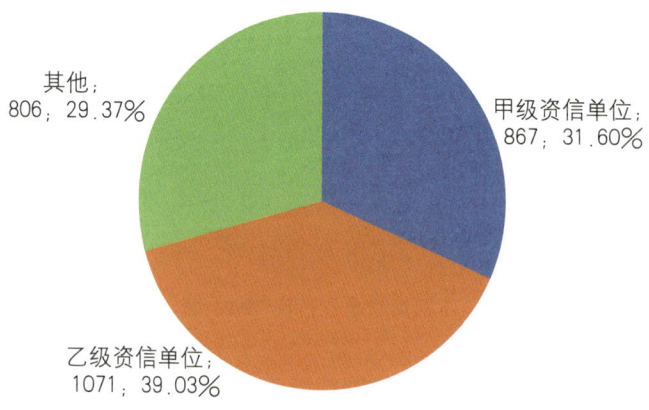

图 3　不同资信等级单位占比(单位:家;%)

样本中,甲乙级资信工程咨询单位占总数的70.63%,比例较高。

2.1　甲级资信单位

样本中,浙江省(浙)、上海市(沪)、北京市(京)、广东省(粤)、江苏省(苏)的甲级资信单位数量位居前列,分别为81家、75家、72家、63家和48家(参见图4),占比分别为9.34%、8.65%、8.30%、7.27%和5.54%。

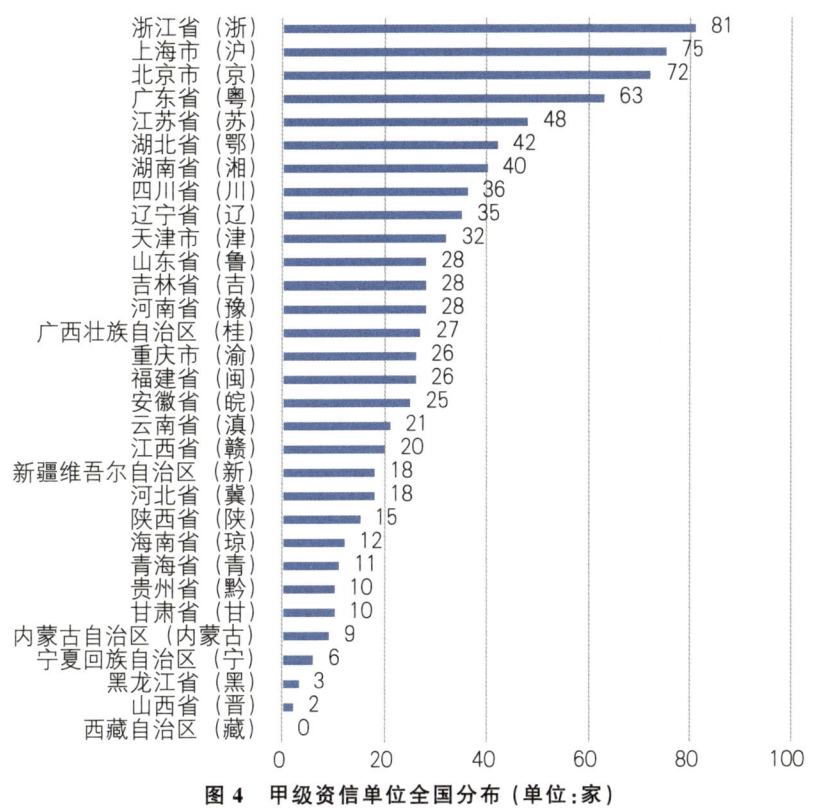

图 4　甲级资信单位全国分布（单位：家）

具有甲级资信的工程咨询单位是工程咨询行业的中坚力量。样本数据中，经济发达地区甲级资信单位数量较多，一方面是因为这些地区工程咨询市场较为发达，工程咨询发展基础较好，另一方面也得益于这些地区人才优势明显，科研基础雄厚。这充分说明工程咨询是高度技术密集、知识密集型服务行业，制定政策、推进行业发展必须尊重这一基本常识规律。

2.2　乙级资信单位

样本中，浙江省（浙）、上海市（沪）的乙级资信单位超过百家，分别为128家、108家（参见图5），占比分别为11.95%、10.08%。

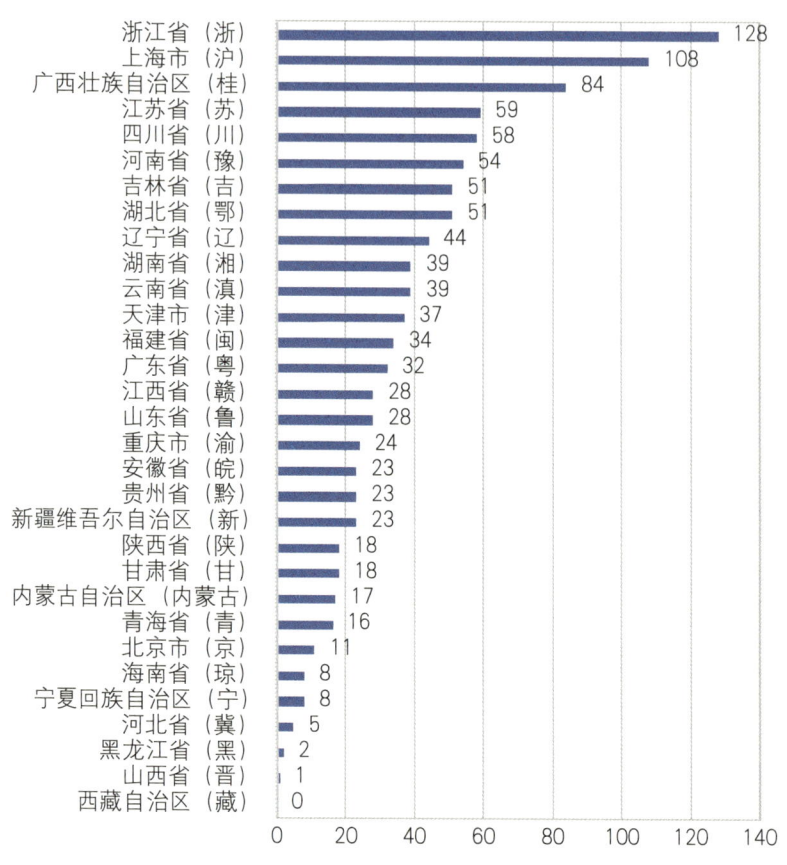

图 5　乙级资信单位全国分布(单位:家)

从甲乙级资信工程咨询单位数量看,四川省等中西部地区工程咨询行业也具备较强的竞争力和发展潜力,这和我国开展的"大三线"建设有一定的关系。20 世纪 60 年代起,我国在中西部地区展开了新中国成立后的第一次大规模建设,涵盖了国防、科技、工业、能源和基础设施等多个领域,经过 40 多年的建设,在我国中西部地区形成了较为完备的工业、能源和交通体系,在这一过程中一大批专业化的工程咨询单位顺势而生,为中西部地区工程咨询行业发展奠定了较为坚实的基础。

3. 从业和技术人员情况

样本中,工程咨询从业人员 298,349 人。其中,分布在上海市(沪)、浙江省(浙)、北京市(京)、江苏省(苏)、广东省(粤)、湖北省(鄂)从业人员数量位居前列,分别为 78,612 人、32,048 人、28,315 人、23,929 人、16,960 人、13,594 人(参见图 6),分别占比 26.35%、10.74%、9.49%、8.02%、5.68%、4.56%。

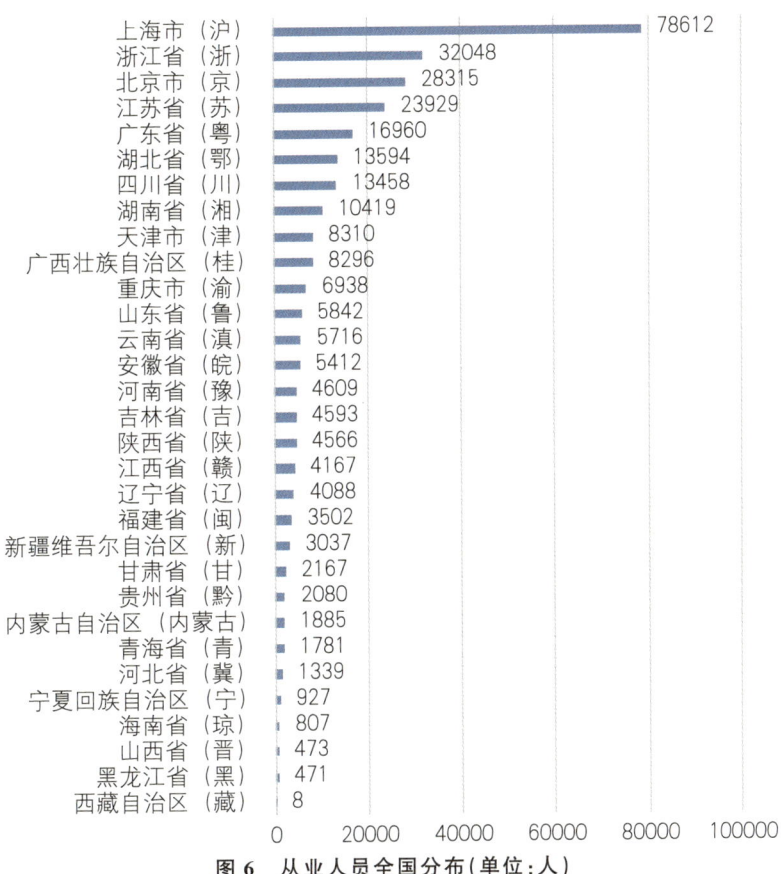

图 6 从业人员全国分布(单位:人)

从业人员,分布在甲级资信单位 202,935 人,占比 68.02%;分布在乙级资信单位 56,010 人,占比 18.77%;分布在其他单位 39,404 人,占比 13.21%(参见图 7)。

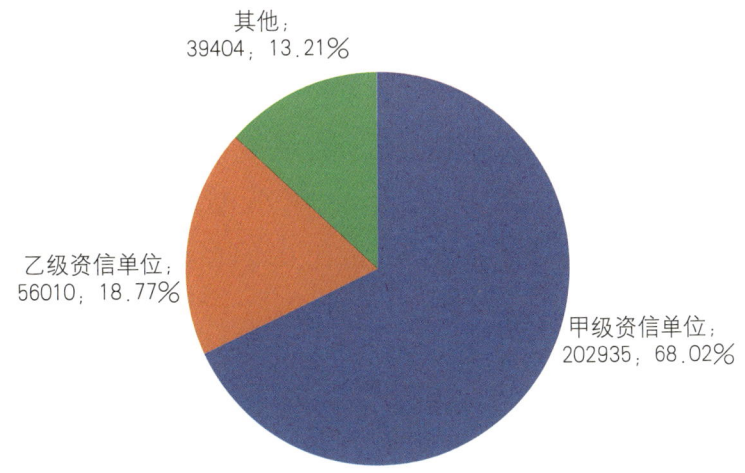

图 7 从业人员在不同资信等级单位的分布(单位:人;%)

样本中,甲乙级资信工程咨询单位的从业人员总数上占据多数,但是平均计算,甲级资信工程咨询单位平均每家234人,乙级工程咨询机构平均每家52人。从业人员分布较为分散,大部分工程咨询单位人员规模相对较小。

从业人员,分布在国有企业174,765人,占比58.58%;分布在事业单位10,284人,占比3.45%;分布在民营企业108,562人,占比36.39%;分布在外资企业4,738人,占比1.59%(参见图8)。

样本中,分布在国有企业平均每家从业人员200人,分布在事业单位平均每家从业人员85人,分布在民营企业平均每家从业人员62人,分布在外资企业平均每家从业人员395人。样本中外资企业数据较少,参考意义不大。国有企业平均从业人员最多,但是平均值不高。

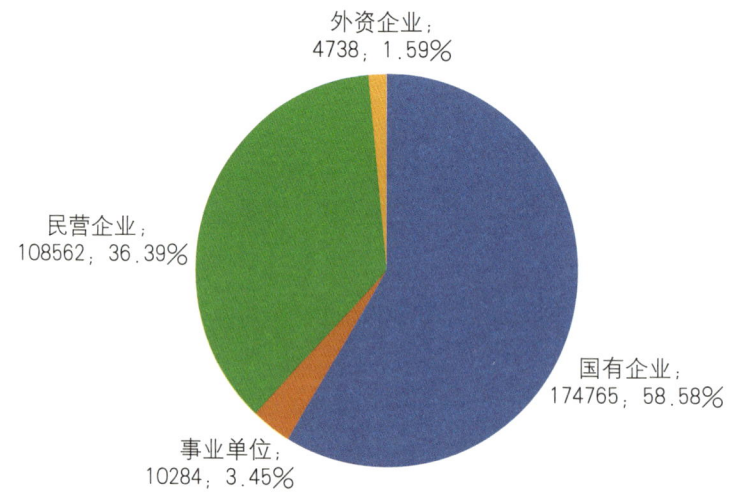

图8 从业人员在不同类型单位的分布(单位:人;%)

从业人员,分布在大型单位203,002人,占比68.04%;分布在中型单位56,496人,占比18.94%;分布在小型单位37,230人,占比12.48%;分布在微型单位1,621人,占比0.54%(参见图9)。

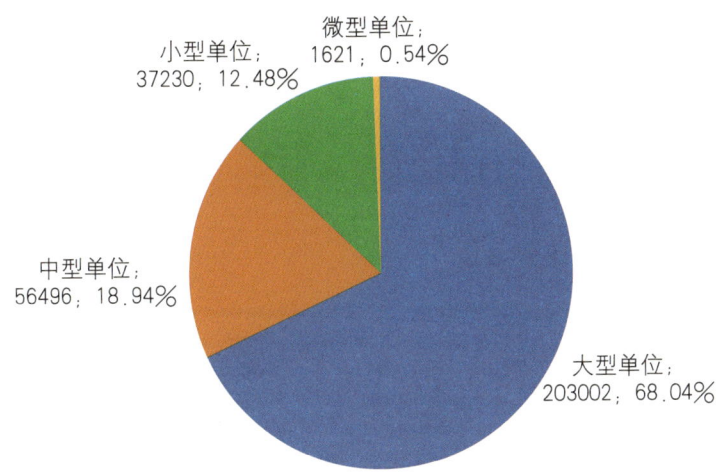

图 9 从业人员在不同规模单位的分布（单位：人；%）

样本中，大型单位平均每家从业人员 438 人，中型单位平均每家从业人员 85 人，小型单位平均每家从业人员 26 人，微型单位平均从业人员 8 人。样本中微型单位数据较少，参考意义不大。大型单位平均每家从业人员数较多，但是平均值也不高。

3.1 中高级职称人员

从业人员中，具有高级职称、中级职称的人员共计 238,878 人。高级职称 110,119 名，占总从业人员的 36.91%；中级职称 128,759 名，占总从业人员的 43.16%；其他 59,471 名，占总从业人员的 19.93%（参见图 10）。

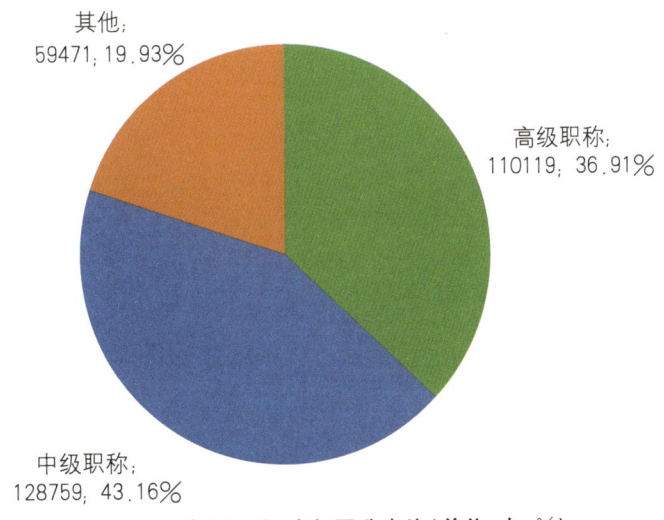

图 10 高级职称、中级职称占比（单位：人；%）

3.1.1 高级职称人员

高级职称人员,分布在上海市(沪)、浙江省(浙)、北京市(京)、湖北省(鄂)、江苏省(苏)等地数量位居前列,分别为 16,403 人、13,457 人、12,462 人、8,281 人、7,224 人(参见图 11),占比分别为 14.90%、12.22%、11.32%、7.52%、6.56%。

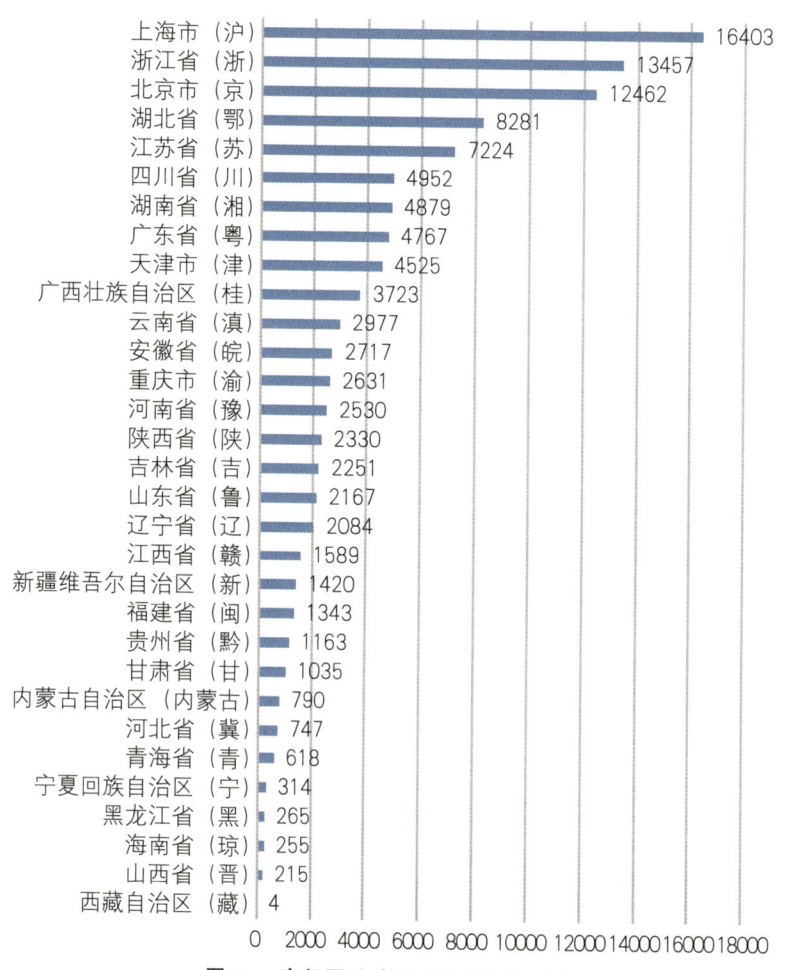

图 11　高级职称全国分布(单位:人)

高级职称人员,分布在甲级资信单位 77,553 人,占比 70.43%;分布在乙级资信单位 18,119 人,占比 16.45%;分布在其他单位 14,448 人,占比 13.12%(参见图 12)。

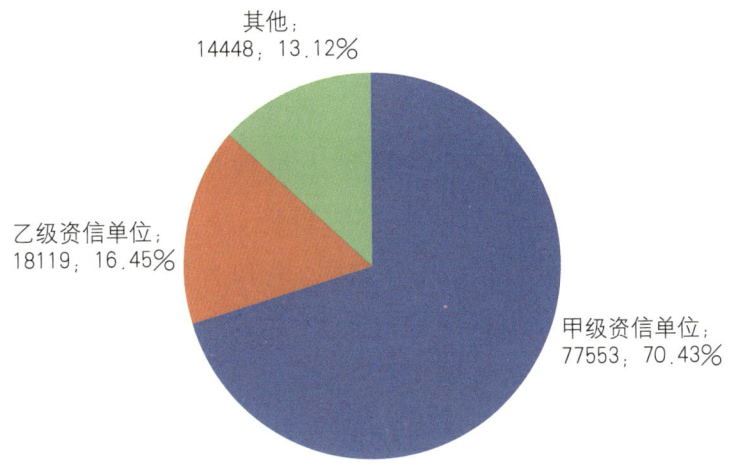

图 12　高级职称在不同资信等级单位的分布（单位：人；％）

样本中,甲级资信工程咨询单位具有高级职称的从业人员数绝对领先于乙级及无资信等级的单位,平均每家89人,乙级资信工程咨询单位平均每家17人,无资信工程咨询单位平均每家18人。高级职称人员是工程咨询行业核心技术人员队伍,大部分集中在甲级资信工程咨询机构。

高级职称人员,分布在国有企业76,808人,占比69.75％；分布在事业单位5,240人,占比4.76％；分布在民营企业27,493人,占比24.97％；分布在外资企业579人,占比0.53％(参见图13)。

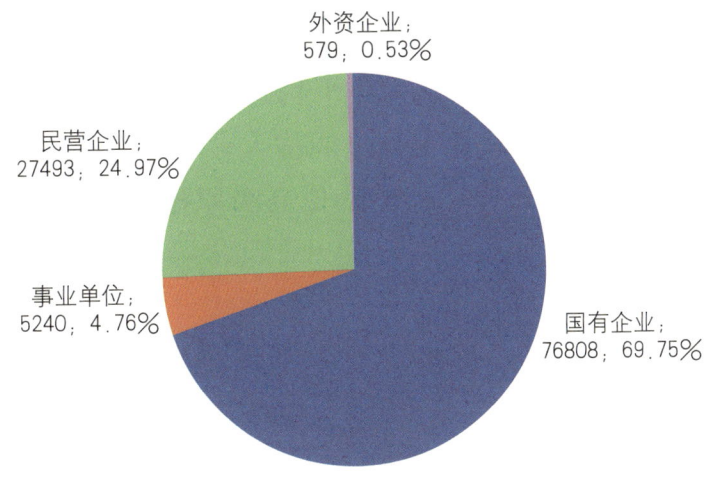

图 13　高级职称在不同类型单位的分布（单位：人；％）

样本中,分布在国有企业高级职称人员平均每家 88 人,事业单位高级职称人员平均每家 43 人,民营企业高级职称人员平均每家 16 人,外资企业高级职称人员平均每家 48 人。外资企业数据较少,参考意义不大。从样本看,分布在国有企业专家型人员数量较多。民营企业主体数量最多,但拥有的高级职称人员平均数较低,一方面由于民营企业的规模、综合竞争力总体相对较低,另一方面,也和大部分民营企业缺乏申报专业技术职称途径有关,这一问题应值得关注。

高级职称人员,分布在大型单位 78,147 人,占比 70.97%;分布在中型单位 19,437 人,占比 17.65%;分布在小型单位 11,877 人,占比 10.79%;分布在微型单位 658 人,占比 0.60%(参见图 14)。

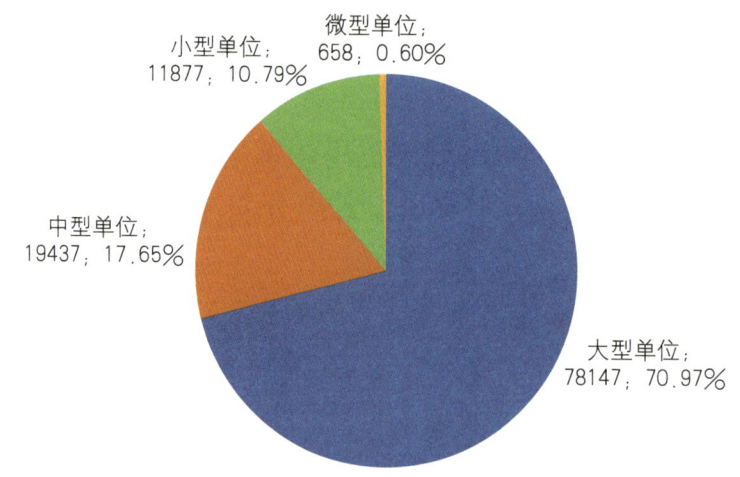

图 14 高级职称在不同规模单位的分布(单位:人;%)

样本中,大型单位高级职称人员平均每家 169 人,中型单位高级职称人员平均每家 29 人,小型单位高级职称人员平均每家 8 人,微型单位高级职称人员平均每家 3 人。大型单位高级职称人员平均数遥遥领先于其他规模类型单位。

3.1.2 中级职称人员

中级职称人员,分布在上海市(沪)、浙江省(浙)、北京市(京)、江苏省(苏)、四川省(川)、湖北省(鄂)等地数量位居前列,分别为 23,696 人、16,536 人、11,461 人、9,763 人、7,992 人、6,912 人(参见图 15),占比分别为 18.40%、12.84%、8.90%、7.58%、6.21%、5.37%。

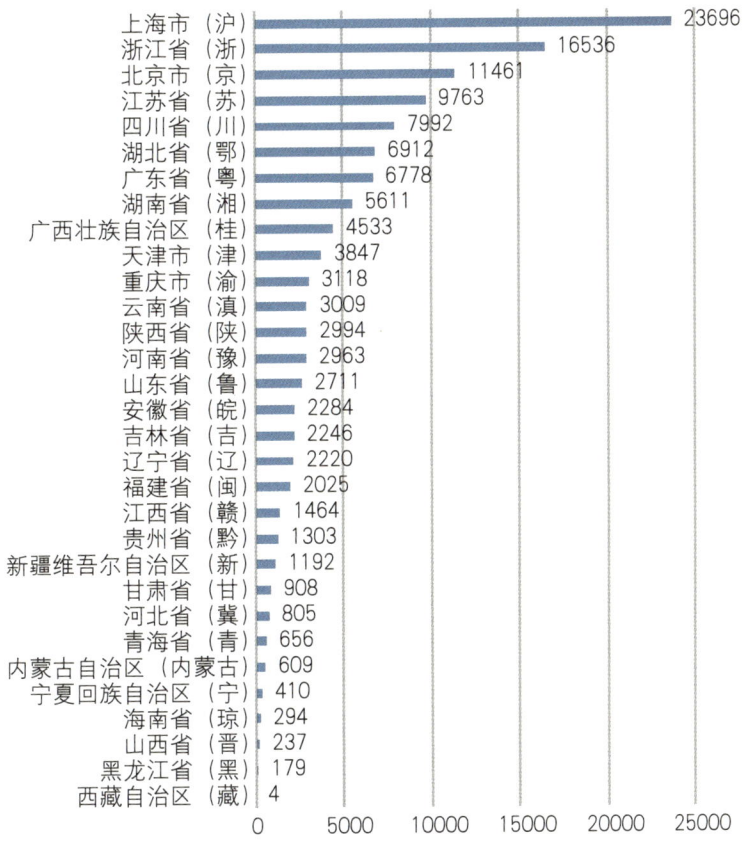

图 15　中级职称全国分布（单位：人）

中级职称人员，分布在甲级资信单位 79,302 人，占比 61.59%；分布在乙级资信单位 27,302 人，占比 21.20%；分布在其他单位 22,156 人，占比 17.21%（参见图 16）。

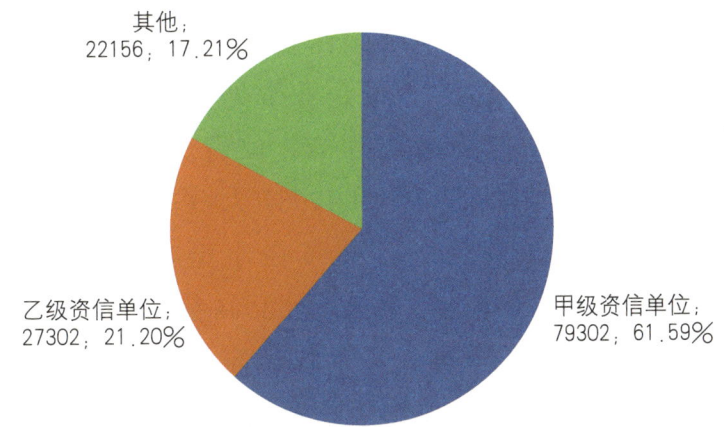

图 16　中级职称在不同资信等级单位的分布（单位：人；%）

样本中,甲级资信工程咨询单位中级职称人员平均每家91人,乙级资信工程咨询单位中级职称人员平均每家25人,无资信等级工程咨询单位中级职称人员平均每家27人。中级职称人员具有一定的工作经历,积累了一定的工作经验,也是行业高质量人才的重要预备队。从样本数据看,甲级资信工程咨询机构具有更强的人才培育发展优势。

中级职称人员,分布在国有企业78,192人,占比60.73%;分布在事业单位3,761人,占比2.92%;分布在民营企业45,682人,占比35.48%;分布在外资企业1,123人,占比0.87%(参见图17)。

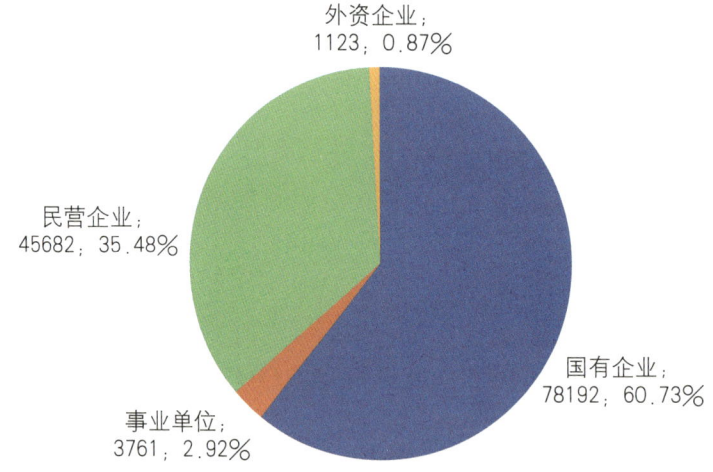

图17 中级职称在不同类型单位的分布(单位:人;%)

样本中,国有企业中级职称人员平均每家90人,事业单位中级职称人员平均每家31人,民营企业中级职称人员平均每家26人,外资企业中级职称人员平均每家94人。外资企业数据较少,参考意义不大。国有企业中级职称人员平均数最高,高级人才培育优势基础较为明显。

中级职称人员,分布在大型单位90,037人,占比69.93%;分布在中型单位23,650人,占比18.37%;分布在小型单位14,255人,占比11.07%;分布在微型单位817人,占比0.63%(参见图18)。

样本中,大型单位中级职称人员平均每家194人,中型单位中级职称人员平均每家36人,小型单位中级职称人员平均每家10人,微型单位中级职称人员平均每家4人。

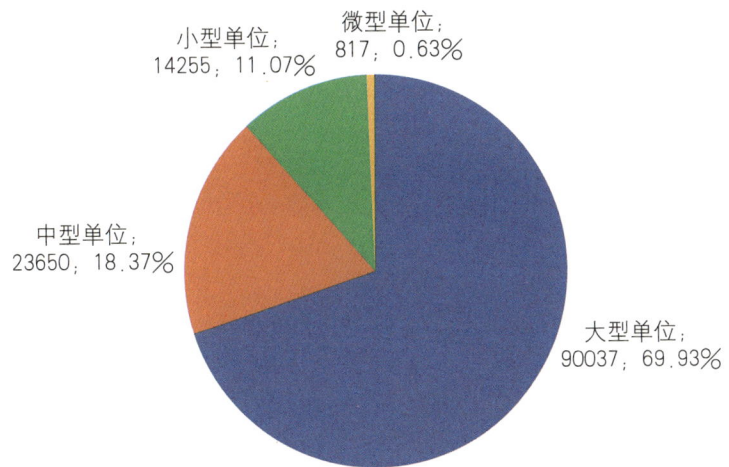

图 18 中级职称在不同规模单位的分布(单位:人;%)

3.2 从事新型智库工作人员

从事新型智库工作人员,上海市(沪)、江苏省(苏)、浙江省(浙)等地数量位居前列,分别为 6497 人、3935 人、3095 人(参见图 19),占比分别为 22.09%、13.38%、10.52%。

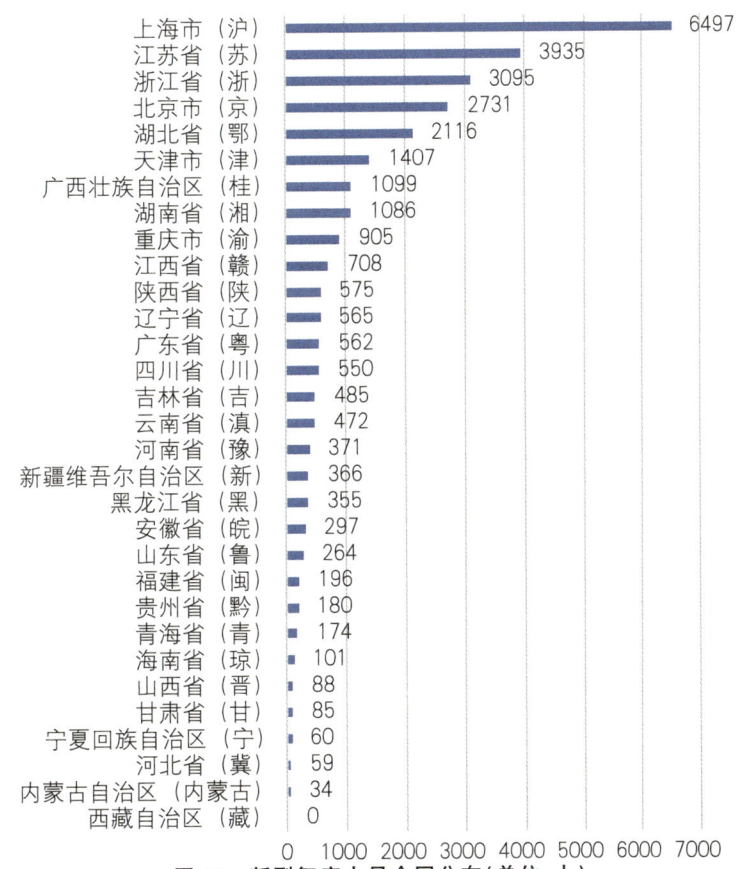

图 19 新型智库人员全国分布(单位:人)

新型智库工作人员,分布在甲级资信单位 23,968 人,占比 81.47%;分布在乙级资信单位 2,516 人,占比 8.55%;分布在其他单位 2,934 人,占比 9.97%(参见图 20)。

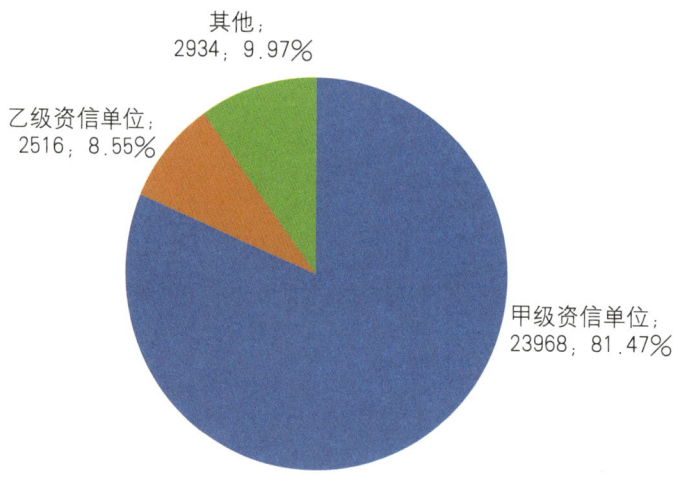

图 20　新型智库人员在不同资信等级单位的分布(单位:人;%)

新型智库工作人员,分布在国有企业 16,998 人,占比 57.78%;分布在事业单位 3,296 人,占比 11.20%;分布在民营企业 9,124 人,占比 31.02%;分布在外资企业 0 人,占比 0.00%(参见图 21)。

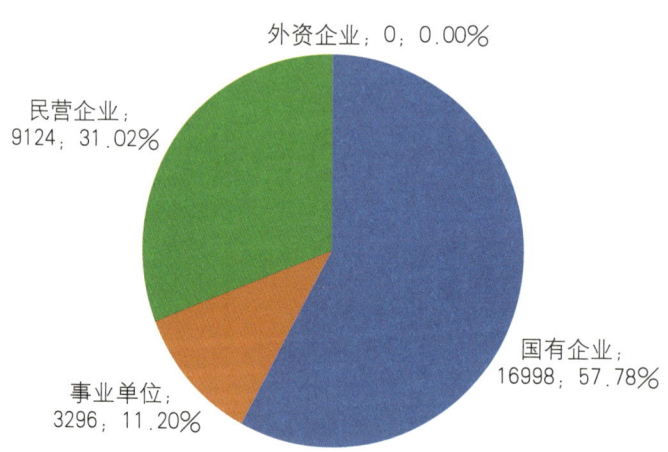

图 21　新型智库人员在不同类型单位的分布(单位:人;%)

新型智库工作人员,分布在大型单位 20,873 人,占比 70.95%;分布在中型单位 5,259 人,占比 17.88%;分布在小型单位 3,184 人,占比 10.82%;分布在微型单位 102 人,占比 0.35%(参见图 22)。

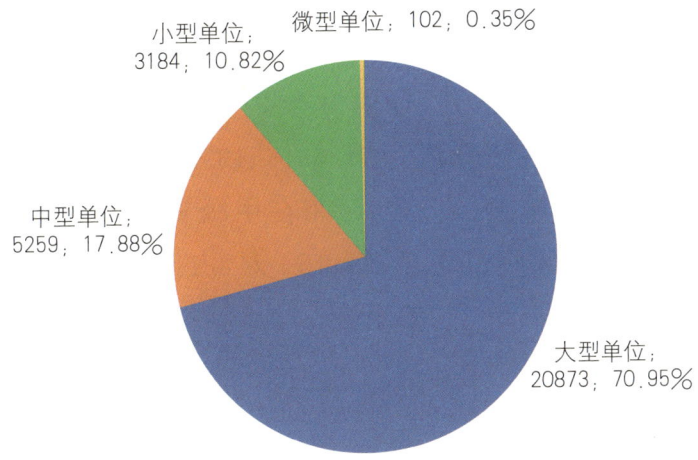

图22 新型智库人员在不同规模单位的分布(单位:人;%)

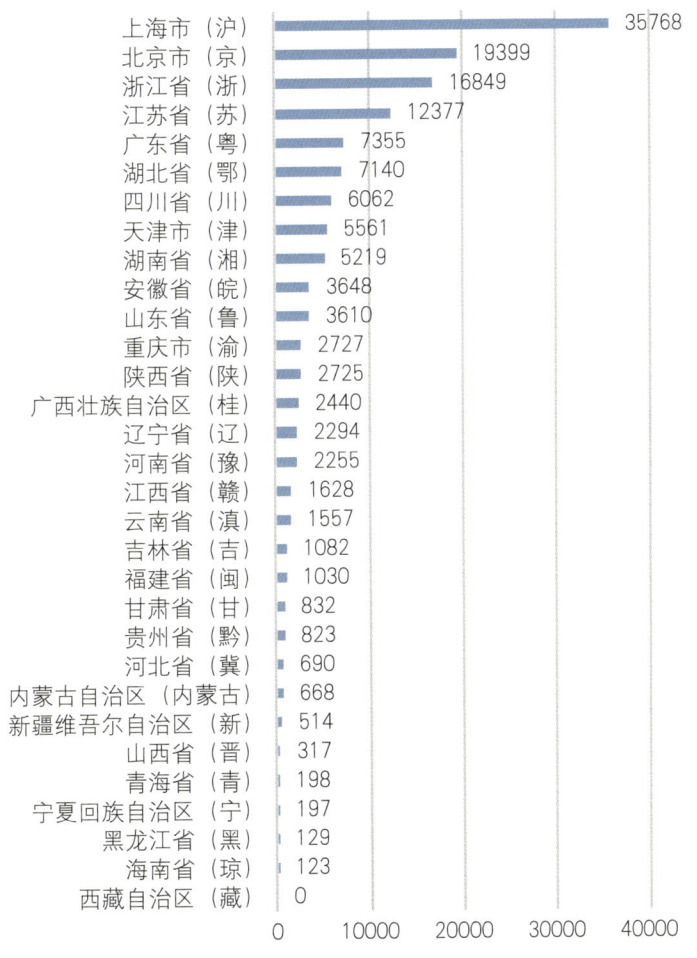

图23 高学历人员(博士、硕士)全国分布(单位:人)

3.3 高学历从业人员

高学历从业人员(博士、硕士),上海市(沪)、北京市(京)、浙江省(浙)、江苏省(苏)等地数量位居前列,分别为 35,768 人、19,399 人、16,849 人、12,377 人(参见图 23),占比分别为 24.63%、13.36%、11.60%、8.52%。

高学历从业人员(博士、硕士),分布在甲级资信单位 110,663 人,占比 76.21%;分布在乙级资信单位 18,462 人,占比 12.71%;分布在其他单位 16,090 人,占比 11.08%(参见图 24)。

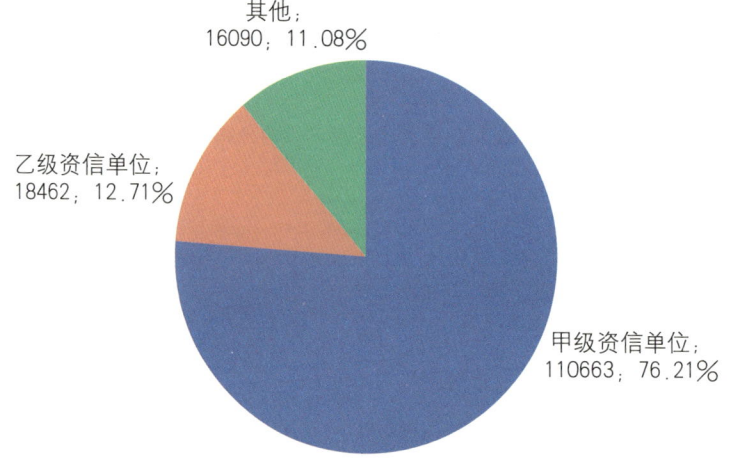

图 24 高学历人员(博士、硕士)在不同资信等级单位的分布(单位:人;%)

高学历从业人员(博士、硕士),分布在国有企业 115,992 人,占比 79.88%;分布在事业单位 8,406 人,占比 5.79%;分布在民营企业 20,040 人,占比 13.80%;分布在外资企业 777 人,占比 0.54%(参见图 25)。

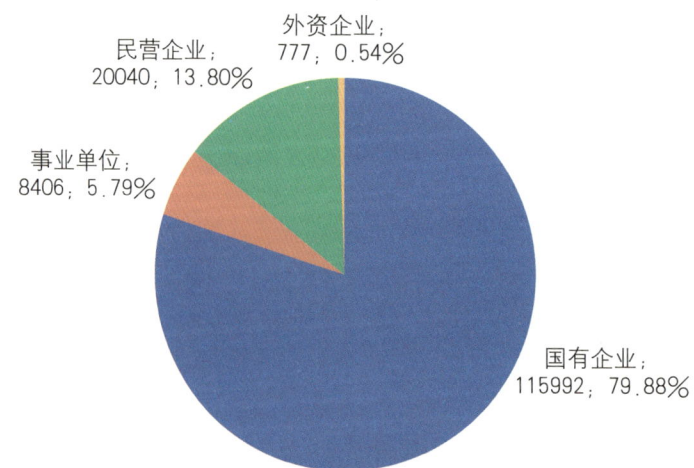

图 25 高学历人员(博士、硕士)在不同类型单位的分布(单位:人;%)

高学历从业人员,分布在大型单位 116,492 人,占比 80.22%;分布在中型单位 20,737 人,占比 14.28%;分布在小型单位 7,675 人,占比 5.29%;分布在微型单位 311 人,占比 0.21%(参见图 26)。

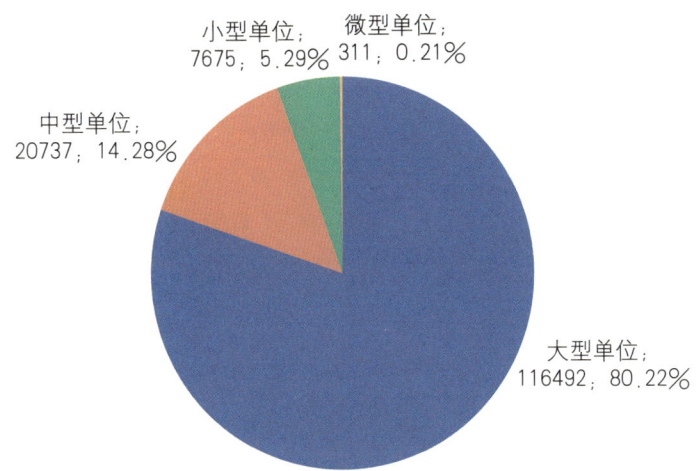

图 26　高学历人员(博士、硕士)在不同规模单位的分布(单位:人;%)

第二节　业务情况

1. 工程咨询营业收入

样本单位工程咨询业务营业收入为 29,162,181 万元,按专业看,农业、林业收入 179,880 万元,占比 0.62%;水利水电收入 2,479,543 万元,占比 8.50%;电力(含火电、水电、核电、新能源)收入 7,031,156 万元,占比 24.11%;煤炭收入 60,505 万元,占比 0.21%;石油天然气收入 138,696 万元,占比 0.48%;公路收入 2,248,426 万元,占比 7.71%;铁路、城市轨道交通收入 1,489,781 万元,占比 5.11%;民航收入 48,067 万元,占比 0.16%;水运(含港口河海工程)收入 530,620 万元,占比 1.82%;电子、信息工程(含通信、广电、信息化)收入 493,587 万元,占比 1.69%;冶金(含钢铁、有色)收入 195,252 万元,占比 0.67%;石化、化工、医药收入 2,041,756 万元,占比 7.00%;核工业收入 123,289 万元,占比 0.42%;机械(含智能制造)收入 85,746 万元,占比 0.29%;轻工、纺织收入 231,311 万元,占比 0.79%;建材收入 42,837 万元,占比 0.15%;建筑收入 6,765,142 万元,占比 23.20%;市政公用工程收入 2,869,114 万元,占比 9.84%;生态建设和环境工程收入 846,538 万元,占比

2.90%；水文地质、工程测量、岩土工程收入289,780万元，占比0.99%；其他收入971,155万元，占比3.33%；(参见图27)。

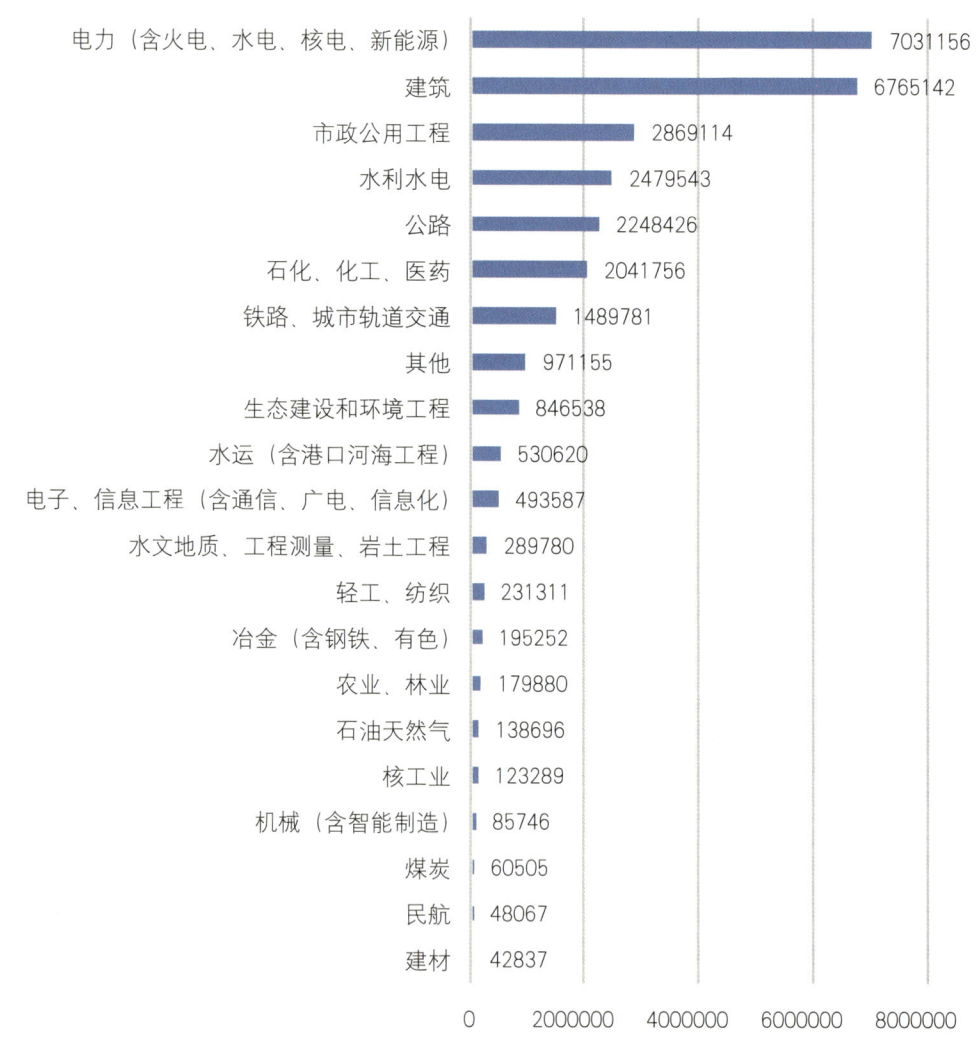

图27　工程咨询业务营业收入专业方面分布(单位：万元)

工程咨询业务营业收入，其中，规划咨询收入1,537,338万元，占比5.27%；项目咨询收入7,485,864万元，占比25.67%；评估咨询收入1,368,233万元，占比4.69%；全过程工程咨询收入11,342,714万元，占比38.90%；其他服务范围收入7,428,032万元，占比25.47%(参见图28)。

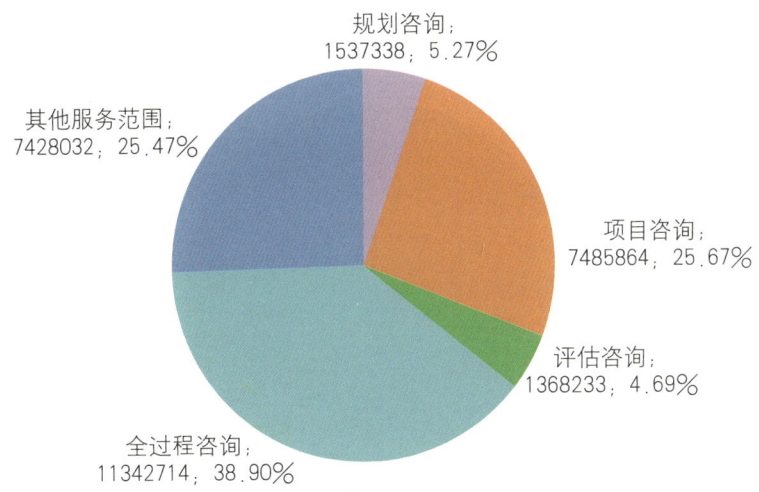

图 28　工程咨询业务营业收入服务范围分布(单位:万元;%)

工程咨询营业收入,其中,甲级资信单位 20,421,291 万元,占比 70.03%;乙级资信单位 3,306,558 万元,占比 11.34%;其他单位 5,434,332 万元,占比 18.63%(参见图 29)。

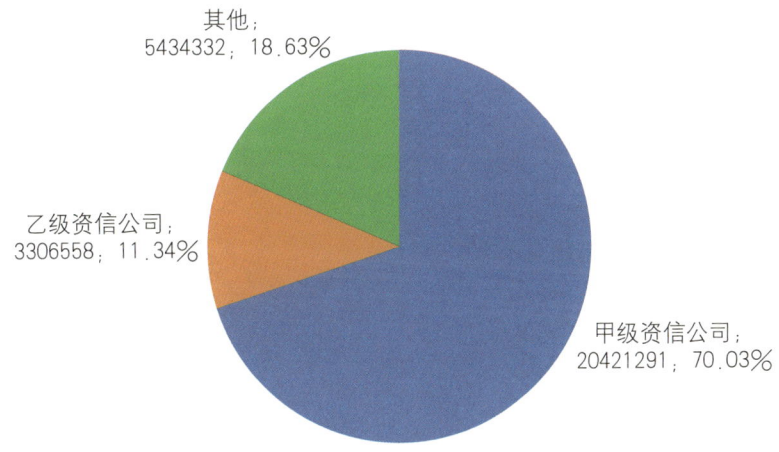

图 29　不同资信等级单位工程咨询业务营业收入(单位:万元;%)

工程咨询营业收入,其中,国有企业 21,199,389 万元,占比 72.69%;事业单位 606,920 万元,占比 2.08%;民营企业 6,630,562 万元,占比 22.74%;外资企业 725,311 万元,占比 2.49%(参见图 30)。

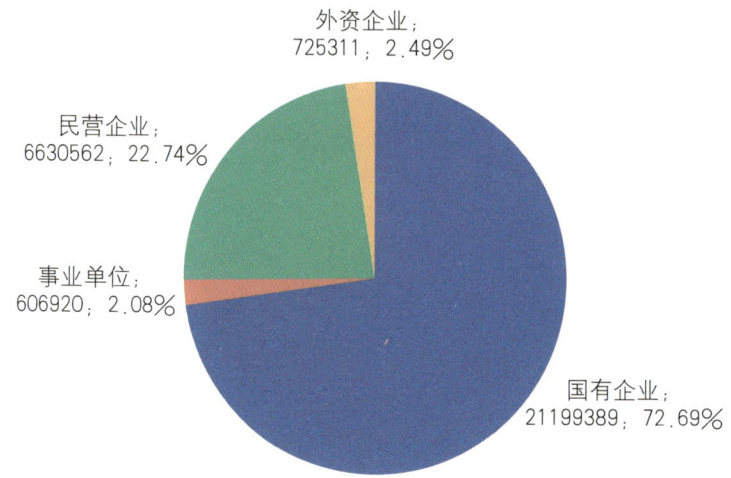

图 30 不同类型单位工程咨询业务营业（单位：万元；%）

工程咨询营业收入，其中，大型单位 22,399,433 万元，占比 76.81%；中型单位 3,667,392 万元，占比 12.58%；小型单位 2,137,384 万元，占比 7.33%；微型单位 957,972 万元，占比 3.28%（参见图 31）。

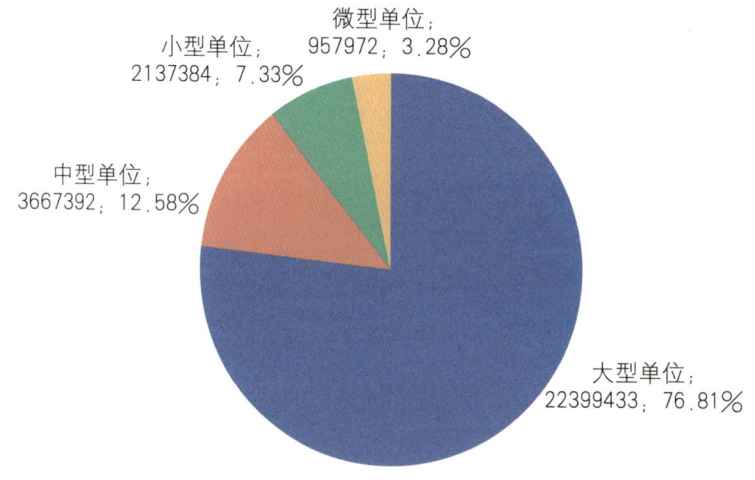

图 31 不同规模单位工程咨询业务营业收入（单位：万元；%）

1.1 新型智库业务收入

样本中，新型智库业务收入 649,075 万元。其中，甲级资信单位 566,321 万元，占比 87.25%；乙级资信单位 39,610 万元，占比 6.10%；其他单位 43,144 万元，占比 6.65%（参见图 32）。

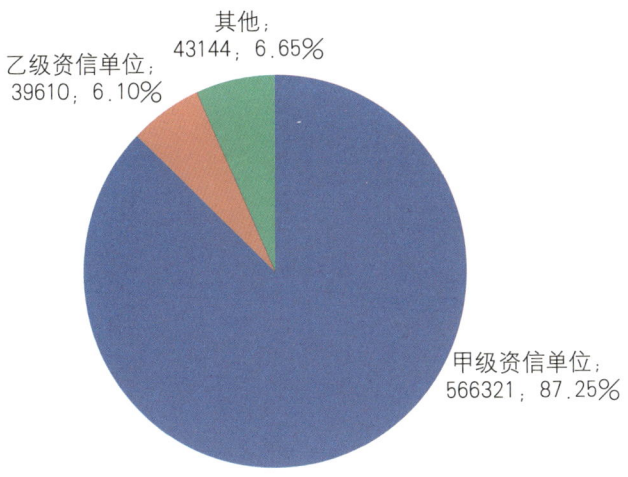

图32 不同资信等级单位新型智库类服务咨询收入(单位:万元;%)

新型智库业务收入,其中,国有企业451,798万元,占比69.61%;事业单位90,386万元,占比13.93%;民营企业106,891万元,占比16.47%;外资企业0万元,占比0.00%(参见图33)。

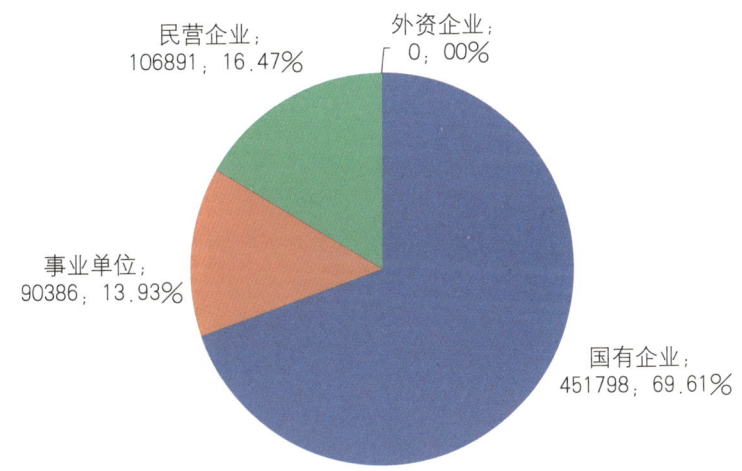

图33 不同类型单位新型智库类服务咨询收入(单位:万元;%)

新型智库业务收入,其中,大型单位449,812万元,占比69.30%;中型单位154,649万元,占比23.83%;小型单位44,584万元,占比6.87%;微型单位30万元,占比0.00%(参见图34)。

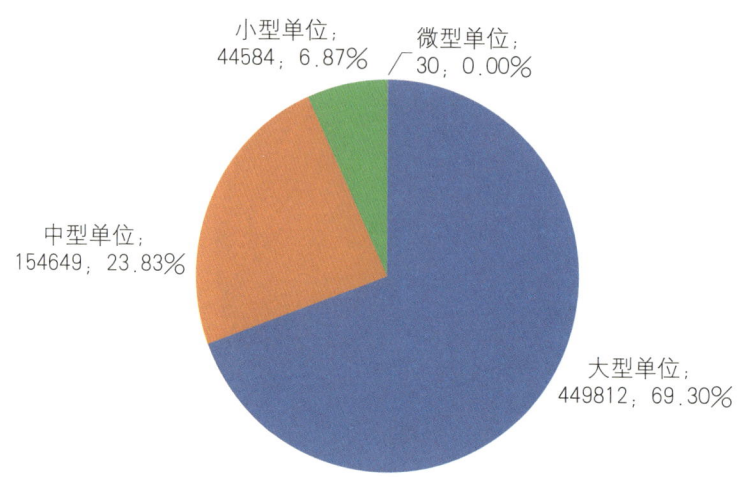

图34 不同规模单位新型智库类服务咨询收入(单位:万元;%)

1.2 境外业务收入

样本中,境外业务收入218,776万元。其中,甲级资信单位217,309万元,占比99.33%;乙级资信单位511万元,占比0.23%;其他单位956万元,占比0.44%(参见图35)。

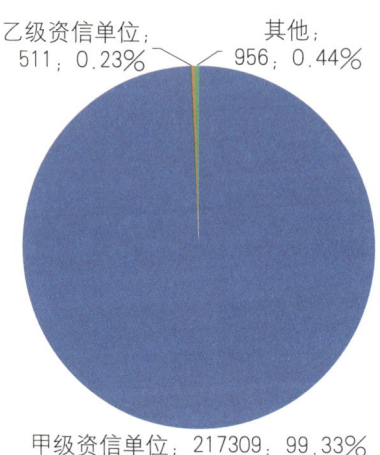

图35 不同资信等级单位境外业务收入(单位:万元;%)

境外业务收入,其中,国有企业198,683万元,占比90.82%;事业单位2,621万元,占比1.20%;民营企业4,741万元,占比2.17%;外资企业12,731万元,占比5.82%(参见图36)。

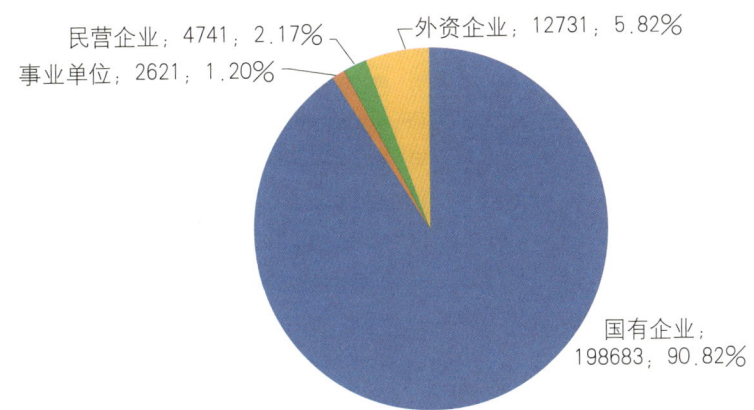

图 36 不同类型单位境外业务收入(单位:万元;%)

境外业务收入,其中,大型单位 215,098 万元,占比 98.32%;中型单位 2,982 万元,占比 1.36%;小型单位 696 万元,占比 0.32%;微型单位 0 万元,占比 0.00%(参见图 37)。

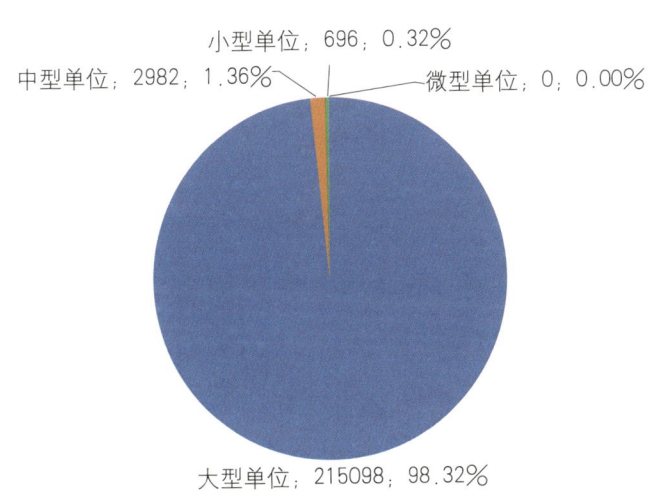

图 37 不同规模单位境外业务收入(单位:万元;%)

2. 新签合同总额

样本中,新签合同总额总数 49,601,199 万元。从专业看,电力、建筑、石化、化工、医药等专业数量位居前列,分别为 12,454,639 万元、9,466,591 万元、8,061,219 万元(参见图 38),占比分别为 25.11%、19.09%、16.25%。

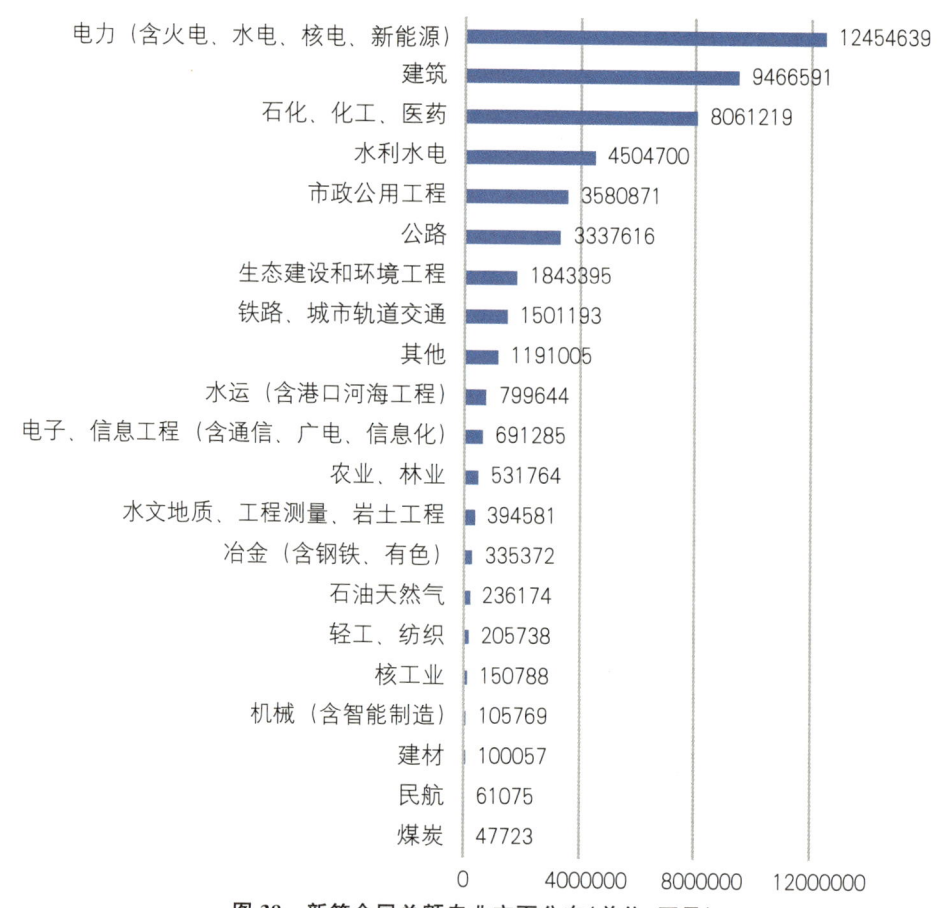

图38 新签合同总额专业方面分布(单位:万元)

新签合同总额,其中,规划咨询合同额 1,575,839 万元,占比 3.18%;项目咨询合同额 9,503,901 万元,占比 19.16%;评估咨询合同额 1,975,619 万元,占比 3.98%;全过程工程咨询合同额 26,002,784 万元,占比 52.42%;其他服务范围合同额 10,543,055 万元,占比 21.26%;(参见图39)。

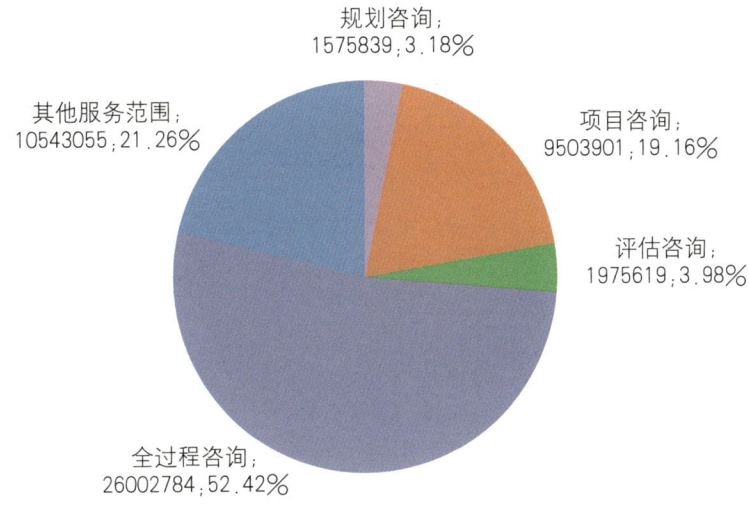

图 39 新签合同总额服务范围分布(单位：万元；%)

新签合同总额，其中，甲级资信单位合同额 34,841,832 万元，占比 70.24%；乙级资信单位合同额 5,334,178 万元，占比 10.75%；其他单位合同额 9,425,189 万元，占比 19.00%(参见图 40)。

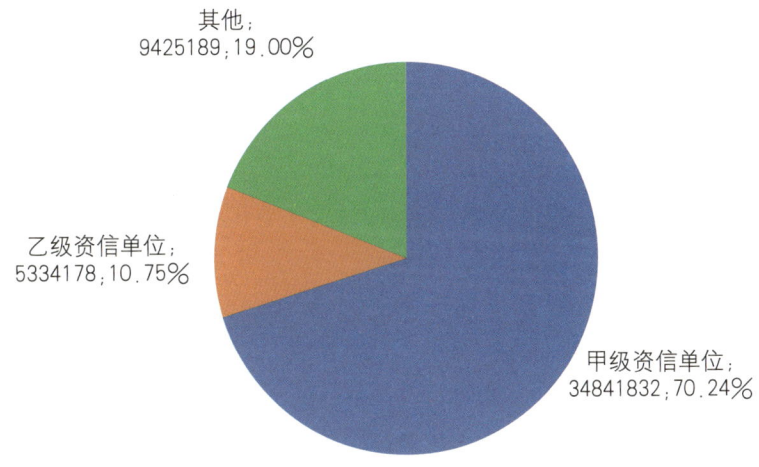

图 40 不同资信等级单位新签合同总额(单位：万元；%)

新签合同总额，其中，国有企业合同额 36,094,810 万元，占比 72.77%；事业单位合同额 1,053,889 万元，占比 2.12%；民营企业合同额 9,634,338 万元，占比 19.42%；外资企业合同额 2,818,163 万元，占比 5.68%(参见图 41)。

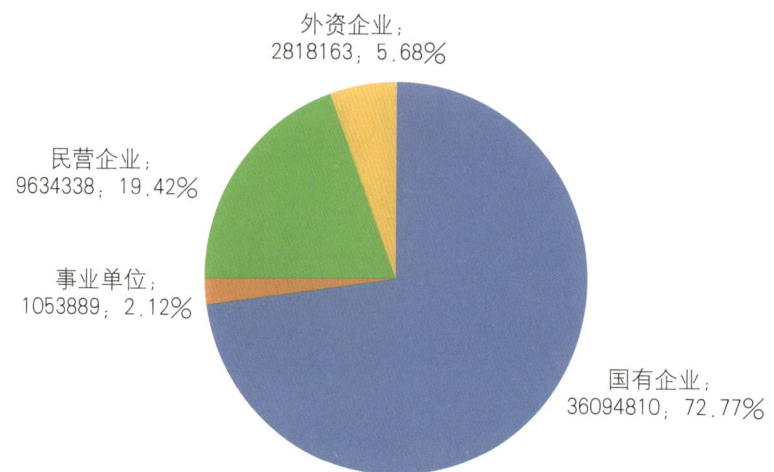

图41 不同类型单位新签合同总额（单位：万元；%）

新签合同总额，其中，大型单位合同额 40,436,288 万元，占比 81.52%；中型单位合同额 4,436,093 万元，占比 8.94%；小型单位合同额 4,061,658 万元，占比 8.19%；微型单位合同额 667,160 万元，占比 1.35%（参见图42）。

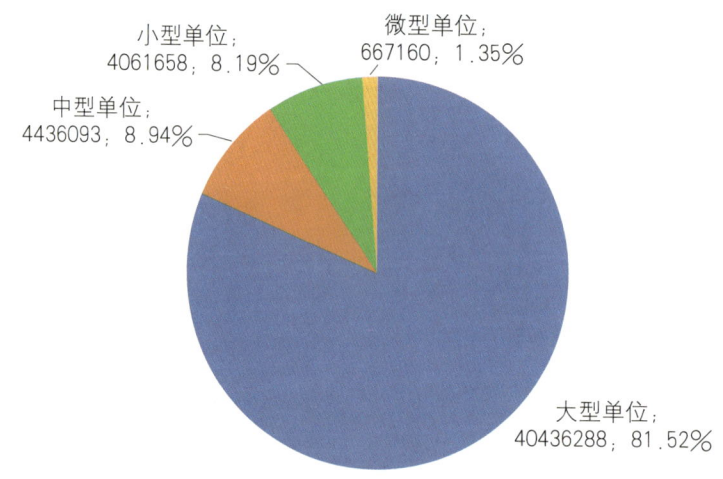

图42 不同规模单位新签合同总额（单位：万元；%）

2.1 新型智库类服务新签合同额

样本中，新型智库类服务新签合同额 1,150,625 万元。其中，甲级资信单位合同额 1,028,833 万元，占比 89.42%；乙级资信单位合同额 54,566 万元，占比 4.74%；其他单位合同额 67,226 万元，占比 5.84%（参见图43）。

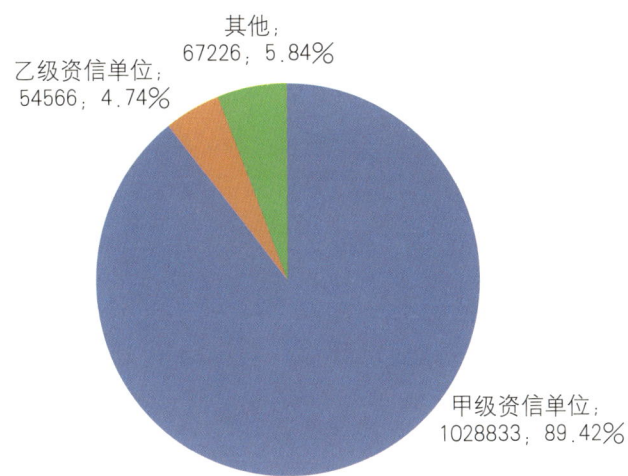

图 43 不同资信等级单位新型智库类服务新签合同额(单位:万元;%)

新型智库类服务新签合同额,其中,国有企业合同额 858,350 万元,占比 74.60%;事业单位合同额 153,831 万元,占比 13.37%;民营企业合同额 138,444 万元,占比 12.03%;外资企业合同额 0 万元,占比 0.00%(参见图 44)。

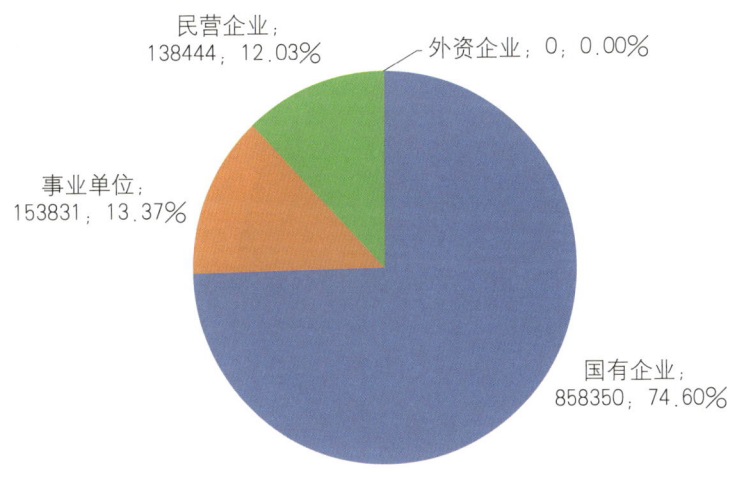

图 44 不同类型单位新型智库类服务新签合同额(单位:万元;%)

新型智库类服务新签合同额,其中,大型单位合同额 920,138 万元,占比 79.97%;中型单位合同额 176,678 万元,占比 15.35%;小型单位合同额 53,779 万元,占比 4.67%;微型单位合同额 30 万元,占比 0.00%(参见图 45)。

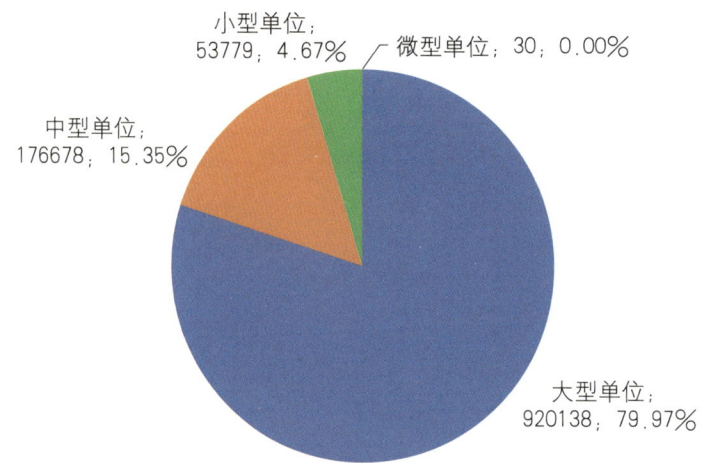

图 45 不同规模单位新型智库类服务新签合同额(单位:万元;%)

2.2 境外业务新签合同额

样本中,境外业务新签合同额 2,898,603 万元。其中,甲级资信单位合同额 2,876,484 万元,占比 99.24%;乙级资信单位合同额 2,734 万元,占比 0.09%;其他单位合同额 19,385 万元,占比 0.67%(参见图46)。

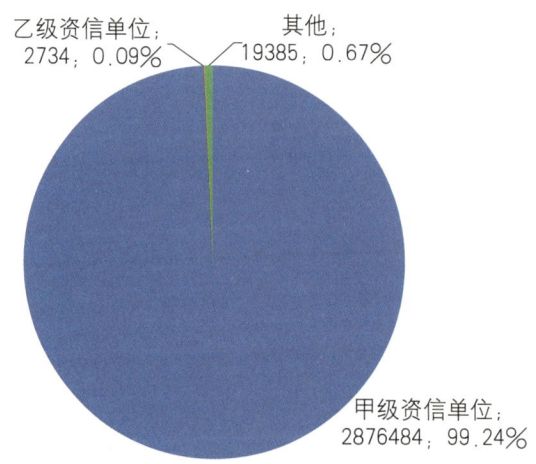

图 46 不同资信等级单位境外业务新签合同额(单位:万元;%)

境外业务新签合同额,其中,国有企业合同额 1,885,073 万元,占比 65.03%;事业单位合同额 3,621 万元,占比 0.12%;民营企业合同额 19,484 万元,占比 0.67%;外资企业合同额 990,425 万元,占比 34.17%(参见图 47)。

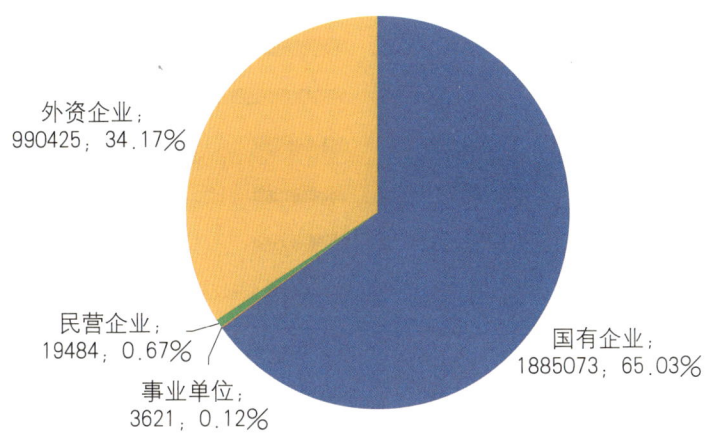

图 47　不同类型单位境外业务新签合同额(单位:万元;%)

境外业务新签合同额,其中,大型单位合同额 2,880,203 万元,占比 99.37%;中型单位合同额 17,067 万元,占比 0.59%;小型单位合同额 1,333 万元,占比 0.05%;微型单位合同额 0 万元,占比 0.00%(参见图 48)。

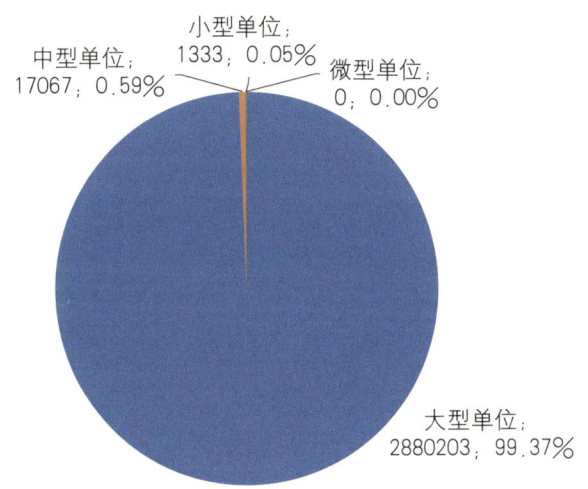

图 48　不同规模单位境外业务新签合同额(单位:万元;%)

3. 新签合同总数

样本中,新签合同总数 463,137 个。建筑、市政公用工程、电子、信息工程等专业合同数位居前列,分别是 101,686 个、66,931 个、30,150 个(参见图 49),占比分别为 27.29%、17.96%、8.09%。

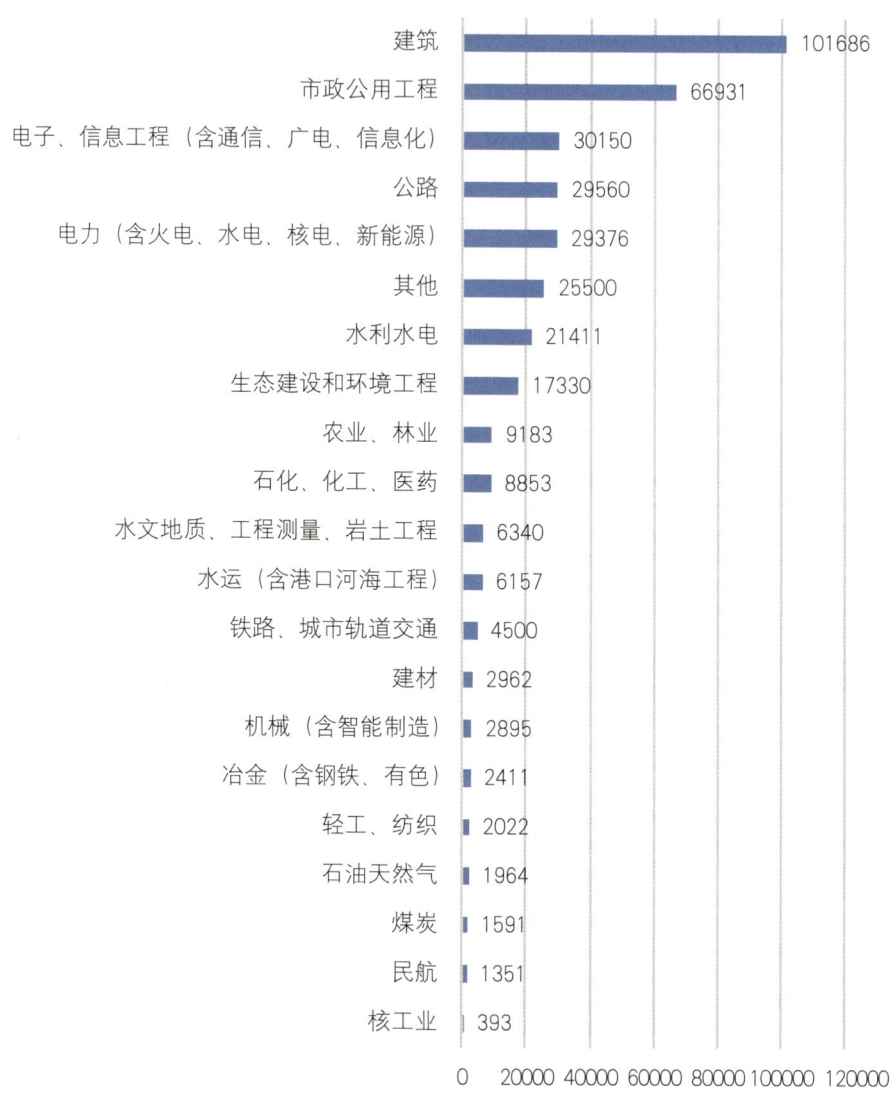

图49 新签合同总数专业方面分布(单位:个)

新签合同总数,其中,规划咨询合同数18,990个,占比5.10%;项目咨询合同数123,747个,占比33.21%;评估咨询合同数48,537个,占比13.03%;全过程工程咨询合同数22,820个,占比6.13%;其他服务范围合同数158,472个,占比42.54%;(参见图50)。

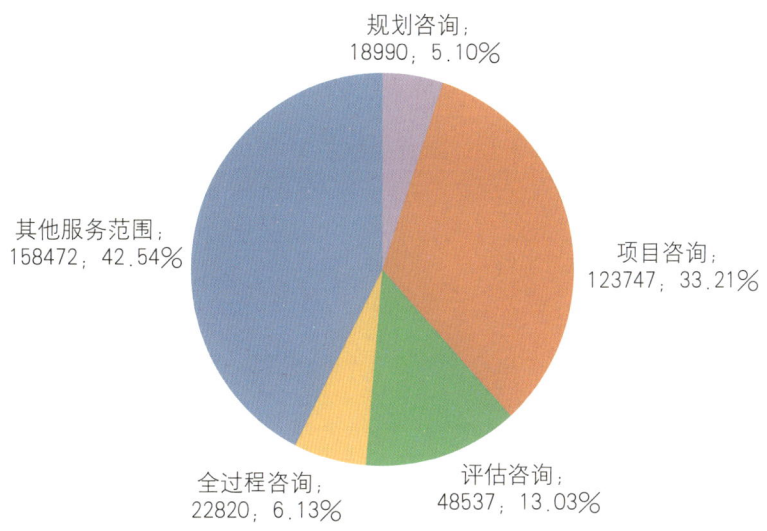

图50　新签合同总数服务范围分布(单位:个;%)

新签合同总数,其中,甲级资信单位合同数219,606个,占比58.94%;乙级资信单位合同数94,698个,占比25.42%;其他单位合同数58,261个,占比15.64%(参见图51)。

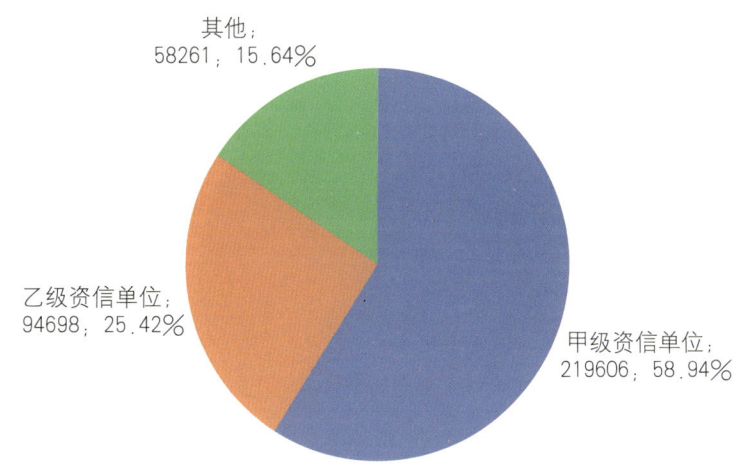

图51　不同资信等级单位新签合同总数(单位:个;%)

新签合同总数,其中,国有企业合同数148,000个,占比39.72%;事业单位合同数17,243个,占比4.63%;民营企业合同数205,859个,占比55.25%;外资企业合同数1,464个,占比0.39%(参见图52)。

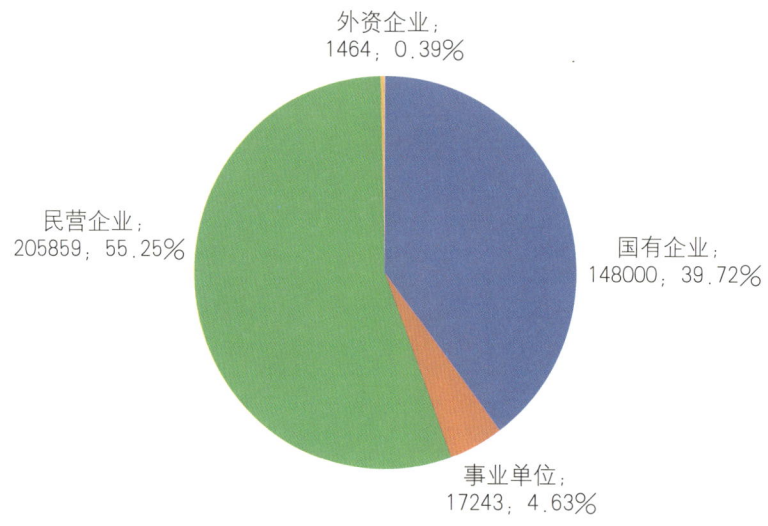

图52 不同类型单位新签合同总数(单位:个;%)

新签合同总数,其中,大型单位合同数171,187个,占比45.95%;中型单位合同数108,659个,占比29.16%;小型单位合同数89,097个,占比23.91%;微型单位合同数3,623个,占比0.97%(参见图53)。

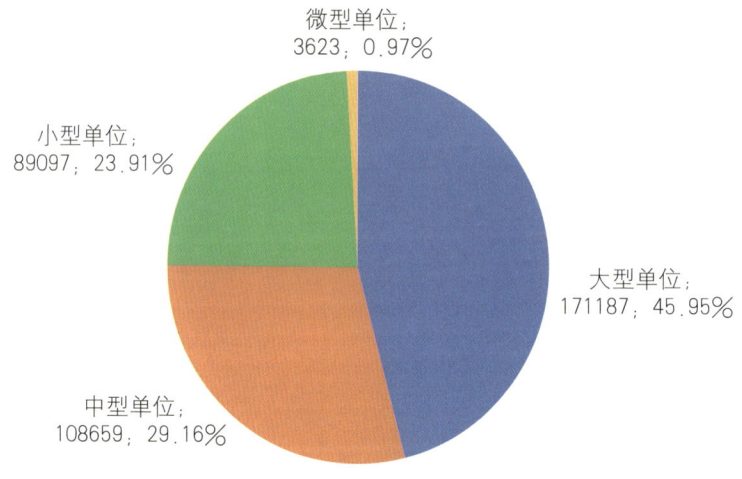

图53 不同规模单位新签合同总数(单位:个;%)

3.1 新型智库类服务新签合同数

样本中,新型智库类服务新签合同数19,654个。其中,甲级资信单位合同数16,473个,占比83.81%;乙级资信单位合同数2,058个,占比10.47%;其他单位合同数1,123个,占比5.71%(参见图54)。

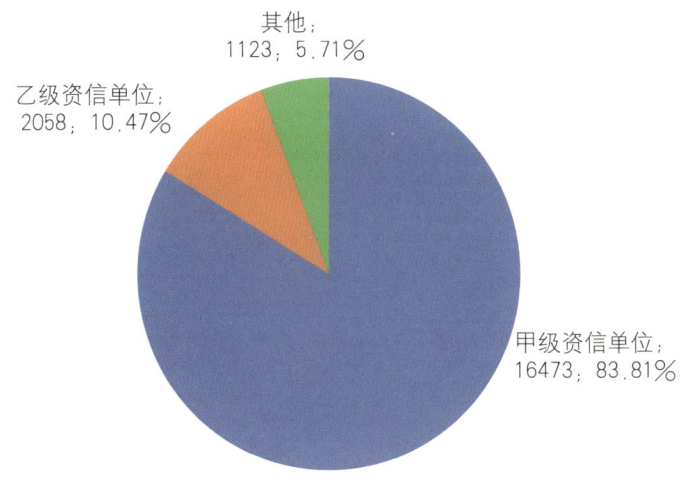

图54 不同资信等级单位新型智库类服务新签合同数(单位:个;%)

新型智库类服务新签合同数,其中,国有企业合同数8,723个,占比44.38%;事业单位合同数3,151个,占比16.03%;民营企业合同数7,780个,占比39.58%;外资企业合同数0个,占比0.00%(参见图55)。

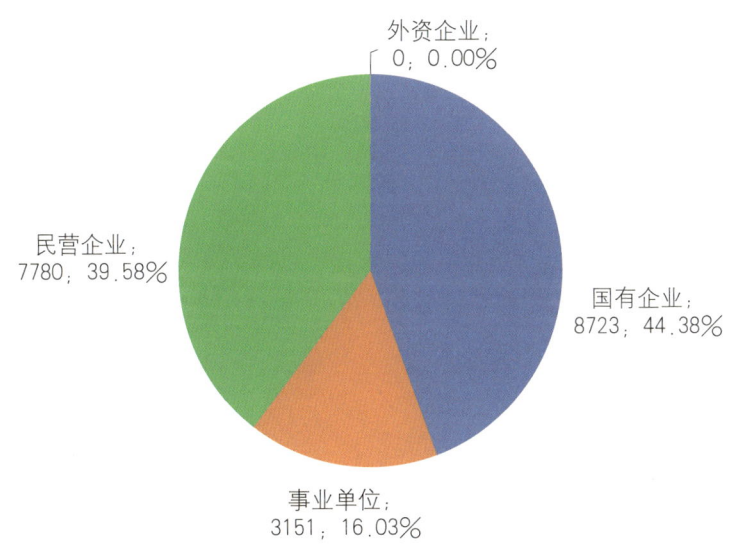

图55 不同类型单位新型智库类服务新签合同数(单位:个;%)

新型智库类服务新签合同数,其中,大型单位合同数9,209个,占比46.86%;中型单位合同数5,970个,占比30.38%;小型单位合同数4,470个,占比22.74%;微型单位合同数5个,占比0.03%(参见图56)。

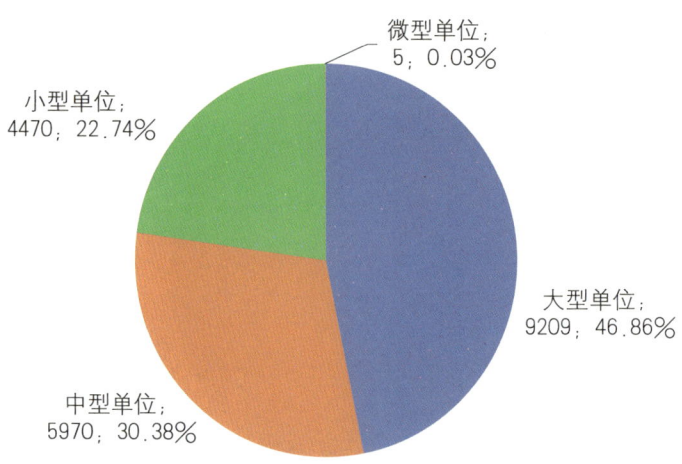

图 56　不同规模单位新型智库类服务新签合同数（单位：个；%）

3.2　境外业务新签合同数

样本中，境外业务新签合同数 867 个。其中，甲级资信单位合同数 762 个，占比 87.89%；乙级资信单位合同数 12 个，占比 1.38%；其他单位合同数 93 个，占比 10.73%（参见图 57）。

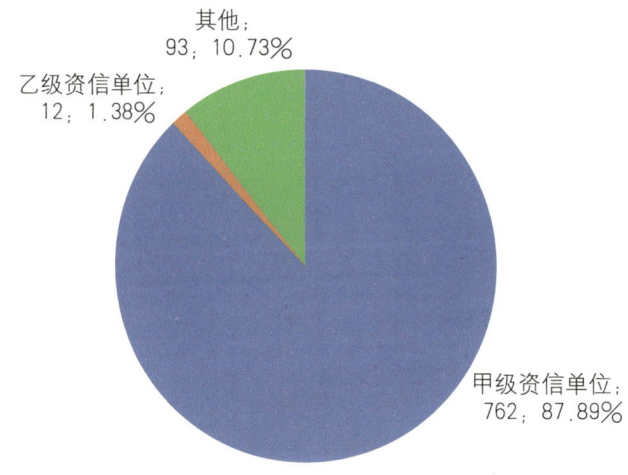

图 57　不同资信等级单位境外业务新签合同数（单位：个；%）

境外业务新签合同数，其中，国有企业合同数 662 个，占比 76.36%；事业单位合同数 13 个，占比 1.50%；民营企业合同数 181 个，占比 20.88%；外资企业合同数 11 个，占比 1.27%（参见图 58）。

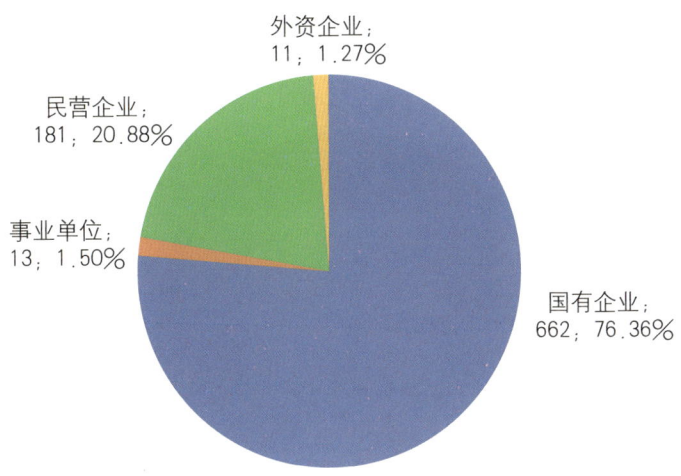

图 58　不同类型单位境外业务新签合同数(单位:个;%)

境外业务新签合同数,其中,大型单位合同数 763 个,占比 88.00%;中型单位合同数 87 个,占比 10.03%;小型单位合同数 17 个,占比 1.96%;微型单位合同数 0 个,占比 0.00%(参见图 59)。

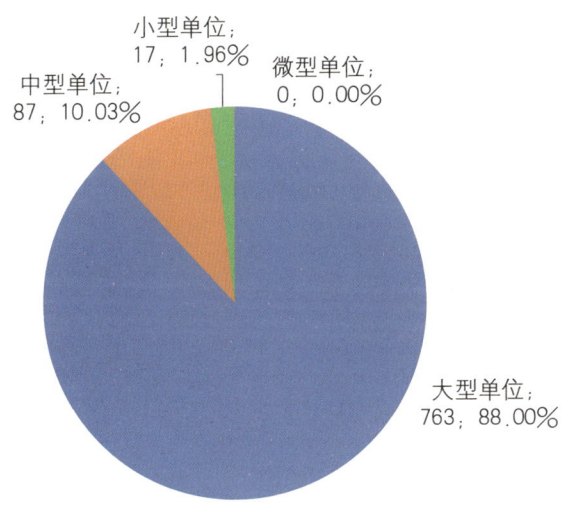

图 59　不同规模单位境外业务新签合同数(单位:个;%)

第三节　创新能力情况

1. 研究平台数

样本中,研究平台数总计 2,009 个。其中,甲级资信单位平台数 1,506 个,占比 74.96%;乙级资信单位平台数 321 个,占比 15.98%;其他单位平台数182个,占比9.06%(参见图60)。

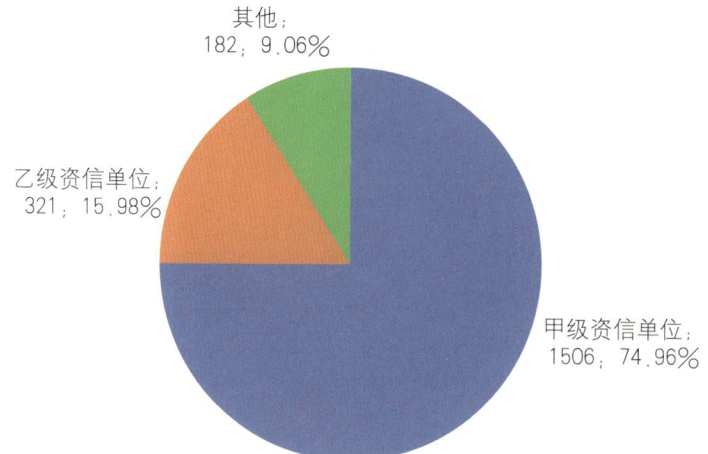

图60 不同资信等级单位研究平台数(单位:个;%)

研究平台数,其中,国有企业平台数1,269个,占比63.17%;事业单位平台数275个,占比13.69%;民营企业平台数460个,占比22.90%;外资企业平台数5个,占比0.25%(参见图61)。

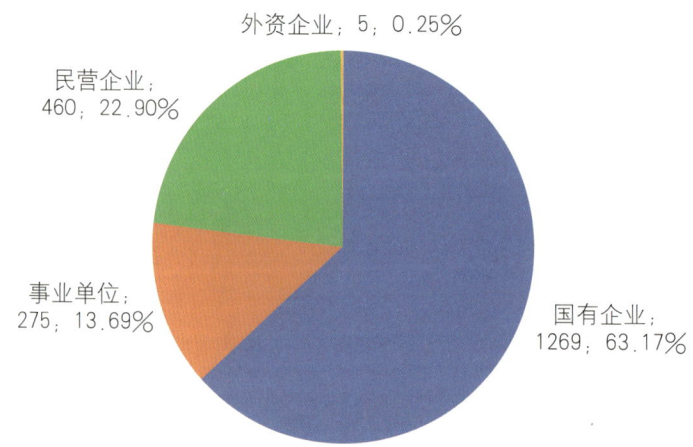

图61 不同类型单位研究平台数(单位:个;%)

研究平台数,其中,大型单位平台数1,428个,占比71.08%;中型单位平台数412个,占比20.51%;小型单位平台数156个,占比7.77%;微型单位平台数13个,占比0.65%(参见图62)。

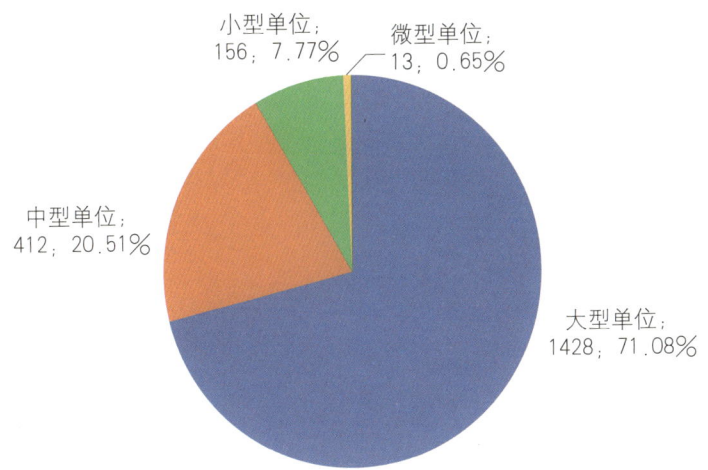

图 62 不同规模单位研究平台数（单位：个；%）

2. 智库/研究院数

样本中，智库/研究院数为 1,795 个。其中，甲级资信单位智库/研究院 1,352 个，占比 75.32%；乙级资信单位智库/研究院 282 个，占比 15.71%；其他单位智库/研究院 161 个，占比 8.97%（参见图 63）。

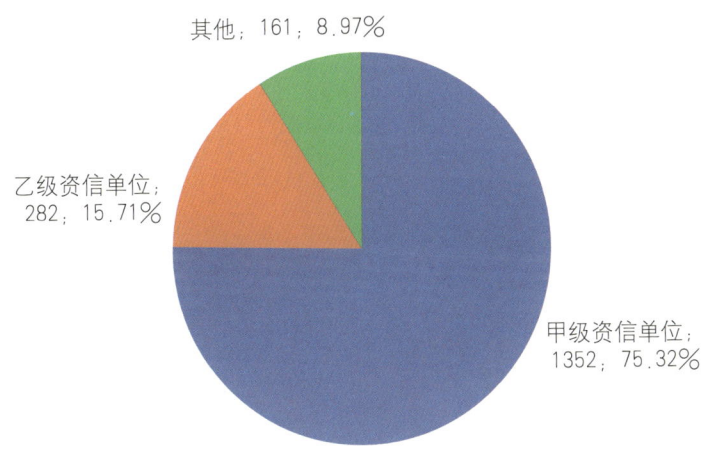

图 63 不同资信等级单位智库/研究院数（单位：个；%）

智库/研究院，其中，国有企业智库/研究院 1,125 个，占比 62.67%；事业单位智库/研究院 253 个，占比 14.09%；民营企业智库/研究院 413 个，占比 23.01%；外资企业智库/研究院 4 个，占比 0.22%（参见图 64）。

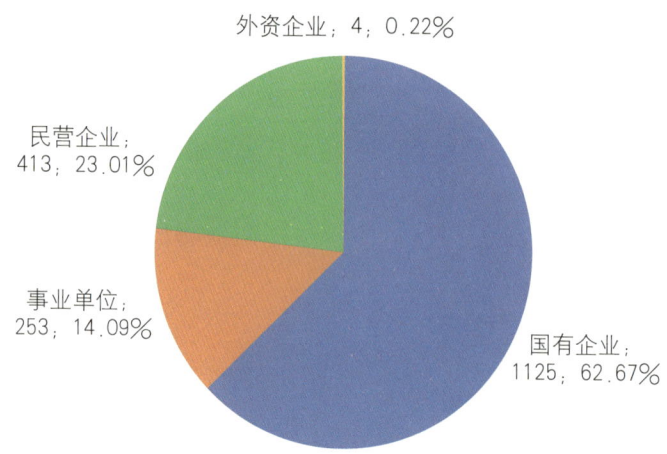

图 64　不同类型单位智库/研究院数(单位:个;%)

智库/研究院,其中,大型单位智库/研究院 1,261 个,占比 70.25%;中型单位智库/研究院 380 个,占比 21.17%;小型单位智库/研究院 143 个,占比 7.97%;微型单位智库/研究院 11 个,占比 0.61%(参见图 65)。

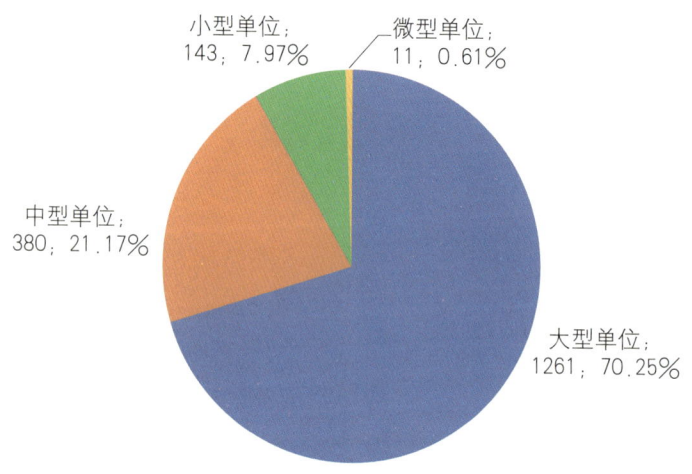

图 65　不同规模单位智库/研究院数(单位:个;%)

3. 承担政府委托项目(课题)数

样本中,承担政府委托项目(课题)总数 79,040 个。其中,甲级资信单位承担 53,578 个,占比 67.79%;乙级资信单位承担 15,033 个,占比 19.02%;其他单位承担 10,429 个,占比 13.19%(参见图 66)。

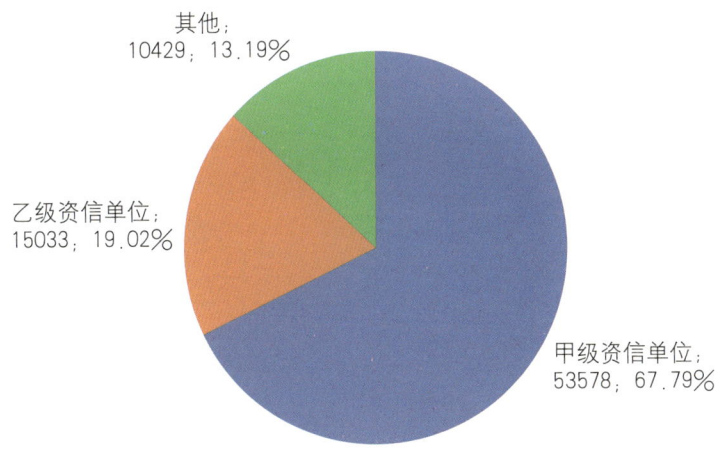

图66 不同资信等级单位承担政府委托项目(课题)数(单位:个;%)

承担政府委托项目(课题)数,其中,国有企业承担17,931个,占比22.69%;事业单位承担9,242个,占比11.69%;民营企业承担51,866个,占比65.62%;外资企业承担1个,占比0.00%(参见图67)。

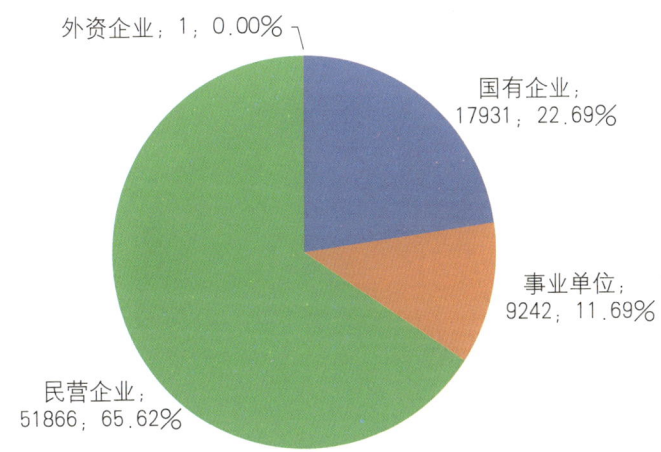

图67 不同类型单位承担政府委托项目(课题)数(单位:个;%)

承担政府委托项目(课题)数,其中,大型单位承担22,063个,占比27.91%;中型单位承担27,523个,占比34.82%;小型单位承担28,693个,占比36.30%;微型单位承担761个,占比0.96%(参见图68)。

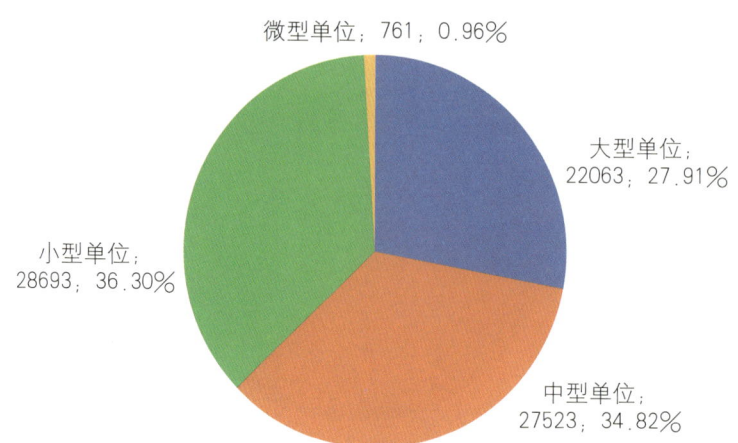

图68 不同规模单位承担政府委托项目(课题)数(单位:个;%)

4. 申请专利数

样本中,申请专利数为25,220项。其中,甲级资信单位申请专利16,988个,占比67.36%;乙级资信单位申请专利3,611个,占比14.32%;其他单位申请专利4,621个,占比18.32%(参见图69)。

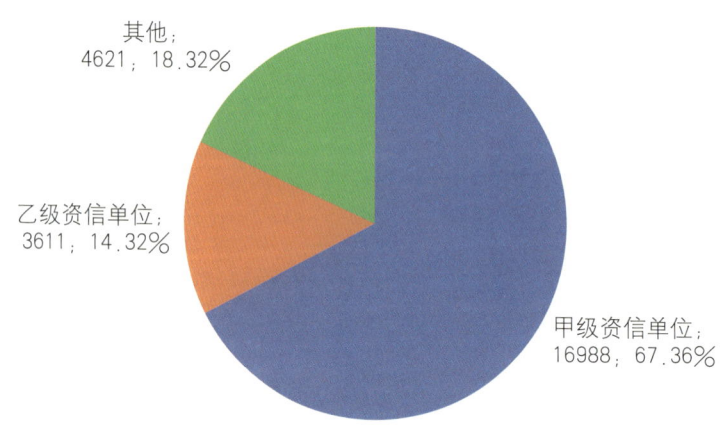

图69 不同资信等级单位申请专利数(单位:个;%)

申请专利数,其中,国有企业申请专利20,454个,占比81.10%;事业单位申请专利859个,占比3.41%;民营企业申请专利3,854个,占比15.28%;外资企业申请专利53个,占比0.21%(参见图70)。

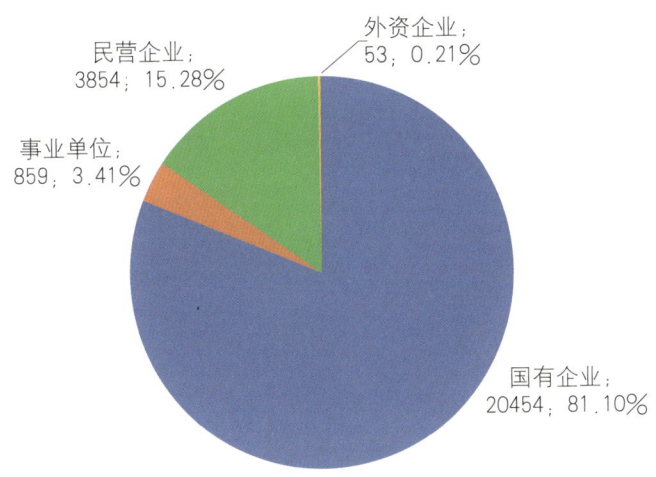

图70 不同类型单位申请专利数(单位:个;%)

申请专利数,其中,大型单位申请专利19,784个,占比78.45%;中型单位申请专利3,780个,占比14.99%;小型单位申请专利1,485个,占比5.89%;微型单位申请专利171个,占比0.68%(参见图71)。

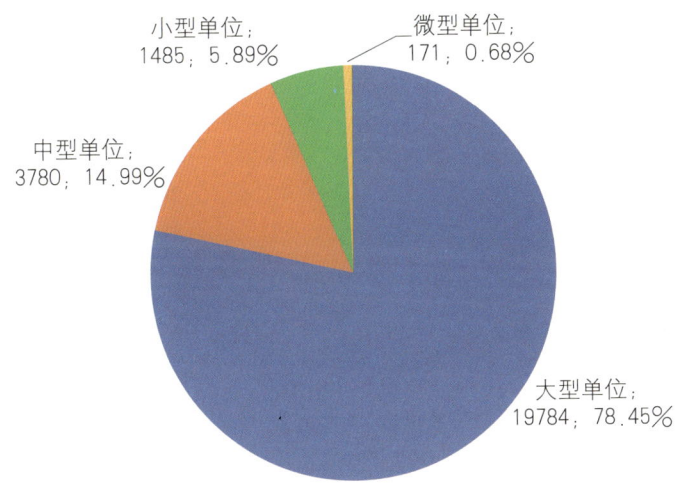

图71 不同规模单位申请专利数(单位:个;%)

5. 研究完成数

样本中,各类研究(研究报告、学术论文、学术著作等)完成总数为36,799个。其中,甲级资信单位完成研究23,532个,占比63.95%;乙级资信单位完成研究3,879个,占比10.54%;其他单位完成研究9,388个,占比25.51%(参见图72)。

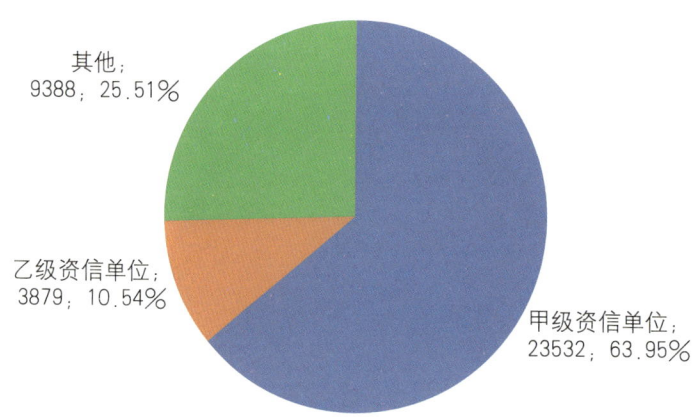

图 72 不同资信等级单位研究报告、学术论文、学术著作数（单位：个；%）

各类研究数，其中，国有企业完成研究 28,829 个，占比 78.34%；事业单位完成研究 4,245 个，占比 11.54%；民营企业完成研究 3,689 个，占比 10.02%；外资企业完成研究 36 个，占比 0.10%（参见图 73）。

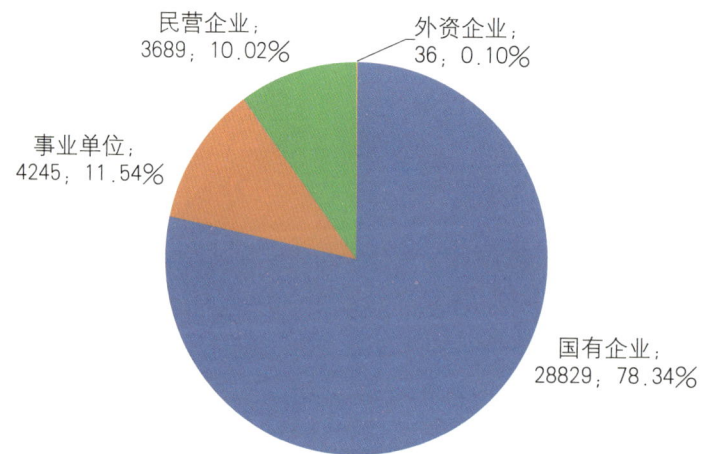

图 73 不同类型单位研究报告、学术论文、学术著作数（单位：个；%）

各类研究数，其中，大型单位完成研究 29,281 个，占比 79.57%；中型单位完成研究 6,287 个，占比 17.08%；小型单位完成研究 1,003 个，占比 2.73%；微型单位完成研究 228 个，占比 0.62%（参见图 74）。

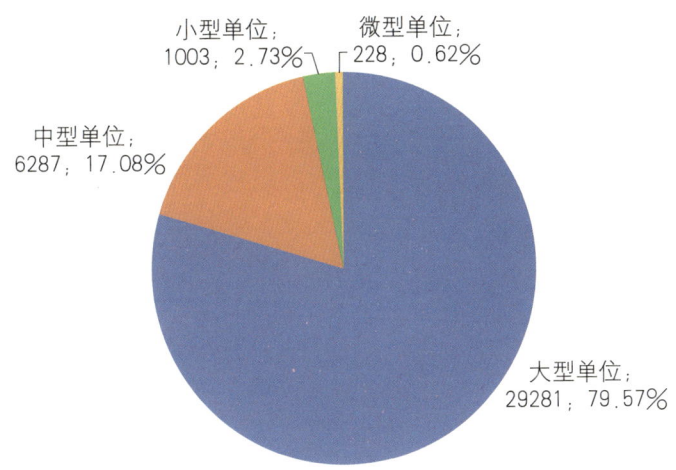

图 74　不同规模单位研究报告、学术论文、学术著作数（单位：个；％）

6. 国家及省级标准规范制定数

样本中，主持或参与国家及省级标准规范制定数为 3,190 个。其中，甲级资信单位主持或参与 2,421 个，占比 75.89％；乙级资信单位主持或参与 363 个，占比 11.38％；其他单位主持或参与 406 个，占比 12.73％（参见图 75）。

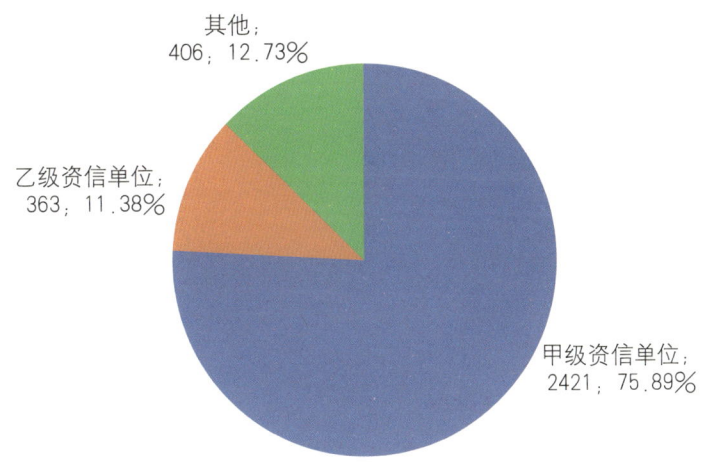

图 75　不同资信等级单位样本单位主持或参与国家省级标准规范制定数（单位：个；％）

主持或参与国家及省级标准规范制定数，其中，国有企业主持或参与 2,520 个，占比 79.00％；事业单位主持或参与 219 个，占比 6.87％；民营企业主持或参与 435 个，占比 13.64％；外资企业主持或参与 16 个，占比 0.50％（参见图 76）。

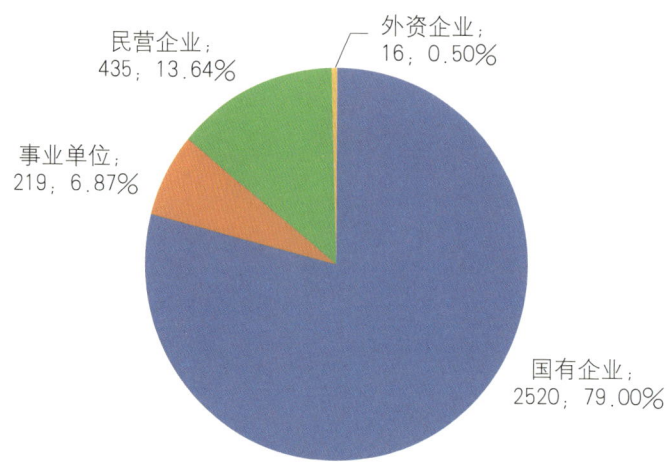

图 76 不同类型单位样本单位主持或参与国家省级标准规范制定数(单位:个;%)

主持或参与国家及省级标准规范制定数,其中,大型单位主持或参与2,586个,占比81.07%;中型单位主持或参与409个,占比12.82%;小型单位主持或参与173个,占比5.42%;微型单位主持或参与22个,占比0.69%(参见图77)。

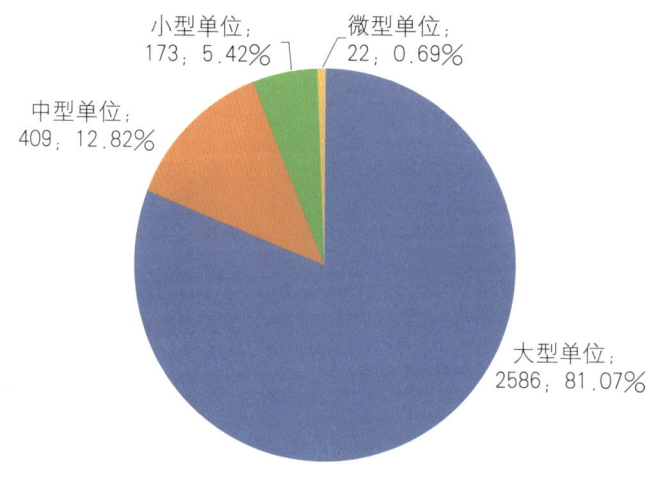

图 77 不同规模单位样本单位主持或参与国家省级标准规范制定数(单位:个;%)

第四节 社会公益情况

1. 社会公益项目数

样本中,参与社会公益项目数5,828个。其中,甲级资信单位参与3,465个,占比59.45%;乙级资信单位参与1,381个,占比23.70%;其他单位参与982个,占比16.85%(参见图78)。

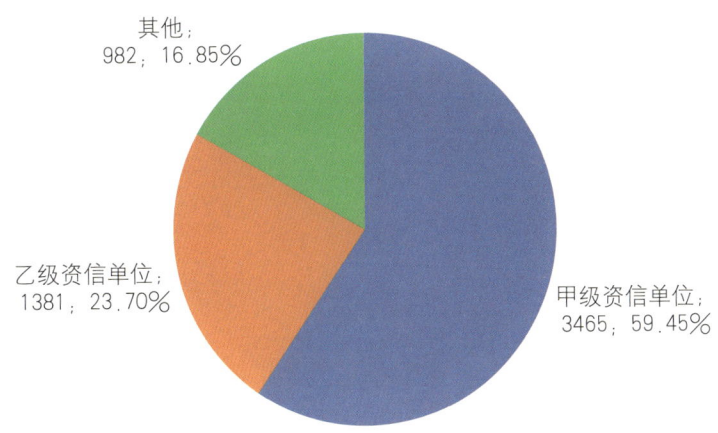

图78 不同资信等级单位参与社会公益项目数(单位:个;%)

参与社会公益项目数,其中,国有企业参与3,165个,占比54.31%;事业单位参与476个,占比8.17%;民营企业参与2,179个,占比37.39%;外资企业参与8个,占比0.14%(参见图79)。

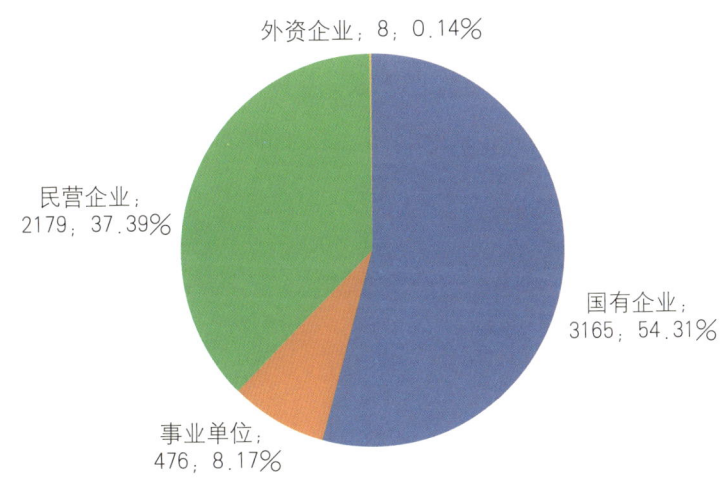

图79 不同类型单位参与社会公益项目数(单位:个;%)

参与社会公益项目数,其中,大型单位参与2,758个,占比47.32%;中型单位参与1,544个,占比26.49%;小型单位参与1,472个,占比25.26%;微型单位参与54个,占比0.93%(参见图80)。

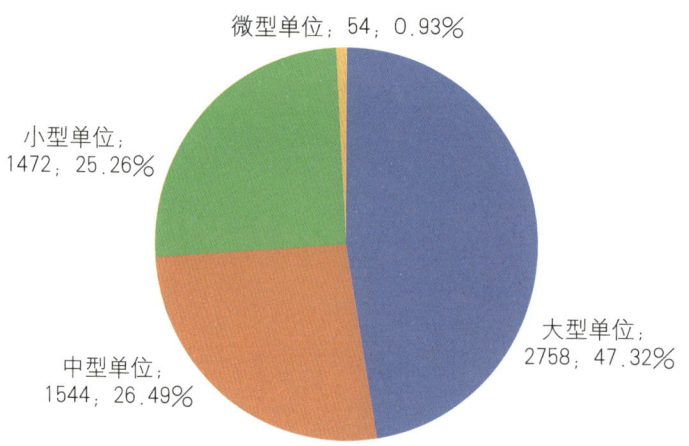

图 80 不同规模单位参与社会公益项目数(单位:个;%)

第五节 共同样本情况

共同样本①共 820 家,按照单位类型看,国有企业 255 家,占比 31.10%;事业单位 34 家,占比 4.15%;民营企业 525 家,占比 64.02%;外资企业 6 家,占比 0.73%。

按照单位规模看,大型单位 167 家,占比 20.37%;中型单位 215 家,占比 26.22%;小型单位 406 家,占比 49.51%;微型单位 32 家,占比 3.90%。

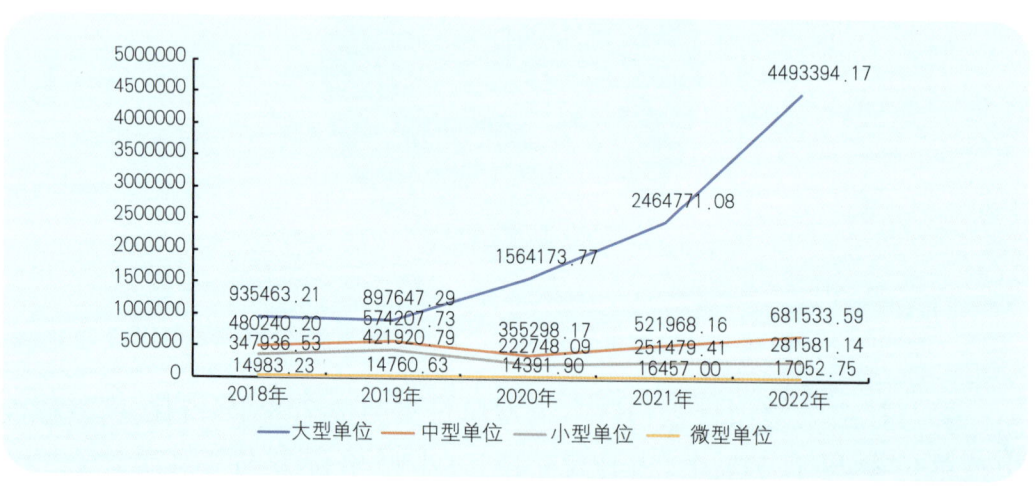

图 81 共同样本不同规模咨询单位营业收入(单位:万元)

注:①共同样本即 2018 年以来,一直填报数据的机构组成的样本。

2018年以来,大型单位、国有企业营业收入呈现明显的上升趋势,中、小、微型单位营业收入维持小区间波动(参见图81);事业单位和外资企业的营业收入也保持稳定(参见图82)。

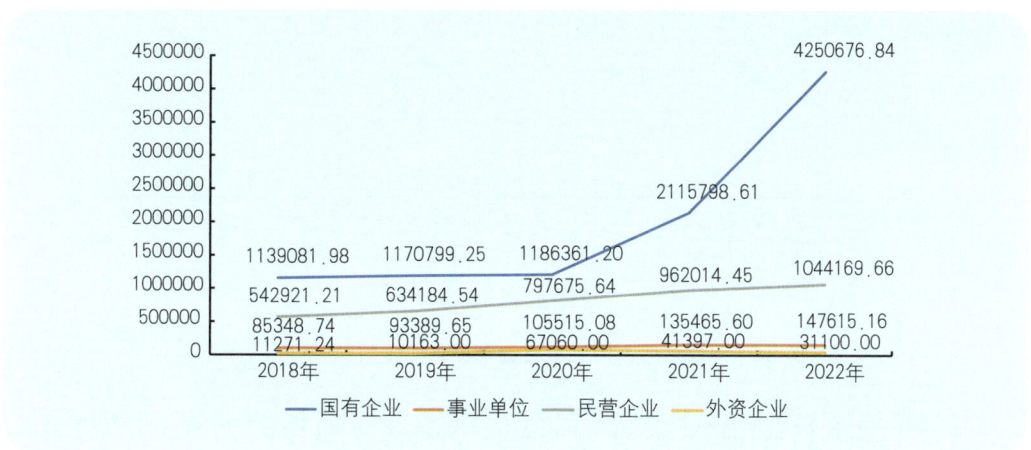

图82 共同样本不同性质咨询单位营业收入(单位:万元)

2018年来,大型单位新签合同数领先于中、小、微单位,保持在高位,其他型单位新签合同数波动范围小(参见图83);民营企业新签合同数逐年增长,但结合营业收入看,平均合同额不高(参见图84)。

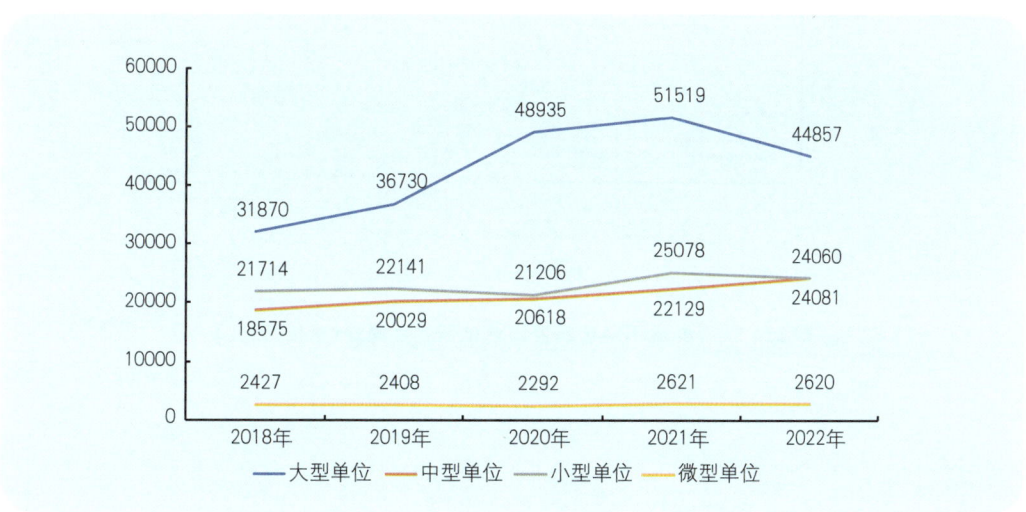

图83 共同样本不同规模咨询单位新签合同数(单位:个)

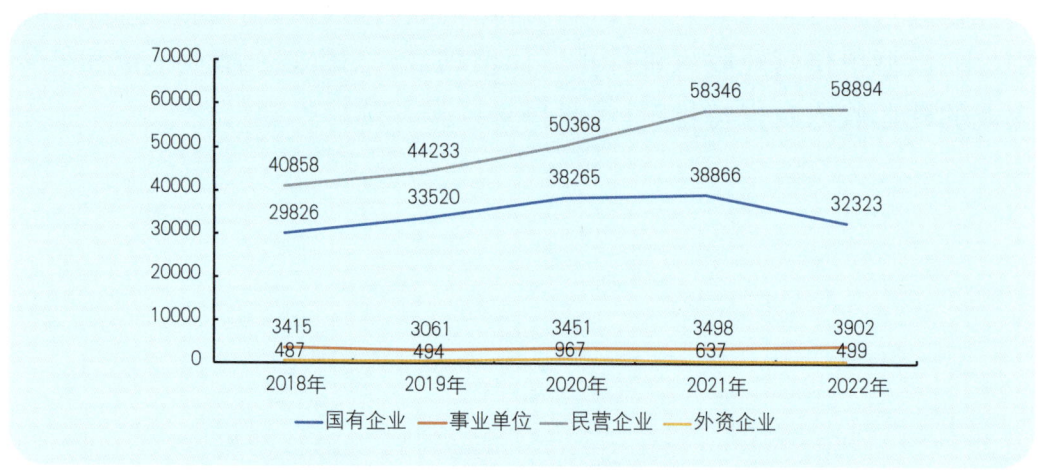

图 84　共同样本不同性质咨询单位新签合同数(单位:个)

2018年以来,大型单位、国有企业新签合同额增势明显,小型单位、民营企业呈现倒V走势(参见图85);中型、微型单位、事业单位、外资企业新签合同额呈窄幅波动(参见图86)。

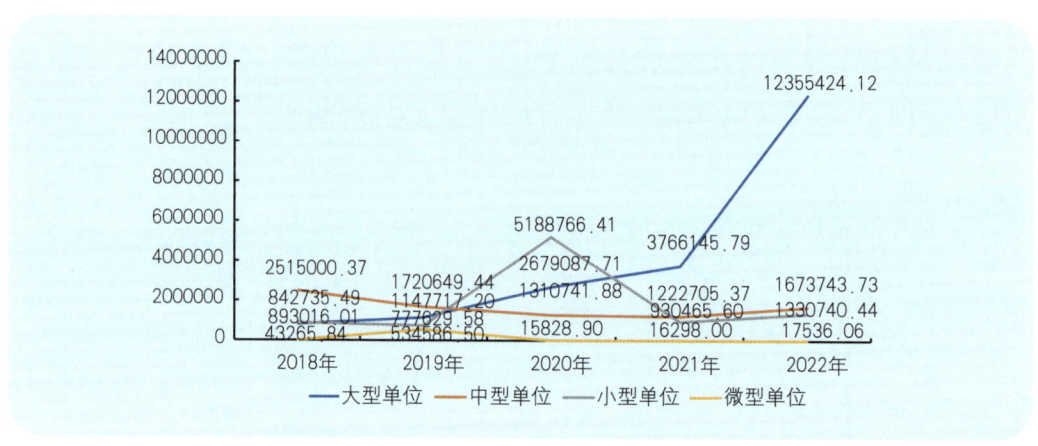

图 85　共同样本不同规模咨询单位新签合同额(单位:万元)

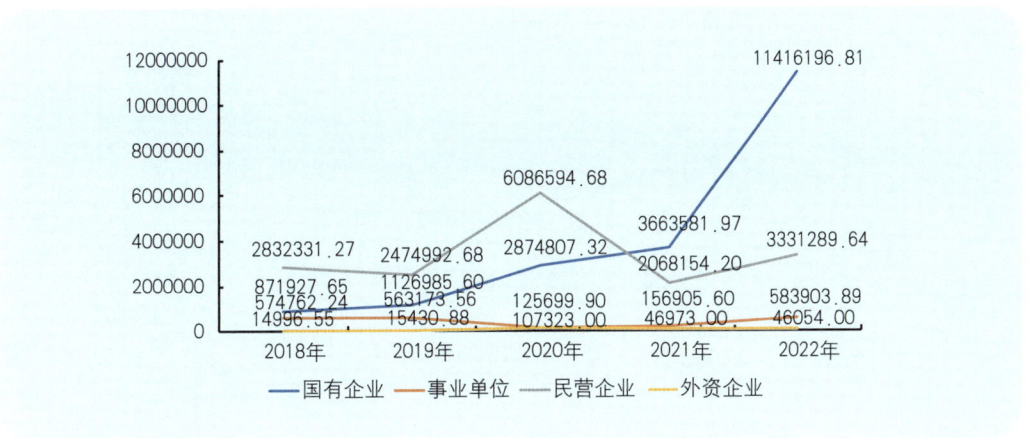

图86 共同样本不同性质咨询单位新签合同额(单位:万元)

下 编

专题研究

专题研究一、行业高质量发展

关于加快推进工程咨询业高质量发展的指导意见

中国工程咨询协会　中咨协政研〔2022〕21号

党的十九大以来,工程咨询业持续服务国家重大战略决策、重大和基础性产业发展、重大工程建设,不断深化行业关键领域改革与创新,持续为经济发展和社会进步作出行业贡献。我国进入全面建设社会主义现代化国家的新发展阶段,经济发展由高速增长阶段转向高质量发展阶段,以提高发展质量和效益为中心,更好满足人民日益增长的美好生活需要。当今世界正在经历百年未有之大变局,世界进入新的动荡变革期。我国经济长期向好的基本面没有变,但同时面临需求收缩、供给冲击、预期转弱三重压力。工程咨询业需要积极作为,充分发挥工程咨询对投资科学决策、规范实施和优化供给结构的关键性作用,为国家建设和社会经济发展提供专业服务。

为促进全行业更加深刻认识新发展阶段,完整、准确、全面贯彻新发展理念,融入和服务新发展格局,加快实现行业高质量发展,有力推动国家治理体系和治理能力现代化,现提出以下意见。

一、立足新发展阶段,把握行业高质量发展的奋斗方向

(一)把握行业立足新发展阶段的时代内涵

新发展阶段是继我国全面建成小康社会、实现第一个百年奋斗目标之后,乘势而上开启全面建设社会主义现代化国家新征程、向第二个百年奋斗目标进军的又一个重要阶段,"十四五"时期正处于两个百年奋斗

目标的历史交汇期,立足新发展阶段是实现行业高质量发展的必然要求。近年来,随着国家投融资体制改革、行政审批制度改革和行业咨询服务供给侧结构性改革的不断深入,工程咨询业规模不断扩大,新业态不断涌现,行业规范不断健全,形成了一批综合实力显著、新型专业智库特色鲜明的工程咨询单位和平台,行业服务能力与发展水平达到新的高度,为新发展阶段行业高质量服务社会主义现代化国家建设打下坚实基础。同时也应该看到,行业法制建设相对薄弱,信用和标准化体系尚未形成,现代信息技术融合较慢,原创性研究能力和基础研究不足,综合型人才、高水平人才、国际化人才仍然缺乏。清醒认识、理性分析和有效解决行业发展的瓶颈问题,是新发展阶段行业实现高质量发展的前提基础。

(二)把握行业贯彻新发展理念的总体要求

以习近平新时代中国特色社会主义思想为指导,全面贯彻党的十九大和十九届历次全会精神,完整准确全面贯彻新发展理念,按照党中央、国务院决策部署,坚持独立、科学、公正的工程咨询服务宗旨,以提升服务能力和服务质量为核心,深化工程咨询业改革开放,促进实现我国"创新成为第一动力、协调成为内生特点、绿色成为普遍形态、开放成为必由之路、共享成为根本目的"的经济社会高质量发展。作为国民经济的先导产业,工程咨询业必须主动作为,加快适应新发展阶段,遵循"市场化、专业化、品牌化、数字化、法治化、国际化"的总体要求,以高质量服务供给适应和满足新发展阶段的新特征、新需求,为加快构建新发展格局做好服务支撑,为全面建设社会主义现代化国家做好智力支撑。

(三)把握行业服务新发展格局的基本原则

面向未来,工程咨询业高质量发展应遵循以下原则:

——坚持高点站位,国家战略为先。以推动行业实现高质量发展为目标,以服务国家重大战略和重大关切为牵引,主动跨前开展前瞻性与战略性研究,始终为各级党委政府提供高水平决策咨询服务。

——坚持创新引领,持续改革为本。将创新作为高质量发展的第一动力,坚持与时代同频共振,强化科技赋能、数据赋能、管理赋能,促进理论方法、技术应用与体制机制的改革创新,提供可满足经济和社会中长期发展的优质服务。

——坚持质量变革,人力资本为基。坚守职业道德准则,不断提升咨询服务能力与价值贡献。建立健全行业终身学习与素质提升体系,以高素质人才队伍保障行业高质量发展,实现更有效率、更加公平、更为安全的高质量发展。

——坚持系统谋划,规范发展为要。统筹发挥不同地区、不同类型工程咨询单位的主体作用,加快做强做优做精,注重协同发展,推动完善政府指导、行业自律、发展规范的行业管理体系,实现工程咨询市场统一开放、竞争有效。

二、贯彻新发展理念,落实行业高质量发展的重点举措

(四)深化咨询理论、方法与技术协同创新

加强对行业现有理论与方法的提炼提升,鼓励具有行业引领力的领军企业、创新型企业加大基础理论创新投入,推动行业创新在"量"的积累中实现"质"的飞跃。瞄准各级党委政府与其他市场主体的新需求,加快探索和运用5G、人工智能、大数据、云计算、区块链等新一代信息技术,推进工程咨询方法技术创新及应用推广力度。促进跨行业、跨地区和产学研协同创新,支持更多工程咨询单位申报高新技术企业,不断完善创新成果知识产权保护,推动创新成果有偿交易与应用转化。

主动融入数字化转型浪潮,深入推进"数字化+"工程咨询,加速提升工程咨询业数字化能力与水平,共同培育数字化咨询服务新产品、新业态、新模式,探寻行业新的增长动能与发展路径,提升服务质量、效率与满意度。

(五)开展服务领域、模式与产品多维创新

遵循独立、公正、科学的原则,始终当好各类客户的智囊参谋,切实把好投资项目"准入关",进一步提升规划咨询、项目咨询、评估咨询等前期决策咨询业务的价值取向,发挥其对工程咨询中后段业务的引领带动

作用,做好投资项目中期评价和后评价工作。鼓励规划咨询、项目咨询、项目管理、项目运营以及各类专项咨询等工程咨询产业链不同环节业务集成发展和融合创新,推动工程咨询服务新业态加速成熟定型。引导资本市场更好服务实体经济,有效推进政府和社会资本合作(PPP)咨询业务,支持开展不动产投资信托基金(REITs)、项目收益专项债等投融资咨询业务,推动工程咨询业向专业化和价值链高端延伸。

大力推进全过程咨询服务,进一步发挥全过程工程咨询对工程建设项目审批制度改革的支撑作用。引导政府(国有)投资项目和社会投资项目开展全过程工程咨询服务,鼓励工程咨询单位探索创新多种组合形式的全过程工程咨询服务模式。发挥重大建设项目对全过程工程咨询的示范作用,发挥全过程工程咨询在提高投资效益、建设质量和运营效率中的综合效应,及时做好经验规律的总结与推广。

(六)推进工程咨询单位体制机制持续创新

推动有效市场与有为政府更好结合,支持各类工程咨询单位加快构建符合自身特点与需求的运作体制机制,打造具有行业引领力的领军企业,打造更多具有创新能力和特色优势的品牌企业,促进大中小各类工程咨询单位平等竞争、互鉴互学、协同发展。

事业性质的工程咨询单位应加快革新发展观念,加快建立健全符合市场化要求的经营机制。选择脱钩改制的工程咨询单位,应把准改制要求与改革红利,引导社会资本参与改制重组。发挥国有大中型工程咨询企业对行业高质量发展的带动作用,有序推进国有工程咨询企业的混合所有制改革。鼓励对经营业务和持续发展有较大贡献的关键骨干持股,形成资本所有者和劳动者利益共同体。借鉴相关行业经验,探索采用合伙人制,进一步激活各类工程咨询单位的经营活力。

(七)加快智库建设与研究成果应用创新

打造具有工程咨询业行业特色的新型专业智库,是新发展阶段扩大行业影响力和打造企业品牌的必然之举。充分发挥工程咨询业综合优势与专业特色,紧密服务国家重大战略,坚持出思想、出成果、出精品,行业新型专业智库应提出战略性思路,为各级党委政府破解改革发展难题和应对复杂艰巨任务提供高价值的决策咨询建议与解决方案,同时注重智库研究成果的可操作、可落地、可转化。

鼓励各类工程咨询单位开展智库建设,不断加大智库投入,壮大智库人才队伍,创新智库运行机制。支持行业领军企业整合内外部资源,打造智库型咨询机构。支持组建跨界融合的全国和区域性智库联盟,发挥行业协会桥梁纽带作用,搭建合作交流与宣传平台,分享专业智慧,扩大工程咨询智库影响力。

(八)实现各类工程咨询单位协调平衡发展

打破部门和地区界限,反对地方保护、反对垄断和不正当竞争,保障不同所有制与法人类型、不同规模、不同区域的工程咨询单位平等参与竞争,进一步打破行业、地区和所有制界限,鼓励采用战略联盟、合资合作、并购重组等形式,推动行业实现规模化、集约化和专业化发展。鼓励有实力的咨询企业实现整体或分拆上市,壮大企业发展实力,带动行业能级提升。

东、中、西部地区各类工程咨询单位应结合自身特点,完整、准确、全面贯彻新发展理念,按照国家投融资体制改革和行业改革发展最新要求,结合所在区域国家战略和城市发展最新形势,以供给侧结构性改革为主线,深度挖掘传统型工程咨询业务增长潜力,加快拓展创新型工程咨询业务新领地,永葆企业生命线和经营活力,推动全行业实现平衡与协调发展。

(九)发展绿色咨询业务,助力如期实现碳达峰、碳中和

深入贯彻"绿水青山就是金山银山"理念,严格贯彻落实绿色标准,全力做好碳市场、碳交易、碳核查等绿色咨询新业务,推动能源绿色低碳转型,促进绿色消费,体现行业担当,助力我国如期实现碳达峰、碳中和。

深入践行绿色、低碳、循环发展的理念,研究借鉴"环境、社会和治理"(ESG)等国际先进理念,工程咨询单位要将经济产业绿色化和咨询服务绿色化深度融合,在建设生态城市和美丽乡村中展现行业作为。创新提供绿色规划、绿色设计、绿色建设、绿色建造、绿色运行等一揽子绿

色咨询服务，拓展土壤污染修复、能源管理、智慧城市等高附加值业务，服务经济与社会实现全面绿色转型。

（十）稳妥拓展海外市场，推进"中国标准"国际化

聚焦"一带一路"倡议、"国际产能合作"等国家对外开放的重大机遇，支持有实力企业稳妥"走出去"，重点拓展"一带一路"沿线国家和地区咨询服务市场，联合亚洲基础设施投资银行、金砖银行、丝路基金等金融机构，加强与国外当地机构全方位合作，为"走出去"的中国企业在当地高质量发展提供切实所需的产业规划、市场研究、信息咨询、税务审计等咨询服务，有力提升行业国际竞争力。

加强与各类国际机构、国际组织、国外工程咨询同业的交往交流，逐步构建和推广中国工程咨询最新标准，探索形成一条中国咨询标准国际化路径，以中国标准"走出去"带动中国咨询服务"走出去"，逐步形成自主引领的国际咨询标准体系，不断提高行业国际话语权。

（十一）重视人才培养使用，发挥人才第一资源作用

工程咨询单位应树立"人才强咨"观念，重视人才发展规划，营造识才爱才敬才用才的环境，持续深化人才发展体制机制，加快培养一批综合型、高水平、国际化的战略型咨询人才，全方位培育、引进和用好各类专业人才。合理采用绩效薪酬、股权、期权、分红和合伙人制等激励措施，让广大从业者共享高质量发展带来的获得感和幸福感，增强企业凝聚力和竞争力。

加大对行业高质量发展作出突出贡献的企业家和技术带头人宣传力度，开展重大咨询理论方法技术创新成果的发布，开展行业知识库建设，鼓励开展形式多样的经验交流与知识分享。行业协会应进一步完善咨询工程师（投资）职业资格考试、登记和继续教育制度，实施知识更新与技能再提升行动，全面持续提升咨询工程师（投资）和相关从业人员的业务能力与综合素养，以高素质人才队伍推动行业高质量发展事业再上新台阶。

三、服务新发展格局,构筑行业高质量发展的坚实保障

(十二)推动行业服务新发展格局落到实处

加快构建新发展格局是关系我国中长期发展全局的一项重大战略任务。工程咨询业要自觉将各项工作纳入新发展格局中统筹考虑和谋划,进一步找准行业服务新发展格局的切入点和重点工作,破除不利于行业高质量发展的体制机制障碍,扫除阻碍国内大循环和国内国际双循环畅通的制度、观念和利益羁绊,在服务新发展格局的生动实践中实现行业的高质量发展。

(十三)制定发布行之有效的标准信用体系

加快行业标准体系建设进程,滚动推进基础性标准、行业规范、业务指南的编制与发布,形成政府指导、行业自律、企业自主相结合的行业标准体系。以行业资信评价为抓手,加快建立健全行业诚信评价体系,有序组织开展行业信用评价,发挥信用评价结果在招投标、信用建设领域的导向作用,引导行业强化和巩固守信激励、失信惩戒的良好氛围。

(十四)构建体现行业时代特点的指标体系

行业协会应组织行业以新发展理念为根本遵循,加快构建符合工程咨询业高质量发展特点的指标评价体系,加强行业信息调查和年度统计,研究发布工程咨询业高质量发展指数,推动发展指数成为引领行业高质量发展的风向标。取得工程咨询资信等级的咨询机构作为行业信息调查和年度统计的责任主体应切实履行信息报送义务。

(十五)倡导以价值为导向的咨询服务价格体系

深化行业供给侧结构性改革,不断提升行业服务质量水平,坚持"选优汰劣",倡导以价值为导向的"优质优价"市场化机制,尽快建立与高质量发展相适应的咨询服务价格体系,维护公平、高效、有序的市场竞争环境,凝聚推动行业高质量发展的强大正能量。

(十六)推动战略规划和重大项目有效落地

根据国家及区域中长期发展战略,以及各级国民经济和社会发展五年规划的部署要求,发挥工程咨询业在重大战略项目谋划策划的优势,围绕区域协调发展、乡村振兴战略、科技重大攻关等,推动新型基础设施、新型城镇化、交通水利、社会民生、战略性新兴产业等领域重大工程建设落地推进,为国家和地方经济的高质量发展注入强劲动能。

(十七)推动出台行业高质量发展的支持政策

积极推动各级党委政府遴选优秀工程咨询单位列入新型专业智库名单,推动成熟有效的行业规范纳入国家强制标准范畴,推动行业管理法治化。针对工程咨询单位开展的理论、方法和技术创新,推动各级政府研究出台配套的专项资金或税收优惠政策。推动工程咨询单位服务"一带一路"工作中享受金融、资金、人才、出入境便利化等国家相关支持政策。

(十八)防范重大风险统筹发展和安全

坚持底线思维,统筹开放和安全,统筹发展和安全,切实提升行业自身风险识别、预警和防范化解能力,帮助排除政府和社会重大投资和工程领域各类重大风险和隐患,确保国家经济安全,保障人民生命健康,维护社会稳定团结。

提高前期决策咨询质量 发挥前期
决策咨询在全过程咨询中的"引领作用"

上海市工程咨询行业协会

上海同济工程咨询有限公司

一、研究背景、目的和意义

(一)研究背景

2017年,党的十九大首次提出"高质量发展",表明中国经济由高速增长阶段转向高质量发展阶段。习近平总书记指出:"推动高质量发展,是保持经济持续健康发展的必然要求,是适应我国社会主要矛盾变化和全面建成小康社会、全面建设社会主义现代化国家的必然要求,是遵循经济规律发展的必然要求。"二十大报告中,总书记再次强调了:"高质量发展是全面建设社会主义现代化国家的首要任务。发展是党执政兴国的第一要务。""没有坚实的物质技术基础,就不可能全面建成社会主义现代化强国。"一直以来,工程咨询行业对"高质量发展"非常重视,并积极响应。2022年3月,中国工程咨询协会发布了《关于加快推进工程咨询业高质量发展的指导意见》,其中强调"进一步提升前期决策咨询业务的价值取向,发挥其对工程咨询中后段业务的引领带动作用"。国务院副总理韩正于2022年6月在中国国际工程咨询有限公司主持召开座谈会,强调:"深入论证、科学决策,按照高质量发展的要求,扎实推进重大项目建设,更好发挥有效投资的关键作用,为稳住宏观经济大盘提供有力保障。"对行业前期决策咨询提出了更高的要求。

(二)研究目的和意义

工程咨询业是国民经济的主导产业,前期决策咨询是投资决策科学化和民主化的重要依托和智力支撑,提高前期决策咨询质量是行业实现高质量发展的重要前提,对发展全过程工程咨询具有重要的指导意义。

1. 在理论层面

通过对前期决策咨询的定位剖析及对"高质量"的解读,明确高质量前期决策咨询的定义和内涵,探讨前期决策咨询在全过程咨询工作中的引领作用,为工程咨询行业以及前期决策咨询高质量发展打下坚实的理论基础。

2. 在实践层面

通过市场调研和案例分析,了解前期决策咨询质量水平及引领作用发挥的现状,以及市场供需双方的看法,并进一步分析问题与原因,以期针对性提出提高前期决策咨询质量的措施,带动投资项目价值全面提升。

二、高质量前期决策咨询的定义、内涵及其引领作用

通过对上海市的规划咨询、项目咨询、评估咨询等典型案例剖析,并结合工程咨询行业高质量发展要求,明确提出高质量前期决策咨询的定义和内涵。

(一)高质量前期决策咨询的定义

高质量前期决策咨询是指立足新发展阶段、贯彻新发展理念、服务新发展格局,在项目前期阶段,从全生命周期视角出发,统筹经济、社会、资源、环境、安全等因素,预判新问题、新矛盾、新风险和新挑战,科学谋划、精准定位,为工程建设项目决策提供的咨询服务。

(二)高质量前期决策咨询的内涵

1. 高质量前期决策咨询应具备前瞻性,满足新发展阶段的战略发展需求

一方面,高质量前期决策咨询应基于我国新发展阶段战略需求转变

的要求,坚持人民需求为本,坚持中国式现代化建设需求为纲,根据国家、地方面对新发展阶段需求所制定的经济社会发展及投资管理等相关政策,以战略发展的角度分析项目需求的超前性、可靠性以及项目建设的必要性,并为项目精准定位;另一方面,高质量前期决策咨询应注重战略环境变化引起的不确定性对投资项目的可能影响,并预判新发展战略给投资建设和运营带来的新问题、新矛盾、新风险与新挑战,在兼顾发展和安全的基础上研究制定应对方案,甚至创造新的战略环境,转危为机。

2. 高质量前期决策咨询应具备科学性,贯彻新发展理念的价值实现需求

首先,高质量前期决策咨询应秉持新发展理念的科学态度,遵循项目建设和运营的内在规律,先咨询后决策,科学推进项目,提升项目价值;其次,运用系统论和科学的预测、统计、论证、评价等方法,从全生命周期视角对项目的经济、社会、资源、环境、安全等多个因素的相关性和协同发展等方面精心谋划,实现对项目各类指标(包括绩效指标)的精准评价;再次,加强科学创新,引入前沿技术,并能运用数字化技术辅助决策咨询,提高决策的准确性。

3. 高质量前期决策咨询应具备指导性,把握新发展格局的可持续发展需求

在宏观方面,高质量前期决策咨询应综合分析项目投入与产出的关系、项目建设与地方的关系,乃至与"双循环"新发展格局构建的关系,为提高项目产出质量、增强项目所处产业链可持续性、提升资源配置效率提供指导;在微观方面,以提高项目全生命周期投资效益为着眼点,从策划项目建设和高质量运营方案着手,为项目主体、建设参与方及利益相关者等提供行动纲领,推动项目自身的可持续发展。

(三)高质量前期决策咨询在全过程咨询中的引领作用

由于高质量前期决策咨询具备前瞻性、科学性和指导性,使其在全过程咨询中的引领作用能够充分发挥。这些引领作用具体表现在以下几个方面:

1. 坚守全局视野和系统观念，贯彻全过程咨询理念

高质量的前期决策咨询统筹考虑了投资项目的市场、技术、经济、生态环境、能源、资源、安全等影响可行性的要素，并结合相关政策和规划要求，从全生命周期角度论证项目需求，准确定义项目目标与愿景，对投资建设项目建设和运营进行可行性、合理性分析研究和论证，使前期决策咨询由原先的"阶段性咨询任务"转变为"全面实现项目价值的统筹工作"，与全过程咨询提倡的"综合性、跨阶段、一体化的咨询服务"理念高度吻合。

2. 精心策划行动纲领，协助全过程咨询人员掌握全局

高质量的前期决策咨询成果在合法、合规、合理的前提下，贯彻"以终为始"的理念，从必要性、建设规模和建设内容、选址与建设条件、工程方案、风险与效益、资源利用、环境保护、投资估算、管理组织等多个方面进行精心策划与统筹研究，提供综合性咨询成果，协助全过程咨询人员掌握全局，从而实现项目的投资决策意图与有效投资。

3. 勇当率先垂范的领跑者，激发全过程咨询人员的创新活力

高质量的前期决策咨询通过在复杂的环境中找准投资项目的战略目标、定位和可行方案，以解决新发展阶段问题、贯彻新发展理念、服务新发展格局。前期决策咨询人员发挥在项目全生命周期中的先发优势，提前为建设和运营阶段可能出现的问题献计献策，提供优秀的智力成果，在全生命周期中勇当领跑者，率先做出榜样，从而激发全过程咨询人员的创新活力，积极推动项目整体建设。

三、前期决策咨询市场现状

（一）前期决策咨询企业的现状

根据上海市工程咨询行业协会统计，截至 2022 年 9 月 21 日，上海市完成工程咨询告知性备案的单位数量为 788 家，其中，2018 年备案 369 家，2019 年备案 103 家，2020 年备案 110 家，2021 年备案 129 家，2022 年备案 77 家。而 2017 年前，上海市拥有工程咨询资质的企业为 269 家。可见，实行告知性备案以来，咨询企业数量增幅近 300%，市场

竞争日趋激烈。

根据近期对咨询供方和需方的调研问卷(供方有效问卷204份,需方有效问卷93份),对咨询企业现状总结如下:

1. 业务结构

多以招标代理、造价咨询、工程监理、项目管理为主营业务,仅有19.1%的咨询企业从事前期决策咨询业务的人员超过了100人,多数咨询单位的相关业务部门只有不足50人(占54.9%),前期决策咨询在企业总业务规模中占比较小。

2. 能力建设

62.7%的咨询企业无前期决策咨询服务的管理手册、作业指导书、服务标准等管理技术文件或未能有效指导实践;16.2%的咨询企业没有开展过内部人员相关执业培训;知识库、数据库建设滞后。

3. 从业人员

32.4%的被调研者拥有咨询工程师(投资)证书(仅次于监理工程师37.75%),但大量咨询工程师不从事前期决策咨询工作。

4. 咨询收费

77.9%的被调研者普遍认为业务费用较低,存在恶性竞争,"政府主管部门出台相关收费指导性文件"的需求紧迫,48.4%的被调研者更愿意采取"优质优价,采取服务基准价+奖励的方式"的方式进行付费。

5. 服务时间

项目建设方往往将前期决策咨询理解为取得政府批复的必要的程序性过程,而非真正的决策论证工作,因此更关注咨询单位顺利获取批复的能力,给予的咨询研究工作时间通常不超过两周,无法充分保障咨询质量。

(二)前期决策咨询的市场需求

1. 咨询企业选择

委托方选择咨询企业时,最看重咨询企业的专业技术服务能力(71%)以及地位和品牌及相关业绩(44.1%)。委托方认为咨询企业应该加强企业内部的知识库、数据库建设(48.4%)、加深对投资项目所处行业(产业)战略要求的理解(48.3%)、注重各业务部门之间的协同工作

(45.3%)。

2. 咨询成果质量

委托方认为前期决策咨询成果的高质量由高到低应体现在决策咨询成果指导性(44.2%)、决策咨询成果前瞻性(44.1%)、决策咨询成果的完整性(43.0%)、决策咨询方法的科学性(42.9%)、决策咨询成果对全过程工程咨询的正确引领性(40.1%)。

3. 咨询人员能力

委托方认为咨询人员需要加强对新知识的学习能力(59.1%)、对新政策的理解能力(57.0%)、跨学科知识应用能力(52.7%)以及协调沟通能力(47.3%)。

4. 咨询收费标准

78.5%的委托方认为政府主管部门出台相关收费指导性文件非常紧迫,并更愿意采取"优质优价,采取服务基准价＋奖励的方式"(48.4%)进行付费,仅有19.4%的咨询方认同"政府主管部门不介入,由市场自由竞争"。

四、与前期决策咨询"高质量"的差距及主要原因

通过问卷调查和相关单位调研,与前期决策高质量的内涵进行对比,找出差距,并分析原因,为明晰前期决策高质量的实现路径提供依据。

(一)现状与高质量前期决策咨询的差距

1. 缺乏前瞻性

(1)对项目需求及必要性的论证流于形式,缺乏对长期需求的考量,多为简单的政策文件摘抄,且多为定性描述,缺乏定量数据支撑。

(2)在建设内容、规模和功能论证方面因循守旧,习惯套用既往资料,方案与实际需求脱节,或缺乏方案比选,仅完全引用设计单位完成的方案。

(3)对项目未来建设和运营过程中的新问题、新矛盾、新挑战、新风险,缺少系统分析,更谈不上制定针对性的应对预案。

2. 缺乏科学性

(1)习惯于将上级指示或文件作为项目建设的核心依据,缺乏独立论证和科学分析。

(2)运营导向、价值交付的理念贯彻不够,导致项目建成后的使用效果欠佳;缺乏经济、社会和环境效益的综合评估,关注短期效益,忽视长期效益,对是否属于"有效投资"的论证不足。

(3)对新技术、新材料、新工艺、新设备、新模式的可行性论证较少,数字化水平不高,创新性缺乏。

3. 缺乏指导性

(1)除建设方案和工程投资以外的内容多套用模板,论证不充分、不准确,针对性、引领性缺乏。

(2)咨询成果对建设和运营阶段的考虑较少,基于项目全寿命周期的综合分析严重不足,致使成果内容与实际脱节,落地性较差,往往只作为手续审批的必要条件。

(3)投资决策综合性咨询模式较少采用,前期决策咨询碎片化,彼此间时有矛盾。

(二)与高质量前期决策咨询差距的主要原因

1. 咨询企业

(1)绝大多数企业在地区发展、行业及产业发展等方面关注较少,多囿于业务层面的合同履约,理论研究太少,基于实践的提炼创新也较少。

(2)学习、研究政策的主动性不足、途径不多,一般只在公共媒体、论坛、培训会被动接受,与政府相关机构的沟通渠道缺乏,尤其缺乏直接与相关政策制定部门、人员的探讨,理解和把握政策的深度不够。

(3)缺少项目数据库建设,缺少基于全生命周期成本理念的完整数据(工程方案、建设投资、运营成本、财务效益、外部影响成本及区域社会经济效益等)的积累与应用。

(4)普遍缺乏针对前期决策咨询的管理手册、作业指导书、服务标准等管理技术文件。或者部分企业有此类文件,但未能具体落实。

2. 咨询人员

(1)学习动力和意愿不足,对投资及产业政策、上位规划等战略性文件及新阶段发展的战略目标认识不足,缺乏前瞻视野。

(2)以工程相关专业为主,缺乏全局把控能力,难以从综合角度进行分析、论证,创新思维和能力不足。

(3)前期咨询人员较少参与后期实施阶段的工作,缺乏项目管理与运营经验,而绝大多数项目建设实施阶段的服务团队未参与过前期论证,对前期咨询成果论证目标及方案理解有偏差。

3. 外部市场

(1)部分重大工程建设周期短,造成前期咨询时间仓促,调研或专题研究时间不够,或者干脆取消。咨询人员只能听从项目单位既定需求或意见,与其他利益相关者沟通很少。

(2)多数项目参与者(包括项目单位人员)只关心前期咨询成果是否完成报批,而对成果质量本身并不重视。

(3)咨询服务酬金低,收费标准长期不变,前期研究经费不足可能导致工作不全面,专题研究无法开展等。并且,咨询收入不高,对具有复合型、创新型的高级人才也缺乏吸引力。

4. 主管部门

(1)各政府主管部门审批信息未在统一平台公示,导致各专业咨询之间衔接不畅的情况仍然存在(如部分审批程序后置后,可研里如何准确分析各专项内容),政府部门之间的协同性有待进一步提升。

(2)前期决策咨询的相关政策多为宏观指导意见,缺乏具有可操作性的配套政策和规范引导。

(3)现行的相关建设标准更新较慢,导致标准与实际需求脱节,难以适应新形势需求,无法依照规定满足决策的前瞻性需求。

五、前期决策咨询"高质量"的实现条件

(一)外部条件

1. 政策体制

(1)政府相关主管部门间的高效协同机制,利于信息及时共享和前期决策目标一致。

(2)行业相关政策、法规文件及时、深入的宣贯,确保前期决策咨询从业者及相关人员及时了解、掌握宏观要求。

(3)顶层设计文件相应完善的配套政策文件,有利于顶层设计文件的落地实施。

(4)完善的信用评价体系,具有实操性、及时性和约束性。

2. 收费保障

(1)与前期决策咨询高质量要求相匹配的咨询服务收费指导性文件,可引导前期决策咨询市场高质量发展。

(2)完善的行业自律体系,能够杜绝行业恶性竞争现象蔓延。

3. 业主重视

业主对前期决策咨询的高度重视,能够促进建设单位与咨询人员充分沟通,给予前期决策咨询工作充足的时间和费用支持,保障前期决策咨询的成果质量。

4. 技术支撑

(1)完整、系统、准确的工程咨询技术标准,可指导行业从业人员向前期决策咨询高质量水平发展。

(2)数字化工具应用对前期决策咨询起到重要的赋能和技术支撑作用,提升前期决策咨询的效率和质量。

(二)内部条件

1. 优秀的人才队伍

复合型、创新型的优秀人才,能够在综合运用多学科知识在项目决策中提供智力型咨询服务,是前期决策咨询高质量的关键。

2. 强大的专家团队

(1)专家团队覆盖经济、技术、工程、法律等多专业领域,给予多视角、多专业的咨询支撑。

(2)专家团队为咨询人员带来更广泛、更综合的工程实践经验与现代科学理念(尤其是工程全生命周期发展理念),适应工程咨询高质量发展要求。

3. 有效的技术质量管理

(1)咨询企业通过总结前期决策咨询理论方法与项目实践经验,编制各类前期决策咨询的标准化手册,形成技术质量管理规范。

(2)咨询企业通过制定咨询质量管理制度和咨询人员绩效考核制度和激励制度,有效推进、落实技术质量管理。

4. 多元化的咨询业务发展

(1)多元化的业务结构不仅为咨询企业开展前期决策咨询带来不同阶段的数据、知识和经验,而且能够促进咨询人员相互沟通、协同与创新。

(2)多元化的业务结构为咨询企业建设高端智库打下基础。

六、实现前期决策咨询"高质量"的举措建议

基于上述综合性研究,并组织专家研讨,梳理出提高前期决策咨询质量,发挥前期决策咨询在全过程咨询中的引领作用相应举措,希望形成政府、行业和企业合力,共同推进前期决策咨询质量的提升,切实发挥前期决策咨询在全过程咨询中的引领作用,助推工程咨询行业高质量发展。具体举措建议如下:

(一)鼓励开展全过程工程咨询,发挥前期决策咨询的引领作用

一方面,加强全过程工程咨询服务模式研究,提升统筹管理效率的认识和宣传,鼓励有实力的骨干企业在做好专业化服务的基础上拓展全过程工程咨询服务;另一方面,重视前期决策咨询高质量是其在全过程工程咨询中发挥引领作用的重要前提,通过运用全过程工程咨询的统筹管理优势,实现前期与实施阶段的整合,倒逼前期决策咨询服务提升质量。

(二)制定《前期决策咨询成果高质量评价标准》,加强行业执业监督检查

集中优秀咨询企业及行业专家,针对规划咨询、项目咨询、评估咨询及其他前期决策咨询,从技术、方法、效益等方面分级分类制定《前期决策咨询成果高质量评价标准》。加强行业执业监督检查,传导高质量的要求,注重规范和质量要素的评价,一是形式规范核查,如成果文件的内

部审核制度、咨询工程师(投资)在前期咨询服务中的作用等执行情况;二是成果文件质量核查,如内容完整性和内容深度等方面的要求,以及从项目全生命周期的角度考核咨询成效。在此基础上,探索建立"红""黑"名单制度,强化激励和约束机制。

(三)制定和完善前期咨询规范标准,指导咨询业务规范化运作

针对目前咨询企业普遍缺乏针对前期决策咨询的规范标准的情况,遵循高质量发展要求和科学发展理念,共同编制前期决策咨询相关的业务规范、标准和指南,以提高前期咨询整体质量。对于部分建设标准落后于新形势需求的现状,一方面,联系相关政府部门或编制单位,反映现实和战略需求;另一方面,由协会组织相关专业单位申请修订或编制相关建设标准,兼顾发展和安全,真正起到规范性、引导性和前瞻性的作用。

(四)制定《咨询企业和人员信用评价体系》,促进行业健康发展

组织研究制定《咨询企业和人员信用评价体系》,并与行业单位监督检查相结合。信用评价分为咨询单位和咨询人员两类,以执业行为和咨询服务质量为重点,依托互联网和数据分析技术,设立信用信息公开平台,实现信息共享;通过与市场行为挂钩,加强守信激励与失信惩戒,引导咨询企业和人员诚信经营,营造公平竞争、诚信守法的市场环境,促进咨询行业健康与高质量发展。

(五)研究建立多元化培训模式,加强行业协会的培训和指导

为进一步推进高质量的前期决策咨询水平,扩大培训影响力,提高培训有效性,应研究建立多元化培训模式,满足各层级行业咨询人员学习需求,助力行业队伍的建设。协会精心挑选具有丰富咨询经验或行业中具有一定影响力的人员作为培训教师,并运用"课堂讲授""专题演讲""案例分析""现场活动""热点研讨"等多种培训方式,为学员营造良好的学习氛围。必要时,还可以会同专业培训机构组织联合培训,以拓展咨询人员的知识结构,从而提升咨询人员的综合素质。

（六）对标国际一流标准，加强国内外业务合作与交流

加强国际先进工程咨询理论方法的学习与吸收，探索制定一套符合国际惯例和中国特色的前期决策咨询理论方法体系。积极吸收国际先进理念，不断借鉴和提升前期决策咨询服务的理论、技术和方法，如结合"环境、社会和治理（ESG）"的可持续发展理念来提升项目层面上的投资价值论证与评估。加强国内工程咨询企业与国际咨询公司、高等院校和第三方研究机构的交流、合作，鼓励通过联合攻关，推动前期决策咨询形成更多创新成果。积极实施"走出去"战略，加快熟悉国际规则，推动工程咨询服务出口，提升行业国际影响力和国际市场竞争力，培育一批品牌优势突出、具有国际竞争力的工程咨询企业。

（七）评选咨询大师和优秀中青年咨询工程师，发挥行业领军人物标杆作用

组织评选行业领军人物试点工作，综合知识范畴、能力素质、实践经验、创新思维等维度，采用材料评审、专业笔试、现场展示等方式，设立"工程咨询大师""卓越工程咨询师""优秀中青年咨询工程师"等荣誉称号，发挥领军人物标杆作用，提升从业人员自豪感，也有助于咨询行业地位提升和价值体现。此外，建议与人社部门沟通，上述评定结果可作为企事业单位、机关和社团及其他各类组织人员选拔、岗位晋升、职称评定的依据。

（八）增设中、高级咨询师（投资）职称评定，扩展人才职业发展空间

在工程咨询行业中，前期咨询从业人员具有高学历、高素质和高能力的特点，但其对应的职业资格考试只有咨询工程师（投资），没有专门的职称评定。深化前期咨询人才职称制度改革，对于提高行业的原始创新能力，激发人才创新潜能，培养造就素质优良、结构合理、充满活力的工程技术人才队伍具有重要的作用。建议在工程技术人员职称评定序列中，增设咨询工程师、高级咨询工程师、正高级咨询工程师职称评定，增加咨询工程师的社会认同度，引导行业规范化发展。

(九)依托投资项目在线审批监管平台,拓展行业数据共享功能

站在投资建设项目决策、实施和运营全生命周期角度,依托投资项目在线审批监管平台,研究其拓展数据共享功能的必要性和可行性,为建设项目投资决策提供量化数据支持,以提升项目总体价值和效益。数据共享可包括投资建设项目策划、决策、建设、造价、进度、质量、运营等方面的项目案例库(含成功案例和论证结论为"不可行"的案例)、技术经济指标库以及相关的政策法规库等。

专题研究二、"2022年菲迪克工程项目奖"获奖项目

重庆市轨道交通环线工程

上海市隧道工程轨道交通设计研究院

创新驱动山地城市轨道交通设计建造技术发展

伴随着城市的发展,经济体量和人口迅速增长,在中心组团区域可用于轨道交通地面建设的线路路径资源日趋紧张。山地城市面临道路资源紧张,其地形高差起伏较大、转弯半径较小、地质条件复杂,相较平原城市,对设计建造技术提出更高的要求。依托示范工程重庆市轨道交通环线工程设计与建造,项目团队力争解决上述问题,并形成适应山地城市特点的技术标准。

图 1　周边环境、完美融合

重庆市轨道交通环线工程线路全长50.88千米,设33座车站。环线工程在山城内连接3座高铁枢纽,5个核心城市组团,两次跨越长江、一次跨越嘉陵江,可实现与轨道交通4、5、10号线的16个方向网络互通和直达,创造了5项轨道交通历史之最,书写了世界轨道交通的华彩乐章。

为了适应山地城市特点,项目团队创新研发具有爬坡能力强,转弯半径小等特点的As车,相较中国大陆常用的A型车(最大坡度30‰),可将工程中15座地下车站的埋深平均减少8~10米,节约了列车牵引和自动扶梯用电,每年减排温室气体约10万吨。

为解决城市拥堵,加快工程建设,项目团队设计建成了集世界级超大跨度越江桥梁、超级暗挖大断面、盾构同步过站等多种技术、施工工法于一体的环线工程。首次在山地城市大规模应用PC预制拼装、复合盾构工法,系统研究并解决了盾构过站、不同地质下灵活掘进等技术难题,打造轨道交通绿色建造技术。

图2 建造工法、因地制宜

项目实现了"绿色、环保、创新和品质生活"的高度统一,建造了运营里程最长的轨道交通环线线路,成功建造了世界上跨径最大(主跨600

米)的钢箱梁自锚式悬索桥(鹅公岩轨道桥)和跨径最大(主跨552米)的公轨共用双层钢桁架拱桥(朝天门大桥)。

环线工程创新研发了地下立体交叉渡线、越行线等配线形式和轨道交通互联互通CBTC核心技术体系,首次在中国实现了多条轨道交通线路的跨线运营,实测客流量较预测数据增加约8%～10%,出行时间平均节约20分钟。环线工程已经成为重庆市民便捷出行的重要公共交通设施!

图3　绿色便捷出行

图4　环境整洁、便捷服务

依托环线工程实践,形成具有自主知识产权的互联互通 CBTC 技术中国标准,被工信部评为 2019 年百强标准。

2020 年 8 月,英国知名月刊《IRSE NEWS》将项目成果描述为"真正意义上互联互通的 CBTC 的首次应用",将项目形成的 CBTC 系列标准列为世界 CBTC 第三套标准,并预测会影响世界 CBTC 格局发展。

编制了具有自主知识产权的山地城市轨道交通设计建造技术体系和标准体系。项目团队编制了《重庆市地铁设计规范》等地方标准 5 部,获得中国国家专利 20 余项。

重庆市轨道交通环线工程是世界上最长的山地城市环形轨道交通线路,是中国首条轨道交通互联互通 CBTC 示范工程,是解决重庆主城区 1034 万市民便捷、高效、绿色出行的重要交通系统,为三千年历史名城的可持续发展注入新的活力。

乌东德水电站项目

长江设计集团有限公司

一、工程简介

乌东德水电站位于金沙江干流的下游河段,坝址右岸隶属云南省禄劝县,左岸隶属四川省会东县。电站开发任务以发电为主,兼顾防洪、航运。

乌东德水电站装机容量1020万千瓦,是实施"西电东送"的国家重大工程,为金沙江下游四座巨型梯级电站的最上游一级,是党的十八大以来开工建设并全面建成投产的首座千万千瓦级巨型水电站。

正常蓄水位975米,死水位945米,水库总库容74.08亿立方米,总装机容量10200MW,多年平均年发电量约389.1亿千瓦时。坝址处流域面积40.61万平方千米,多年平均流量3830m立方米每秒,多年平均年径流量1207亿立方米。

枢纽工程主要由混凝土双曲拱坝、泄洪消能建筑物、左右岸引水发电系统及导流建筑物等组成。混凝土双曲拱坝坝顶高程988米、最大坝高270米,泄洪设施采用坝身5个表孔、6个中孔和左岸边3条泄洪洞;坝后采用护岸不护底水垫塘消能,设置碾压混凝土重力式二道坝,泄洪洞出口采用护底水垫塘消能;电站采用地下式厂房,分两岸布置,各安装6台850MW混流式水轮发电机组;施工导流采用围堰全年挡水、隧洞导流的方案,左岸布置2条低导流隧洞,右岸布置2条低导流隧洞和1条高导流隧洞。

乌东德水电站2011年开始筹建;2012年1月,导流工程开始施工;

2015年12月,主体工程开工建设;2017年3月,大坝开始浇筑;2020年6月,大坝全线到顶;2020年6月29日首批机组发电,习近平总书记作出重要指示;2021年6月16日全部机组投产发电。

二、工程特点、难点和亮点

金沙江乌东德水电站地质条件复杂、技术难度高,存在地震烈度高、泄洪规模巨大、开挖边坡高陡、混凝土温控防裂难、施工工序复杂、机组设计制造安装难度大、高坝过鱼问题突出等诸多技术难题,针对这些难题开展了一系列技术创新,主要成果如下:

(一)系统论证正常蓄水位,提高工程综合效益

乌东德水电站位于深山峡谷中,淹没损失小,没有重大的生态及环境因素制约,抬高正常蓄水位综合效益显著,但受库区原成昆铁路的限制,1990年长江流域综合规划中乌东德水电站正常蓄水位按950米拟定,部分优质水能资源没有得到利用,而且对库区成昆铁路防洪安全还有所影响,在汛期需降低水位运行。结合铁路部门规划成昆铁路提速改造的契机,通过动态模拟乌东德水库库尾水文情势变化过程,全面展现乌东德水电站建设对攀枝花河段河道景观、库尾生态环境的影响,协调攀枝花市城市建设和水资源的合理利用。论证提出乌东德水电站正常蓄水位由950米抬高到975米,大大提高了乌东德水电站的综合效益。

(二)"静力设计、动力调整"的高拱坝体形设计新方法

目前拱坝体形设计中普遍采用拱梁分载法进行坝体应力变形计算,传统方法采用"静力设计、动力复核"的方式,大坝体形主要取决于静力荷载。对于200米以上的强震区高拱坝,设计地震一般采用五千年一遇的设防标准,动力拱梁分载法计算所得坝体应力难以满足设计规范要求,仅根据工程类比和实践经验进行抗震措施设计,没有充分发挥拱坝体形在提高大坝抗震性能方面的潜力。乌东德拱坝设计地震0.285g(P=0.02%)、校核地震0.348g(P=0.01%),采用了"静力设计、动力调整"的新方法进行体形设计,即在静载初选体形的基础上,在基本烈度地震

条件下(约500年一遇)对拱坝体形进行调整,调整的准则是采用动力拱梁分载法计算大坝应力满足设计规范的要求,调整的方法是适当降低坝体下部倒悬度,适当增加中上部拱圈厚度,从而提高大坝拱向刚度和抗震性能。最后在设计烈度地震及最大可信地震条件下,采用振动台模型试验和非线性有限元等方法进行验证并确定拱坝体形,从而以增加较小混凝土工程量获得较大幅度的大坝抗震性能提升。乌东德大坝应用该方法调整体形,取得了设计地震工况下静动叠加最大主拉应力降低32%的显著成效,实现大坝"中震不坏、大震可修、极震不倒"的设计目标。

(三)新型坝后水垫塘结构型式

已建坝高超200米高拱坝水垫塘大都采用封闭抽排结构,部分高坝消能区防护结构采用全透水结构。基于乌东德水电站水垫深超过100米、边墙高陡超过140米的特点,首创新型复合水垫塘结构,具体型式为:底部深水垫采用不护底型式、上部强紊动波动区采用封闭自排式边墙结构、下部相对静水区采用透水式边墙结构。新型水垫塘取消了抽排系统和防渗帷幕,有效降低了传统封闭式水垫塘止水、排水系统失效造成的安全风险,提高了水垫塘高边墙稳定性。在此基础上,提出"无防渗幕、运行期少抽排"二道坝新结构,调整了坝体结构体型,大幅简化了坝基防渗排水系统,优化了坝体内集水井、泵房及坝内交通排水廊道等结构,破解了传统二道坝坝体结构复杂、运行期持续抽排成本高的技术难题。2020年1月蓄水后,坝后水垫塘经历了持续9个月的泄洪考验,各项监测数据表明新型水垫塘运行良好。

(四)干热河谷大坝混凝土优质高效施工技术新体系

乌东德坝址地处干热河谷,气温高、辐射强、温差大、湿度低,气候条件恶劣,全年最高日气温≥35℃天数占44.8%,辐射最大700w/m²,昼夜温差最大20℃,全年近百天相对湿度仅10%。同时由于两岸高陡,对坝体约束强,坝基固结灌浆与混凝土浇筑干扰大,坝体温控防裂和高效施工难度极大。为解决大坝高效施工技术难题,采取了如下解决措施:

1. 发明了"表封闭、浅加密、深提压、少引管"全坝基础裸岩固灌方法,研发了1MPa级新型高性能聚合物基快硬水泥封闭材料,研发水泥灌浆智能控制成套装备 iGC 和管理云平台 iGM,实现隐蔽工程灌浆作业智能化、阳光化,有效解决了固结灌浆与坝体浇筑交叉作业的矛盾。

2. 采用低热水泥配置高性能混凝土,研制出低温升、微膨胀、高抗裂、高耐久性、适应性好的大坝混凝土,并在全坝应用。

3. 基于大坝低热水泥混凝土性能特点,建立了以严格控制最高温度、防止气温倒灌、匀化降温速率、重视表面保温为主的温控防裂技术体系,提高了坝体混凝土抗裂安全。

4. 采用以曲代直柔性液压爬升大模板,以及浇筑层内布设多层冷却水管、层面加强保温等方法,解决了高浇筑层厚混凝土施工和温控难题,实现大坝浇筑层厚 3~4.5 米为主的连续快速上升施工。

5. 提出保温质量视觉 AI 智能分析巡检方法,研制舱面智能喷雾恒温设备及控制系统,发明集成式智能通水装备及控制系统,精准高效实施温控防裂,建成无裂缝大坝。

6. 建立全环节机械工作态势态检测方法及监控终端,建立视觉 AI 智能识别骨料集中、泌水方法,发明小型化自动化振捣机器人,提升混凝土施工精细化、规范化管控水平。

经统计,乌东德拱坝下部基础约束区混凝土最高温度基本控制在 27℃ 以内,保证率 99.2%,上部非约束区全部控制在 30℃ 以内,保证率 100%。大坝至今未发现一条温度裂缝,施工质量优良。同时,270 米高拱坝在 39 个月内全部浇筑完成,月均上升高度 6.92 米/月,连续 2 年实现大坝平均上升高度超过 100 米,单坝段年最大上升高度达 122 米,刷新了世界高混凝土坝上升速度。

(五)巨型水轮发电机组成功研发应用

乌东德水电站 12 台 850MW 水轮发电机组成功投产发电,打破了最大单机容量 800MW 的世界纪录。在机组设计安装中首次研制了符合蜗壳需求的 800MPa 级高强度高性能钢板及防裂纹焊接工艺,解决了机组设计、制造安装中的难题;提出了多目标水轮机选型设计方法,发明了"水轮机效率加权因子量化方法",精确反映电站总体运行方式并精准指导转轮的水力开发及优化设计,使水轮机性能与电站运行达到最佳匹配,并增加汛期低水头超发电量的效益;提出了"时空协联+交互冗余"

全地下式转轮联合加工厂的设计方法,成功攻克了深山峡谷地区巨型机组的大件现场快速加工技术难题;提出了"基于安装工作强度指标的大型水轮发电机组安装工期的量化计算和评估方法",实现了单台机组和电站机组安装进度的精细控制,总安装工期缩短了6个月,历经351天有序投产世界最大的85万千瓦水轮发电机组。

(六)多项高拱坝生态保障新技术

乌东德水电站在建设过程中高度重视生态环保问题,结合工程实际情况,研发并成功应用了多项高拱坝生态保障新技术,主要内容如下:

1. 蓄水期大流量泄放生态流量新技术

为避免高拱坝坝身设置导流底孔和解决下闸蓄水期生态流量难题,提出将导流隧洞群"一洞改高洞、高洞改小洞、平门改弧门"的生态放水洞改建技术和"洞塞减流速、控泄降负压、补气消气囊"的隧洞高速水流安全控制技术。将5#导流隧洞改建为弧形门控制的生态放水洞代替坝身导流底孔,使乌东德高拱坝成为中国已建在建流量>150立方米每秒、坝高>150米的16座高拱坝中第一座坝身不设底孔的高拱坝工程。乌东德最后一批导流隧洞下闸期间,改建生态放水洞日均下泄生态流量400~1587立方米每秒,尾水下游900米8万t/d的生产生活水厂控制断面瞬时最小水深18.01米,水位仅下降0.7~3.6米,导流隧洞下闸期生产生活水厂取水正常。

2. 尾水集鱼高坝过鱼新技术

为了缓解工程建设对鱼类的阻隔影响,提出利用水电站发电尾水进行诱鱼的高坝过鱼新方法,首次实现"多点位、全深度、大流量"集鱼。乌东德集运鱼系统2021年试运行中,共收集鱼类47种29884尾,圆口铜鱼等10种过鱼目标全部集到,并收集国家二级保护动物7种(即:圆口铜鱼、长鳍吻鮈、长薄鳅、细鳞裂腹鱼、金沙鲈鲤、岩原鲤、青石爬鮡),长江上游珍稀特有鱼类18种,收集鱼类多为性成熟大规格鱼类,集鱼效果显著,破解了高坝过鱼难题。

3. 绿色建筑设计

利用右岸坝肩K25天然溶洞空间布置水电站集控楼,有效降低建筑物能耗损失,创造适宜的工作环境,根据现场温度实测,试运行期间坝肩温度为 34℃ 时,洞内环境温度仅为 26℃,充分体现绿色生态设计理念。

(七)发电首年超初期运行水位参与流域防洪调度

受新冠疫情影响设备无法供货,坝顶门机推迟投运半年以上,在表孔不具备下闸拦洪条件下,利用低水位表孔泄流量较小的特点,提出加快大坝接缝灌浆措施和泄洪中孔闸门开度精细调控方案,提出"表孔敞泄＋中孔控泄"新型蓄水方案,在工程建设期内的发电首年,6 个泄洪中孔操作 300 余次,水库提前蓄水并参与流域防洪调度。2020 年汛期乌东德在泄洪表孔弧形闸门尚未安装不能正常运用的情况,突破初期运行水位 952 米的限制,参与长江中下游水库群联合防洪调度,8 月拦蓄洪水超过 14 亿立方米,提前蓄至 965 米,期间增加乌东德和下游电站发电量 14 亿千瓦时,实现了防洪和蓄水发电的双重效益。

三、工程运行情况

乌东德水电站建设过程中充分应用了"精心设计、精细施工、精益管理"的理念,致力于打造"精品工程、精准工程、精彩工程",实现优良的工程质量和良好的运行状态。

2020 年 1 月 15 日乌东德水电站下闸蓄水,2021 年 3 月 17 日蓄水至目前最高水位 974.41 米(正常蓄水位 975 米),2021 年 6 月 28 日降低至目前最低水位 945.89 米(死水位 945 米),监测数据表明大坝运行正常,变形、渗压、渗流等监测成果均在设计值以内,大坝最大径向位移 16.29 毫米,基本处于良好的弹性工作状态,坝体最大渗漏量 14.71 升每秒,廊道内基本无渗水。

2020 年 1 月 20 日,大坝中孔投入泄洪,8 月 18 日,大坝表孔敞泄过流,此时期长江发生多次编号洪水,乌东德水电站蓄水与防洪相结合,9 月 14 日坝身最大泄量达到 10300 立方米每秒,成为世界首座在建设期参与流域防洪、坝身泄流量超过 10000 立方米每秒的双曲拱坝。期间坝后水垫塘持续运行 9 个月,监测数据和汛后检查情况显示坝身孔口运行情况良好,新型水垫塘结构运行正常,泄洪水流消能充分。

2020 年 6 月 29 日首批机组发电以来,尾水管、无叶区和蜗壳进口压力脉动幅值均在允许范围内,导轴承瓦温、振动、摆度、噪音、流量、压力等运行参数均满足设计要求,各项指标优良,上、下及水导摆度≤150微米,上下机架振动≤30微米,顶盖振动≤60微米,运行稳定性良好。

截至2023年7月,电站累计发电量突破1000亿千瓦时,相当于节约标准煤约3015万吨,减排二氧化碳约8280万吨,为我国实现"双碳"目标作出重要贡献。

成都天府机场项目

民航机场规划设计研究总院有限公司

成都天府国际机场位于成都市东南,是四川省打造"四向拓展、全域开放"立体开放格局的重要战略举措,也是我国"十三五"期间规划建设的最大民用运输枢纽机场。按年旅客吞吐量5000万人次设计,建设3条跑道、71万平方米航站楼及相关配套设施等。远期规划6条跑道,可满足9000万人次以上的航空出行需求。打造对外开放的空中大通道,辐射服务约7500万人口,是促进西部大开发、成渝双城经济圈相向发展的重要支点和动力源。

自2011年开始成都天府机场选址至2021年6月28日建成投运,十年来,民航总院全过程承担了天府机场选址、立项、规划设计和建设配合等所有阶段的服务,见证了新机场"从无到有"每一个关键时刻。项目团队始终秉持"资源节约、环境友好、以人为本"的理念,紧扣重点难点精益求精、大胆创新,以实际行动和技术实力高质量践行了"打造品质工程"的服务承诺。开创了山区超大型机场规划建设诸多中国领先、世界一流的"四型机场"生动实践。

一、场址优化"绿色"肇始

天府机场前期研究中通过空地一体仿真模拟,优选"带侧向的跑道构型",结合周边条件,将场址优化北移约3千米。更契合天府机场以东向为主的航线网络,节省起飞飞机加入航路时间,且大幅减少对周边的噪声影响,缩短新机场与成都市的距离,节省先期配套投资和后期使用成本。

(一)空地一体仿真模拟优选跑道构型模式

天府机场场址附近气象条件较好,静风频率高,气象条件不构成跑道方向选择的限制条件。成都地处我国西南,主要航线和旅客流向以东侧为主,东西向的起飞跑道可减少飞机起飞后的空中绕行,可考虑突破传统全平行跑道构型模式,具备多方向跑道运行模式的可能性。学习借鉴国内外机场先进的运行经验,提出全平行、带侧向、链式三种典型的跑道构型模式进行分析比选(图1)。

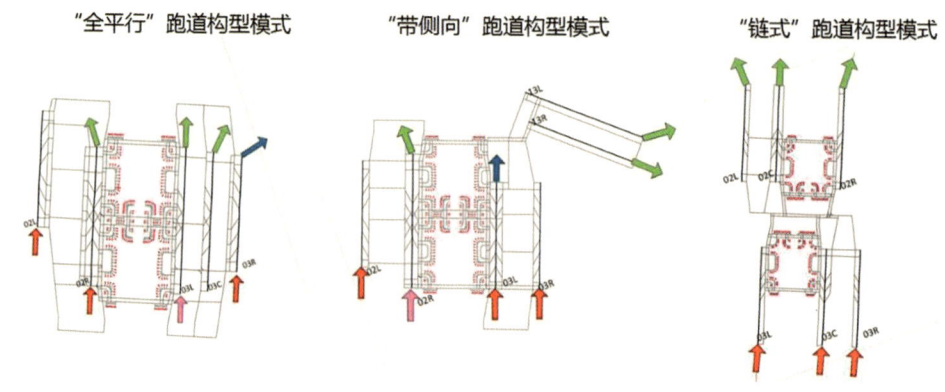

图1 三种典型的跑道构型模式

通过空地一体化的仿真模拟来评估上述三种典型的跑道构型模式的容量、延误、效率、灵活性和停机位使用率等。综合考虑空域环境、航班流向和流量、场址周边地理条件等,得出带侧向跑道构型从运行容量、地面运行效率、对周边空域的影响等方面综合分析为最优方案(表1)。该构型跑道容量更大、使用方式更灵活,也为场址的进一步优化创造了条件。

表1 三种跑道构型模式运行容量与效率仿真模拟比选表

任务设定	跑道构型	高峰日架次	高峰小时架次	平均延误时间(分钟)	年起降架次(万架次)	滑行时间(分钟)	停机位高峰时段占用率(%)
远期最小间隔	全平行	2405	145	11	73.15	14	55.25
	带侧向	2432	152	11	73.97	13	58.40
	链式	2269	138	12	69.01	12	47.96

续表

任务设定	跑道构型	高峰日架次	高峰小时架次	平均延误时间（分钟）	年起降架次（万架次）	滑行时间（分钟）	停机位高峰时段占用率(%)
远期实际间隔	全平行	1848	120	7	56.20	14	43.58
	带侧向	1926	122	7	58.58	13	47.20
	链式	1778	111	9	54.08	11	35.03
近期地面运行	全平行	1604	95	9	48.78	11	66.91
	带侧向	1612	96	8	49.03	10	70.77
	链式	1590	112	8	48.36	11	63.51

(二)降噪节能,场址优化北移约3千米

为保证成都新、老机场空中运行互不影响,对带侧向跑道构型优化:规划四条主向跑道与双流机场跑道(南北向)完全平行,保证新老两个机场的安全高效运行;规划的两条侧向跑道考虑起飞航迹避免飞经东侧的资阳、简阳等城镇上空,采用与主向跑道垂直的东西向,并以两条东西向侧向跑道作为由西向东的主起飞跑道,对北侧简阳市的噪声影响大幅减弱,场址具备进一步北移的条件。

场址北移可以缩短天府机场与成都市的距离,能节省旅客出行的时间成本,节省机场配套的高速、轨道以及水、电、气等配套投资。因此结合场址周边的高压线、城际铁路、城镇等因素,场址向北优化移动约3千米,节省市政配套投资约10亿元,优化后场址对临近村镇的影响也尽量降至最低,场址优化示意图及优化后场址噪声影响示意图如图2、3所示。

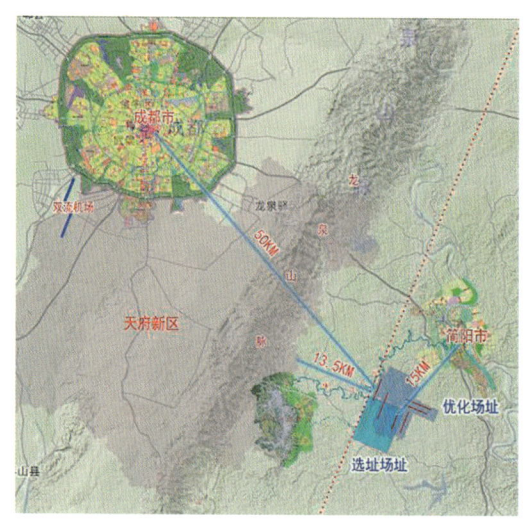

图 2　场址优化前后对比示意图

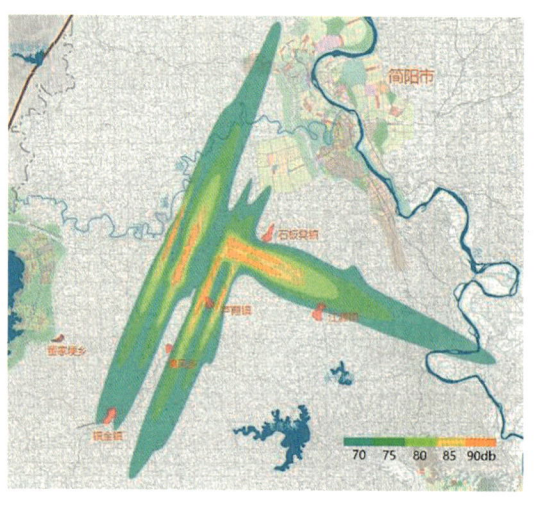

图 3　优化后场址噪声影响示意图

二、紧凑布局效率优先

（一）大容量跑道构型有力支撑建设成渝世界级机场群

综合考虑成都空域特点，地形地貌等，与双流机场协同运行指挥等因素，天府机场远期规划 6 条跑道，包括 4 条南北向跑道和 2 条侧向（东西向)跑道,其中4条南北向跑道均为远距跑道,具备远期提供4个独立进近、6个独立离场的可能,容量潜力大,充分挖掘天府机场场址最大潜力,为建设成渝世界级机场群提供有力支撑。

(二)功能分区紧凑布局,地面运行效率优先

以满足机场战略定位和安全、高效运行为规划出发点,按"统一规划、分期建设、适度超前、滚动发展"原则对机场飞行区、航站区、货运区、机务维修区、工作区等进行综合规划与协调,合理制定机场近、远期规划。近期规划立足于指导近期建设,坚持经济合理、安全高效、集约发展、节约用地的原则,远期规划立足于对未来发展的控制和引导,留有一定的灵活性与弹性(图4)。

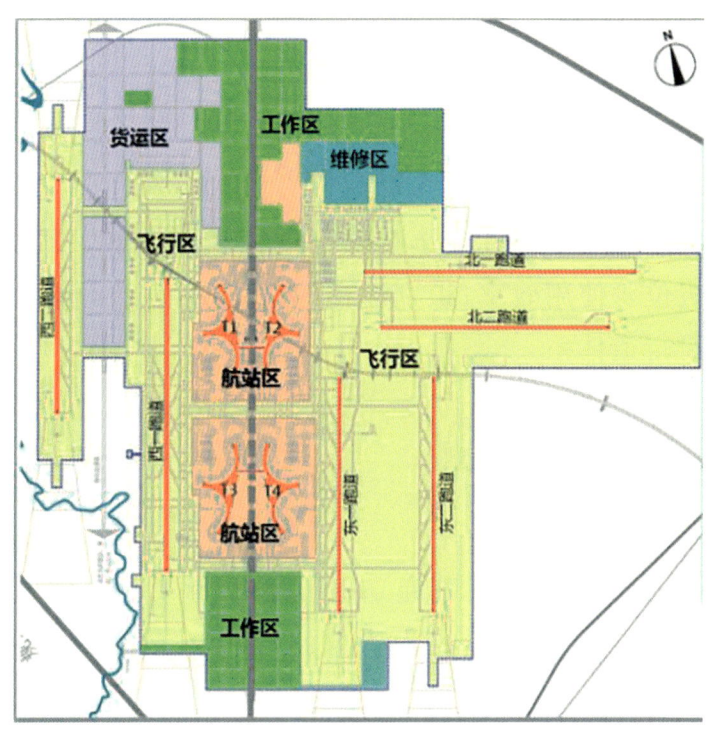

图4 天府机场远期规划图

近期规划面向成都、紧凑布局、集约用地、运行高效,建设三条跑道(东一、西一、北一)跑道,提升机场容量的同时有效减少机场对周边噪声的影响。规划建设北侧T1、T2两个单元式航站楼,货运区及配套设施等(图5),靠近成都市及主要客源地,节约市政及配套工程投资。

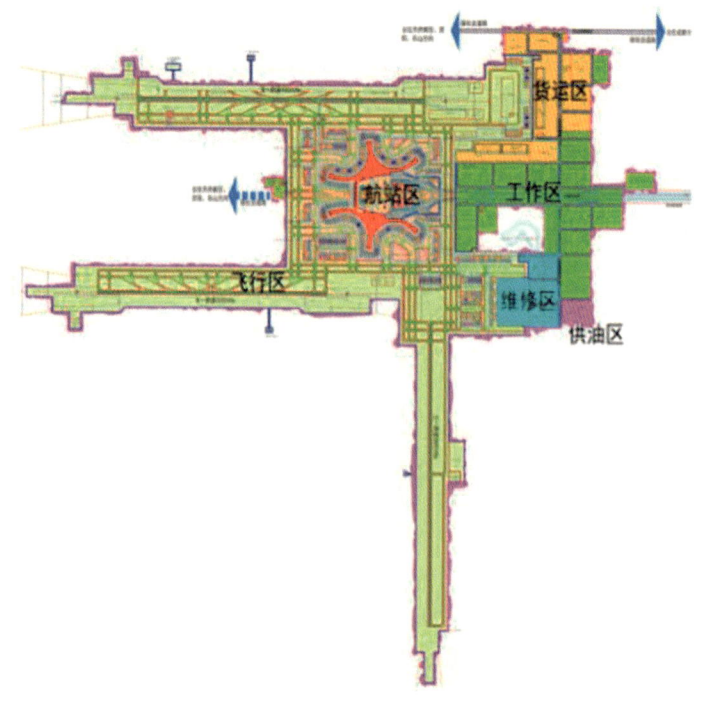

图 5 天府机场近期规划图

开展地面运行仿真研究,分析航班地面延误水平,服务水平,及跑道、滑行道、机位等使用效率;识别潜在的运行瓶颈,优化构建运行高效、畅通发达的滑行道体系。

三、综合交通畅达便捷

(一)构建全面覆盖、高效通达的综合交通集疏运体系

天府机场作为成都地区"一市两场"的核心枢纽,其综合交通发展战略更强调"全面覆盖、高效通达",实现高效畅达的规划圈层和时间目标(图6和表2)。

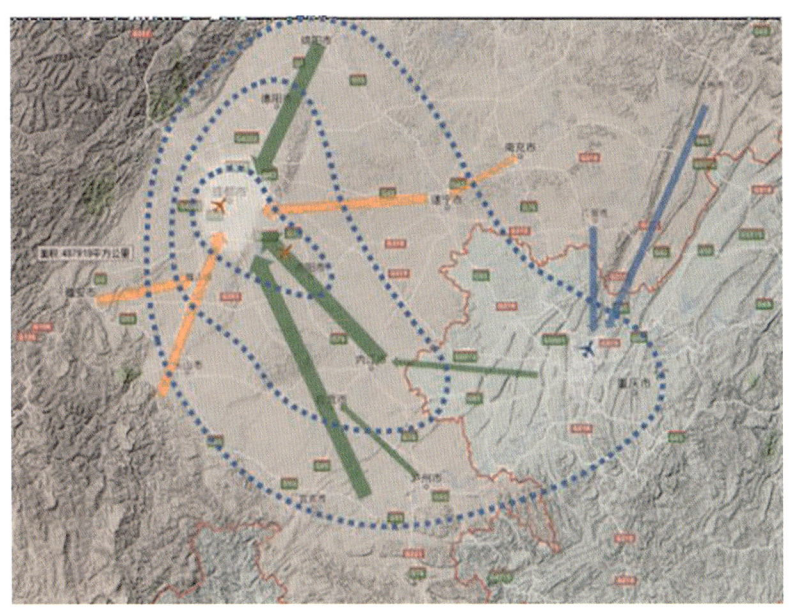

图 6　天府机场多圈层航空市场示意图

表 2　天府机场的规划时空目标

时间目标（小时）	规划圈层范围
0.5	成都市区、天府新区、资阳市
1	德阳市、内江市、眉山市、自贡市
1.5	绵阳市、乐山市、重庆市、宜宾市、泸州市、遂宁市
2	南充市、雅安市、广元市
2.5+	广安市、巴中市、达州市

以上述发展战略和目标为指引，构建以天府机场为核心的综合交通体系，实现高铁、城际、地铁、高快速路等多种交通方式与机场无缝衔接，方便旅客高效换乘。并依托高铁、机场快线和高速公路互联通道建立两场之间的快捷联系。天府机场"七横四纵四环"的综合交通集疏运体系规划如图7所示。

图 7　天府机场综合交通体系规划图

(二)打造"零换乘"的综合交通枢纽

规划集约高效的航站区,楼前规划"零换乘"机场综合交通枢纽,实现高铁、地铁等 9 种交通方式与机场无缝衔接,安检后最多步行距离 650 米可登机。

四、以人为本生态共融

(一)实现机场与周边城镇、环境融合共赢

场址优化和跑道构型方案优选大幅降低机场对周边近 1.5 万居民的噪声影响,减少噪声拆迁。避让周边绛溪河、毛家河等主要水系,结合周边水系、地貌进行竖向规划和排水组织,场内莲花水库完整保留用作景观、调蓄水体,减少对生态系统的扰动。

(二)构建"海绵机场"体系

通过雨水蓄排系统、飞行区滞渗措施、除冰废水收集系统、飞行区小

区雨水"海绵"措施、雨水回用措施等有效构建了"海绵机场"体系(图8)。

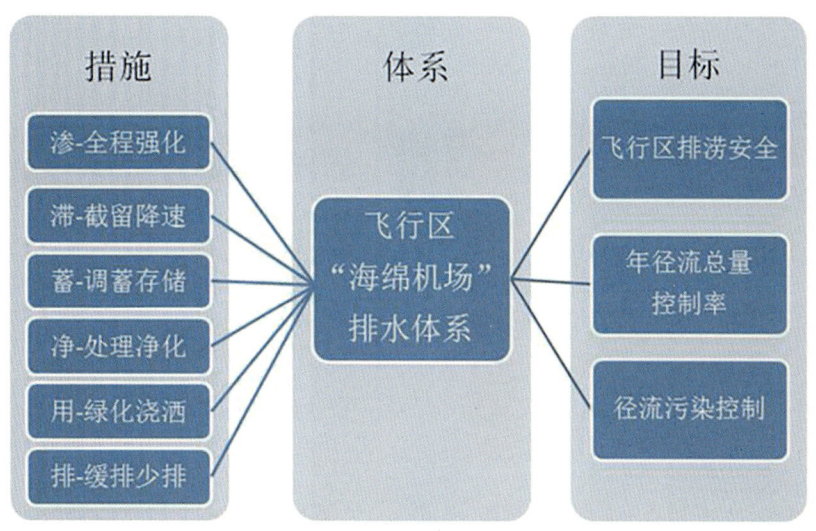

图8 天府机场"海绵机场"体系示意图

为解决机场占地面积较大、不透水铺装区占地面积大、雨水径流总量较大,而外部受纳水系排水能力无法满足场内排水需求带来的问题,天府机场排水按照"多蓄少排缓排"的理念,采用直排及蓄排相结合的排水模式,在场内设置了由雨水管网、调节水池组成的雨水蓄排系统。调节水池对雨水进行收集调蓄,待洪峰流量下降后,再根据情况将存储的雨水排至水体或回用于其他系统。

(三)节能减排,建设"绿色空港"

航站楼、交通中心(GTC)及主要办公建筑均达到绿色建筑三星标准,绿色三星级建筑占比达到85%。全场新能源车辆配置占比高达74%,充电车位占总车位的25%,设置充电桩2703个,每年为机场减少的二氧化碳排放量约207353吨。

五、因地制宜动态优化

天府机场地处典型山区丘陵地貌,丘壑相间、连绵起伏,且水系发达、河渠众多,地形复杂土方工程量巨大(图9)。竖向规划基于三维cad技术快速、准确的构建原地形和设计成果的三维模型并进行计算和方案动态优化,因地制宜,持续优化地势设计方案,实现 20 平方公里的山区场地一次性平场 1.7 亿土方量最优化且自平衡,节省土方投资、节约用地。

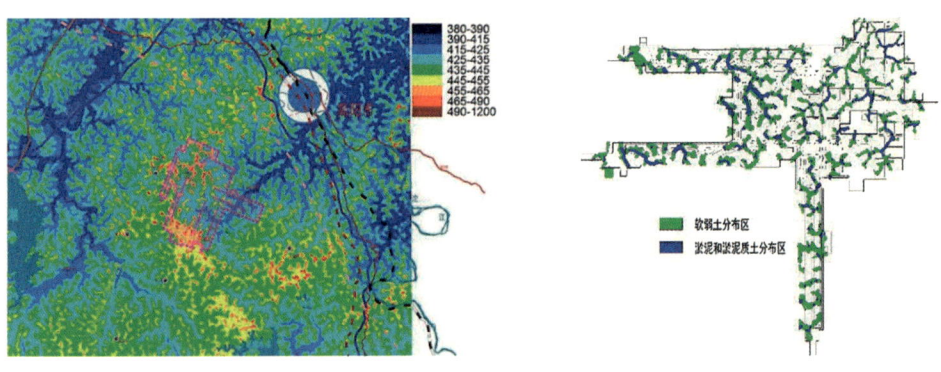

图 9　天府机场场址原地形分析图　　图 10　天府机场软弱土分布图

天府机场场区沟塘遍布、软弱土分布极不均匀且厚度变化较大,填挖交界和土岩交界,犬牙交错(图 10)。沉降和不均匀沉降控制难度大,软弱土分布复杂、性质差,处理难度大。试验先行,成都新机场设计之前即先行启动了地基处理和土石方工程试验。以试验指导设计,因地制宜的制定了处理方案:对软弱土综合采用"强夯置换""碎石桩＋塑料排水板""插板预压""换填"等工程措施;在填挖交接处采取放坡＋强夯补强。该地基处理方案改善了地基均匀性,提高了地基土强度和承载力,并保证边坡稳定。

六、大胆创新智慧赋能

天府机场在规划建设中大胆创新应用多项新技术,建设"智慧"空港,提高机场保障能力、安全运行水平和运维效率,提升旅客服务体验。

(一)西一跑道建成智能跑道

使其具备主动全息感知、精确解析、动态评价、智能决策及风险预警的功能,可保障机场跑道的性能水平和运行安全。

(二)全国首家全场采用 3D 技术实现驱鸟系统智能化管理与控制

通过 3D 界面,实时监控机场驱鸟设备运行状态,并通过系统操作达到末端设备的远程控制,实现鸟情防范智能化。

(三)全场助航灯光按照满足 A－SMGCSIV 级运行设置

近机位设置机位操作引导灯,可实现为飞机提供连续的灯光引导直至机位。全场高杆灯采用 LED 光源,高杆灯智能照明监控系统纳入航班信息管理系统。系统可对每个灯具进行开关控制及亮度调节,亮度调节范围在 1‰～100％。可在航班到港前 30 分钟,系统自动将机位高杆灯照度调整到适宜的照度,直到航班离港后恢复常态,从而实现机坪节能管理。

(四)规划建设全智慧旅客出行系统

实现"一张脸走遍机场",国内首创具有旅客身份识别功能的智能安检线,通过人脸识别、身份证或登机牌扫描功能,减轻工作人员负担、提高机场安全性。

七、枢纽引领协同共赢

(一)整体推进、同步建设

与天府机场规划建设同步推进配套的空管工程、油料工程和四家航空公司基地工程(国航基地、川航基地、东航基地和祥鹏航空基地)的规划建设,有利于各主体协调发展、共同壮大,有利于新机场顺利投用和市场培育。

(二)构建"两场一体"的国际航空枢纽

成都天府机场与双流机场共同构建"两场一体"、创新示范的成都国际航空枢纽发展模式,以枢纽建设为导向,统筹制定土地、财税、时刻、航权、机场收费等有机结合的政策体系,明确两场功能分工、高效配置两场航班时刻等资源、建立两场运力投放联动机制等。构建"两场一体"的管理体制机制,推进两场空地一体规划、建设、管理、运行和服务,提高两场互联互通水平,打造高品质联程联运示范的国际航空枢纽。

(三)枢纽引领,港城融合

天府机场规划建设与周边临空区域、成都东部新区紧密互动衔接,着力推动空港、产业与城市"三位一体"融合发展,形成以航兴城、以城促航、产城融合的发展格局,实现航空枢纽建设与区域经济深度融合[5]。以天府机场作为重要的辐射源,打造成渝相向发展的新兴增长极,促进和带动成都由"两山夹一城"向"一山连两翼"的"东进"战略深入推进（图11）。

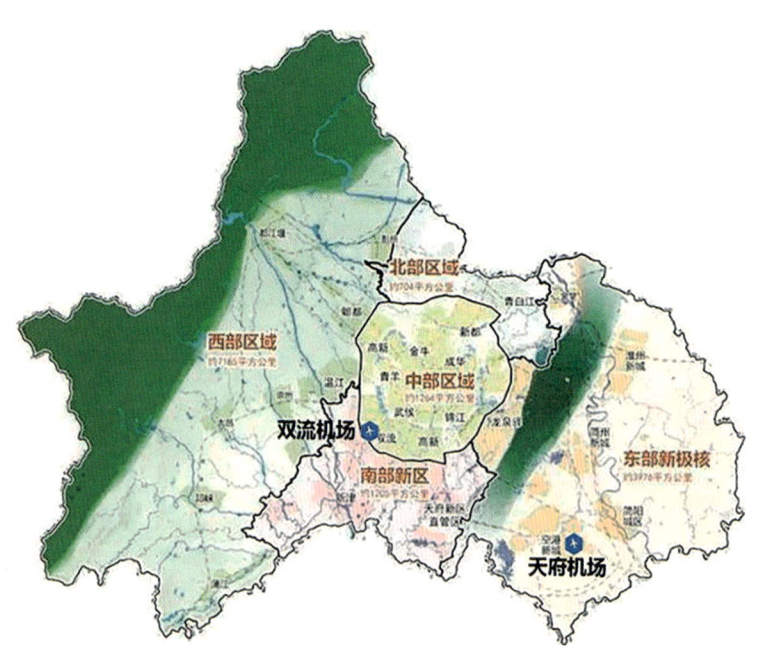

图11 成都"一市两场"与城市发展格局示意图

随着成都天府国际机场不断发展壮大,必将进一步强化成都国际航空枢纽功能,加快打造成渝世界级机场群,让成都融入世界的"空中丝绸之路"变得更宽更广更远,促进区域经济转型和产业升级,将更加有力支撑成渝地区双城经济圈高质量发展。

专题研究三、乡村振兴

以政策凝共识、用服务推成效

青海省工程咨询中心

实施乡村振兴战略,是以习近平同志为核心的党中央,立足经济社会发展基本国情,深刻认识把握我国城乡关系变化特征,顺应时代发展需要,对未来我国"三农"工作作出的重大战略部署,是中国特色社会主义进入新时代做好"三农"工作的总抓手。青海省委省政府高度重视乡村振兴工作,对实施乡村振兴战略进行了一系列部署安排,取得了丰硕的成果,青海省工程咨询中心(以下简称"青咨中心")作为全国首批、全省唯一一家综合性甲级资信工程咨询单位,不辱使命,按照青海省委省政府、省发展改革委的具体工作安排,充分发挥自身优势,在推进乡村振兴战略的过程中体现出了担当、贡献了智慧。

一、青海乡村振兴战略取得显著成效

(一)以产业发展为核心,强力推进产业振兴

坚持以深化农牧业供给侧结构性改革为主线,有效补齐标准化、精深加工、冷链物流等短板,推动乡村产业转型升级。绿色有机农畜产品示范省创建全面启动,制定印发《青海绿色有机农畜产品输出地行动方案》等一系列政策文件,形成了支撑发展绿色有机农畜产品的政策体系。构建起数量、质量、生态"三位一体"耕地保护新格局,粮食生产与供给能力巩固提升。特色兴农工程深入实施,组建青海优质农产品联盟和青海牦牛产业联盟,形成一批区域公用品牌、企业品牌、特色农畜产品品牌。牛羊可追溯体系建设迈出实质步伐,农产品质量安全监测网络全面构

建。深入推动农村产业融合发展,成功创建 4 个全国农村一二三产业融合发展先导区,先后 6 个农村产业融合发展示范园获国家认定,有力推进多主体参与、多要素聚集、多业态发展模式。

(二)以美丽宜居为重点,强力推进生态振兴

坚持生态功能与产业功能并举,引导农牧民打造乡村生态建设和产业发展相适应的生态振兴新格局。深入实施乡村建设行动,农村人居环境整治工作全面推开。积极推行垃圾分类管理,强化农村生活污水处理能力,分类施策推进厕所革命,有效开展畜禽养殖废弃物资源化利用和污染治理。生活垃圾收集转运的村庄和游牧民定居点达 100%,农牧区卫生厕所普及率达 54.4%,畜禽粪污综合利用率平均达到 82%,全面完成县域乡村建设规划编制和修编,成功评定 87 个国家森林乡村,天空蓝、河湖清、草原绿成为青海省乡村形象的新代言。

(三)以乡风文明为抓手,强力推进文化振兴

持续开展以社会主义核心价值观为引领的移风易俗和群众性精神文明创建活动,全面建立"一约四会"制度,构建新时代社会公序良俗。深入实施乡村文脉保护传承行动,完善非物质文化遗产传承保护机制,建立四级名录体系。稳步推进基本公共文化服务标准化建设、基层综合性文化服务中心建设、文化馆图书馆总分馆制建设、公共文化机构法人治理结构改革 4 项重点任务,实现了基层综合性文化服务中心和"文化进村入户"工程行政村全覆盖。持续发挥好典型引领作用,通过评选最美家庭、创建"五星级文明户""文明村镇"等活动,引导农牧民牢固树立"五个认同"。

(四)以治理有效为前提,强力推进组织振兴

坚持自治、法治、德治相结合,不断健全以党组织为核心的组织体系。8 个市州同步开展村级议事协商创新实验,制定《青海省村务公开条例(草案)》,规范"四议两公开"民主协商决策制度,形成民事民议、民事民办、民事民管的多层次基层协商格局。积极探索创新"互促型""融入型""帮带型""产业型"等多型组织设置形式,严格执行党建工作清单式

安排、述职式汇报、积分制奖惩等制度,强化基层党组织在乡村治理中的战斗堡垒作用。加快平安乡村建设,不断净化乡村治安环境。普法教育和法治宣传有序推进,农村矛盾纠纷多元化化解机制逐步形成。建立大通、互助等双创基地,强化拓宽乡土人才孵化平台,创新方式加大人才储备。

(五)以生活富裕为目标,强力推进富民政策落实

基础设施方面。全面推进"四好农村路"建设,青海省农村公路通车总里程达6.45万公里,巩固提升农牧区234.6万人饮水安全水平。推动天然气管网设施向乡村延伸,实施农牧区冬季清洁取暖,构建起清洁低碳、多元互补、城乡协调的现代乡村能源体系。就业收入方面。完善就业创业政策,引导和促进全省农牧区劳动力有组织劳务输出,累计完成农牧区劳动力转移就业437.23万人次。通过产业增收、劳务创收、入股分红、惠农补贴等形式增加农牧民收入,城乡居民人均收入差距持续缩小。公共服务供给方面。全面推进学前教育三期行动计划、义务教育薄弱环节改善与能力提升,建立乡村教师生活补助和荣誉制度,保障农牧区教育事业优先发展。健康乡村深入推进,青海省未达标村卫生室全部"清零"。推进"互联网+社保"行动,建立城乡居民基本养老保险待遇确定和基础养老金标准正常调整机制,实现城乡居民医保省级统筹。

总体来看,青海省走出了一条具有特色的乡村振兴发展之路,呈现以下4个方面特点:一是坚持乡村产业绿色发展,加快构建现代农牧业生产体系、产业体系、经营体系,推动农牧业从增产导向转向提质导向。二是坚持以建设美丽宜居村庄为导向,初步构建起具有青海特色的乡村生态文明体系,乡村自然生态系统功能和稳定性全面提升。三是坚持把夯实乡村治理新体系作为固本之策,初步形成民族团结和谐、社会安定有序、共建共治共享的现代农牧区社会治理新格局。四是坚持统筹城乡融合发展,推动城乡规划一体化、要素配置合理化、基础设施联通化、产业发展融合化、公共服务均等化、居民收入均衡化。同时,国际环境日趋复杂,新冠疫情影响广泛而深远,防范化解重大风险压力依然较大。农村产业基础薄弱,农牧业生产经营方式仍然落后,农牧业社会化服务供给不足,产业融合发展水平亟待提升。乡村基础设施建设仍需加力,道

路、网络、通讯等设施不能满足现代化村庄发展需求。人才科技支撑仍是突出短板,人才引进难、留不住、专业技术人才短缺等问题长期存在。乡村治理风险压力明显增多,基层基础薄弱问题还未根本解决。

二、工程咨询中心助力乡村振兴战略主要经验做法

青咨中心全面贯彻党中央关于乡村振兴战略决策部署,认真落实省委省政府具体工作要求,切实将乡村振兴战略作为中心向省高端智库发展的有力抓手,从强化乡村振兴顶层设计、谋划重大项目、提供人才技术支撑、加强政策宣传等方面贡献力量,为乡村振兴战略提供强有力的咨询服务。

(一)统筹谋划、高位推动,高质量编制完成省级规划

根据省委省政府以及省发展改革委的工作安排,青咨中心于 2018 年承担了《青海省乡村振兴战略规划(2018－2022 年)》(以下简称"规划")编制任务。自承担任务以来,青咨中心高度重视规划编制工作,主要做法为:一是成立联合编制组,强化统筹协调。因规划涉及面广,在规划编制伊始,青咨中心就组织多部门骨干力量成立工作专班,同时在省发展改革委的有力领导下,联合省级相关部门组成联合规划编制组,组织召开了青海省乡村振兴战略规划编制启动大会,从省级层面高位推进规划编制工作,建立统筹协调机制,为规划编制提供了强有力的组织保障。二是建立数据－专家"双库",提高咨询质量。成立数据工作小组,全面收集建立覆盖全省行政村的基础信息资料,建立了乡村数据信息库。同时,为保障规划编制的专业性和"接地气",在规划编制过程中建立了由知名专家、行业能手、基层代表等组成的规划编制专家库,集百家智慧,为我所用。三是问卷调研齐发力,掌握第一手资料。为全面准确了解乡村发展现状和诉求,规划编制组围绕"二十字"方针,设计了"乡村振兴战略"调查问卷,发放给农村问题专家、基层干部群众广泛征求意见建议。并组织专家深入 8 个市(州)田间地头开展座谈和实地调研。四是对标对表上位文件,确保上下衔接一致。规划编制组对标对表上位文件规划,准确掌握乡村振兴的战略导向和战略意图,并科学研判青海省

资源禀赋、产业基础、乡村发展的一般规律和特殊乡情的基础上,严格按照"二十字"方针总要求,提出了以新格局推动乡村振兴、以新产业支撑乡村振兴、以新技术驱动乡村振兴、以新机制保障乡村振兴、以新农人服务乡村振兴、以新精神助力乡村振兴的发展路径,构建了"87654"乡村振兴指标体系,提出打造"三生三美"融合发展的乡村振兴青海样板的总目标,并系统谋划了122项重大工程、计划和行动,有力支撑了规划编制,勾绘出了一幅具有中国特色青海特点的"高原乡村富美图"。

(二)服务下沉、系统推进,完善乡村振兴规划体系

市(州)级、县级、村级乡村振兴战略规划是乡村振兴战略推进与实施的主抓手。为更好服务地方落实乡村振兴战略,在编制省级规划积累的良好工作和数据基础上,青咨中心主动对接基层,下沉服务,在全面摸清各市州县农业、生态、乡村文化、农村社会服务、乡村治理、脱贫攻坚等方面现状、存在问题以及需求分析的前提下,重点从具有特色特点的示范村、扶贫村、特色小镇等热点领域,有针对性地开展项目咨询,助力青海省4州1市6县7个乡镇以及村庄完成了乡村振兴战略规划编制,不断完善青海省的乡村振兴规划体系。依据各市州县不同交通区位、自然环境、历史文脉等特点,探索了多元化乡村振兴发展模式,提出了玉树州打造乡村振兴三江源区样板,黄南州做大做强生态、有机、绿色农牧业,果洛州协同推行生态畜牧业、藏家乐、牧家乐观光旅游与美丽乡村建设的乡村发展模式。厘清了玉树市建成"一带两区"高原特色农牧业发展格局的路径,并按照果洛州发展实际,提出了久治县、达日县、玛多县法治、德治、自治的乡村治理有效措施,为青海省乡村治理找准了路径。同时,以《玉树市相古村乡村振兴示范试点发展规划(2018—2022年)》为例,提出全面建设宜居、宜业、宜游的美丽乡村的实施路径,为进一步实施乡村振兴战略树标立杆,建立示范榜样,探索了可复制的经验措施。

(三)主动担当、积极作为,围绕乡村振兴开展政策引导

2021年,面对巩固拓展脱贫攻坚成果同乡村振兴有效衔接及全面推进乡村振兴的新形势新任务新要求,青咨中心加强学习研究,聚焦国

家层面和青海省出台的一系列乡村振兴以及三农的法规政策、技术规范、体制机制、改革创新等内容,从产业兴旺、生态宜居、乡风文明、治理有效和生活富裕五个方面分类梳理了乡村振兴和农业农村现代化发展的各类规划、政策和法规共40项,汇编成册,免费发放给地方,为他们提供权威的政策咨询。同时本着服务社会的态度,青咨中心组织专业技术人员深入县乡基层开展乡村振兴政策宣传活动,重点宣传解读乡村振兴战略、中央和青海省委1号文件精神,为村民发放政策明白纸。面向县乡镇开展规划编制培训,全面解读国家政策,强化业务指导,并对县乡镇存在问题和短板弱项有针对性的进行政策解读和问题分析,以案释策。

(四)选派精锐、常态扶持,驻村开展技术指导服务

认真贯彻中央和省委关于乡村振兴各项决策部署,自2016年开始,按照省委组织部工作要求,连续6年,青咨中心先后选派3名有责任心强、专业能力过硬、协调能力强的咨询工程师派驻玉树州称多县兰达村、海东市化隆县电岗村担任驻村第一书记,驻村书记从政策宣传、规划设计、方案制定和实施、制度建设、技术培训等方面进行全面指导,为所在村带去了乡村振兴的思路、带去了"真金白银"的项目,切实改善了村容村貌,成为村民眼中的"大恩人",两任书记均被评为优秀驻村干部,起到了良好的示范带动作用。

三、新时期推动青海乡村全面振兴的主要考虑

2022年是规划实施的攻坚之年,需要在持续做好"补针点睛"工作的同时,持续扩大战果,着力建设与新时代新要求相适应的衔接机制,以深化农牧业供给侧结构性改革为主线,以打造生态文明高地、建设产业"四地"为牵引,全力推进农业农村现代化建设,打造新时期乡村振兴青海样板。

(一)紧盯规划任务补短板

一是强化组织保障夯实责任落实。聚焦目标任务,进一步明确部门分工和岗位职责,坚持党政主要负责同志作为乡村振兴第一责任人的职

责定位,巩固强化五级书记齐抓乡村振兴的局面。强化各级乡村振兴局统筹推进实施乡村振兴战略职能,全面提升统筹资源配置、凝聚发展要素的组织保障能力。二是统筹整体推进、集中攻坚和分区指导。重点在补短板、强弱项上下功夫,增强重点任务的针对性和实效性。一方面,聚焦薄弱环节,按照年内完成、加快推进、启动开展三个层次制定乡村振兴规划实施集中攻坚台账,形成相互衔接、合力攻坚、增添成色的系统解决方案。另一方面,充分考虑不同区域资源禀赋、主体功能、产业分工等特点,分区域明确振兴任务推进的工作重心,提出差异化的攻坚任务要求。三是聚焦补短强弱持续加力。拓展乡村特色产业,延伸农产品加工流通产业链,培育一批家庭工场、手工作坊、乡村车间,提升乡村特色产业的附加值。打造富有特色、规模适中、带动力强的特色产业集聚区,建设"一村一品"示范村镇和农业产业强镇,提升现代农业产业园发展水平。补齐农村环境卫生、公用设施、公共服务、应急管理等方面的短板,增加教育、医疗、文化等优质公共服务供给,不断提升对生态保护和农牧民群众转产就业的基础性支撑能力。四是持续强化政策供给。统筹安排各级财政资金,扩大公共财政农牧区覆盖范围,落实涉农补贴政策。设立适应农村各类新型金融组织,形成财政优先保障、金融重点倾斜、社会资本参与的多元投融资体系。新增建设用地、增减挂钩节余指标等向乡村振兴重点帮扶地区倾斜。加强涉农院校和学科建设,强化现代农牧业科技源头供给。

(二)围绕巩固拓展脱贫攻坚成果同乡村振兴有效衔接抓落实

一是强化动态监测和帮扶。进一步完善和落实好"2411"防止返贫监测帮扶机制,加大动态监测,精准跟进帮扶措施,全面分析监测对象的个体特征,科学设定退出标准和时限,及时消除返贫风险。二是筑牢"两不愁三保障"长远之基。加强以工代赈实施力度,多措并举提高农民收入水平。筑牢兜底保障防线,对符合条件的按规定及时纳入农村低保或特困人员救助供养范围,及时给予专项救助、临时救助。持续巩固控辍保学成果,完善从学前教育到高等教育全学段的学生资助体系。强化医疗、医药、医保措施,加强结核病、棘球蚴病(包虫病)等地方病传染病防治工作。加快改善农牧民住房,提升农房建设质量。三是培育壮大特色优势产业。紧紧围绕牛羊肉、青稞、油菜等做好初级农畜产品生产,与种业振兴、稳粮增油保菜紧密结合,选优做强特色优势产业。做精做优青藏高原特色农畜产品,提供更高热量、高蛋白食材,为改善国民膳食结构作出输出贡献。培育壮大新型经营主体,强化政策、人才、资金、市场支持,实现有效益、能增收、可持续发展。改造升级现有农牧业产业化龙头企业,建立健全利益联结机制,增加绿色有机农畜产品输出规模。四是立足特色抓好乡村建设和治理。按年度计划,有序实施乡村振兴示范村建设,打造高原美丽乡村升级版。传承乡村特色文化,突出特色、因地制宜推进乡村建设,广泛开展"推动移风易俗·提升文明乡风"行动,保留历史记忆、传承文化脉络、寄托乡愁情感。增强重点城镇和小城镇服务乡村功能,推动以镇带村、镇村联动发展。加强基层组织建设,常态化开展扫黑除恶专项斗争,营造农牧区和谐稳定社会环境。

(三)聚焦建设人民幸福的现代化新青海增动力

一是开创乡村产业绿色发展新局面。以打造绿色有机农畜产品输出地为契机,持续优化农业生产结构、区域布局和供给体系,着力夯实绿色产业发展根基。深入实施"藏粮于地、藏粮于技"战略,加快高标准农田建设,提升粮食安全保障能力。建立牦牛、藏羊产业标准化生产基地,稳步提高特色农产品生产能力。开展青藏高原特色种质资源保护与利用,做好农畜产品质量安全追溯工作。建设一批现代农牧业科技创新中心,加强特色产业产品核心技术攻关。积极发展都市农业、休闲农业、智慧农业等新业态,打造农业全产业链,让农民更多分享产业增值收益。二是建设生态宜居新家园。以打造生态文明高地为导向,建设美丽宜居村庄。全面改善饮水、交通、电力、通讯等基础设施条件,提升公共服务设施水平。发展安全坚固、绿色低碳的新型农房。加快乡村产业路、旅游路、资源路建设,积极推进具备条件的城市公交线路向周边重点村镇延伸。实施新一轮农网改造提升工程,积极发展农牧区清洁能源替代。开展以"三清一改"为重点的村庄清洁行动,打造特色民居和乡村建筑。三是构建乡村治理新体系。深化乡村治理体系建设试点示范,培育发展农牧区社区社会组织。健全公共财政支持和村级集体经济收益自我补充的保障机制,不断提高村级组织建设和运转的保障能力。推进更高水平的平安法治乡村建设,加大"雪亮工程"实施范围,实现农牧区全域覆盖。开展农村交通、消防、自然灾害等领域风险隐患排查和专项治理,健全农村传染病常态化防控工作体系。四是形成城乡融合发展新格局。优化县域产业空间布局和功能定位,增强县域经济在城乡融合发展中的关键支撑作用。推动市政公用设施向郊区乡村和规模较大的中心镇延伸,加快乡村基础设施提档升级。发展城乡教育联合体、县域医共体,推进城乡基本公共服务标准统一、制度并轨。建立城乡人才合作交流机制,吸引高校毕业生和工商业各类人才入乡创业。建立公平合理的集体经营性建设用地入市增值收益分配制度。完善乡村金融服务体系,推动建立工商资本入乡促进机制。鼓励引导涉农科技成果入乡。

四、工程咨询机构投身乡村振兴实践的几点建议

基于新形势新格局下,工程咨询机构面临行业的深度变革,亟需围绕服务国家战略实施,寻找转型升级之路。乡村振兴涉及农村生产能力提升、生态保护与修复、文化繁荣兴盛、基础设施建设等内容,需要工程咨询机构长期关注和重点研究,在乡村振兴战略实施中发挥重要的智力支撑作用。

一是强化政策宣传引导,切实发挥纽带连接作用。把政策宣传解读,作为推动政策执行的前置必要条件,多方位扩大政策的知晓率,当好政策宣传讲解员,助推乡村振兴政策利好持续释放。一方面,要深入研究"三农"政策文件,采取直播带策、制作宣讲短视频、入村辅导等方式,主动向农民解读政策的享受条件和办理流程,有理有据、通俗易懂地耐心答复农民咨询,推动好政策进农村、入农户、惠农民。另一方面,坚持问需于民、问计于民,建立诉求反映和问题解决机制,积极协调帮助农民解决实际困难和反映现实诉求,主动服务、上门解难,让惠农政策跑起来,让咨询服务沉下去。

二是高位开展规划咨询,持续强化顶层设计。规划工作在推动城乡空间结构优化调整和跨时期资源优化配置中至关重要,把规划做好是实施乡村振兴战略的前瞻性工作。省级层面,要着眼于总体统筹,重点在

战略规划、体制机制创新等方面强化顶层设计,加强"三农"领域重大问题、重大任务、重大工程、重大改革的研究谋划。地市、县(区)层面,把对接上位规划和突出地方特点紧密结合,准确把握地方发展战略在融入省级发展规划中的主攻方向,结合实际制定地方规划。乡(镇)、村(居)委会层面,重点破解特色产业发展、人才引进、人居环境改善等难题,制定可操作、能落地的村庄规划,加快推动农业高质高效、乡村宜居宜业、农民富裕富足。

三是建立常态服务机制,精准对接乡村需求。随着乡村振兴战略的持续实施,以及为适应新时代发展要求,势必对农业农村基础设施建设的投资力度持续加大,乡村旅游、产业融合、乡村建设等促进乡村产业升级和提升民生福祉的建设项目也将不断增加。推动项目前期谋划常态化,紧盯国家政策导向,为建设项目的开展进行科学严谨规划,谋划储备一批强基础、管长远、见实效的工程项目,有效解决建设资金使用不合理的问题。开展驻村工作常态化,严格选派政治素质好、工作能力强的驻村干部,坚持真抓实干、务求实效,推动第一书记和工作队员用心用情用力驻村干好工作。实施调查研究常态化,下沉一线、走进田间,做好村情、民情等基础数据调研,让咨询方案有据可依,形成服务乡村振兴整体合力。

四是开展涉农企业管理咨询,助力培育新型经营主体。随着经济全球化、市场经济的成熟与发展,农业正受到经济全球化的冲击,为了适应激烈的国际市场竞争,农业企业进行相应的企业咨询尤为重要。工程咨询机构要发挥人才团队和业绩经验优势,在农业企业产供销全过程、农业产品全生命周期上提供相应的企业咨询服务,助力农业企业转型升级、可持续发展。

五是强化科技人才支撑,推动农业科技成果转化。乡村振兴离不开现代科技的转化运用。工程咨询机构,特别是农业科研咨询机构应充分认识当前乡村振兴中存在的科技应用短板,结合实际为农民提供农业科学信息及应用指导。针对乡村振兴人才短板,工程咨询机构要健全和丰富乡村振兴咨询人才力量,主动发挥咨询中介作用,引荐农业科研院所、旅行社、农业专家等多种资源,为乡村提供技能培训和人才服务。实施"周末工程师"制度,引导工程咨询机构专业技术人员服务乡村。

路虽远,行则将至;事虽难,做则必成。推动乡村全面振兴责任重大,任务艰巨,时间紧迫。我们要以习近平新时代中国特色社会主义思想为指导,锁定目标、坚定信心,迎难而上,努力打造成为全省高端智库、全国知名咨询机构,为乡村振兴事业发展提供更高水平的咨询服务。

构建规划咨询新理念,助力乡村振兴新成效

广东广咨国际投资咨询集团股份有限公司

一、响应国家战略,彰显社会责任新担当

党的十九大吹响了实施乡村振兴战略的号角,广东广咨国际投资咨询集团股份有限公司(以下简称"广咨国际")作为省属国有控股上市企业,积极发挥国企表率作用和新型智库优势,全力投入乡村振兴咨询服务工作。2021年8月,公司党委切实加强组织领导,以高质量党建引领高质量乡村振兴,全面谋划、重点部署,由公司党委委员挂帅,抽调党员干部和城乡规划、技术经济、农业经济、产业经济等专业中青年技术骨干,设立乡村振兴研究中心,形成"公司党委—乡村振兴研究中心—规划项目组"的工作架构,全面打造具有乡村振兴特色的区域协调发展研究智库。

研究中心聚焦乡村振兴战略并延伸关注城乡区域协调发展,先后奔赴湛江、清远、韶关、阳江、潮州等粤东西北地区近20个县调研,拜访驻镇帮镇扶村工作队,了解农业农村发展瓶颈及企业发展诉求,深入思考如何规划乡村振兴、谋划项目及做好保障要素。2021年12月,以"广博智慧、咨谋社会"的第三方视角向省直有关部门递交《关于做好我省乡村振兴工作的思考和建议》咨政建言,为广东在高质量发展中全面推进乡村振兴积极提供规划编制、课题研究、项目谋划与融资策划等智力服务。

二、发挥智库优势,构建镇域规划新理念

广咨国际深谙"乡村发展,规划先行"之道,发挥综合性咨询公司"研

究－规划－项目"链式联动的优势,以乡村振兴总体目标为指引,主动担当规划角色,因地制宜、与时俱进,创造性提出以"调查研究－规划咨询－项目落地"为主线的服务理念。2021年11月至2022年8月,完成了清远市连南县、韶关市翁源县官渡镇等10项县域或镇域乡村振兴规划,为各地谋划了一批乡村振兴项目,协助各地落地一批中央预算内资金、专项债和产业项目。以韶关市翁源县官渡镇为例,运用镇域规划新理念,创新乡村振兴咨询成果体系。

(一)全力投入工作

官渡镇位于翁源县西南部,面积240平方千米,常住人口3.8万人,是韶关市融湾产业平台。根据省委安排,由省发展改革委、农业银行广东省分行共同组建驻官渡镇工作队,开展驻镇帮镇扶村工作。广咨国际受委托,承担《翁源县官渡镇镇域乡村振兴规划》(以下简称《规划》)编制任务。

研究中心于2021年11月中旬启动前期工作,8名技术骨干在研究中心负责人和工作队主要负责同志带领下分组深入19个行政村、2个社区全覆盖调研,2次召开县直部门座谈会,8次与镇党委及有关部门召开座谈会,商讨谋划官渡镇未来发展方向、重点任务和重大项目。在镇党委和工作队指导下,2022年3月就《规划》向官渡镇、翁源县、省发展改革委和农业银行广东省分行等有关单位征求意见;2022年5－7月,形成《规划》送审稿和定稿。

(二)深入全面调研

项目组深入了解县、镇、村干部群众的发展诉求,实地走访新能源、环保、农业等领域12家重点企业,系统摸查全镇28宗低效闲置用地及14处闲置资产,实地调研47个交通项目和11个重点水库现状,走访12处主要公共服务设施,形成"一村(社区)一张""一公共服务机构一张"调研记录表,完成镇域土地利用现状、撂荒地和闲置低效用地分布等5张现状图。现场踏勘工作综合运用无人机、GPS定点拍摄等工具,由于点多面广范围大,竟飞坏了3台无人机。

图 1　规划项目组在现场调研考察

图 2　六里镇街提升工程改造前后对比

图3 立华牧业镇仔村鸡苗孵化场项目施工现场、笼鸡养殖项目

全面调研使项目组掌握了振兴发展的痛点堵点难点,着重研究镇域产业发展、基础设施、公共服务、村集体收入等问题短板根源,科学分析发展机遇与挑战,确定官渡镇未来发展方向和目标定位。例如,基于义务教育阶段学位、医疗床位等需求预测结果,提出相关领域建设任务,确保基本公共服务精准高效配置。

(三)创新成果体系

1. 坚持项目引领,编制"项目式"规划

广咨国际以项目谋划为主线编制乡村振兴规划,着眼于"规划先行"到"规划一定行",综合谋划一批能落地的产业发展、基础设施和公共服务项目,研究提出重点项目表和储备项目表。与传统"任务式"规划不同,"项目式"规划更具实操性,对乡镇基层工作更具指导意义。

2. 坚持因地制宜，编制"精准型"规划

一是综合考虑区位交通、资源禀赋、产业基础、人口规模等因素，构建"集镇－中心村－一般行政村"三级镇村体系，根据各村（社区）功能类型提出发展指引。二是针对镇域资源供需不匹配的问题，通过数据分析、人口预测等形式，研究提出部分学校撤并整合、医院易地迁建等针对性举措。

3. 坚持挂图作战，编制"落地型"规划

一是将空间规划理念与发展规划内容相结合，编制整套规划图集，包含区位、土地利用、道路交通、水资源分布等现状图，总体发展格局、镇村体系、生态格局等规划图以及产业、交通、水利、公共服务等项目规划图。二是编制一套乡村振兴行动方案，进一步助力规划有效落地。

2022年9月，经地市初评推荐、专家评审、实地核查和终评审核，《翁源县官渡镇镇域乡村振兴规划（2021－2025年）》获广东省优秀镇域乡村振兴规划一等奖。

三、引领示范作用，助力乡村振兴新成效

（一）探索创新利益联结机制，推进共同富裕

针对调研普遍发现农村人口空心化、撂荒地比重不低、供需两端联接不紧密等问题，研究中心以共同富裕为目标，重点关注联农带农，不断探索创新利益联结机制的建立。在这一轮乡村振兴规划中，提出以"龙头企业＋基地＋村集体经济＋农户""保底收益＋按股分红""特色种植＋订单收购"等模式发展富民兴村产业，推进"资源变资产、农民变股民、资金变股金"改革，以智力助推乡村振兴。如《规划》提出重点产业项目23个，涵盖种植养殖、食品加工、文化旅游等领域，覆盖所有行政村和社区；两年完成固定资产投资8.3亿元，依托立华牧业实施"公司＋银行＋村委＋农户"肉鸡养殖项目，带动6个村集体年增收10万元，预计2023年底19个行政村集体收入全面达到10万元以上。

(二)重点关注落地操作实效,助推走深走实

前几年,不少地方"运动式"编制了一轮村庄建设规划,未能"通盘考虑土地利用、产业发展、居民点布局、人居环境整治、生态保护和历史文化传承",无法指导乡村建设,也影响基层工作人员对编制新一轮镇域乡村振兴规划的信心。广咨国际重点关注镇域乡村振兴规划的落地性、操作性和实效性,以"任务目标+实施路径+具体项目"路径谋划乡村振兴重点任务,推动乡村振兴任务具体化项目化,如近两年官渡镇引入投资企业4家,19个行政村村集体增收134.59万元,助推驻镇帮镇扶村工作从规划"先行"走向乡村振兴凸显"雏形"。

(三)积极开展经验总结交流,贡献广咨智慧

广咨国际积极吸收先进地区乡村振兴规划工作经验,总结提出规划编制思考路径、行动路径及参考提纲,有关研究报告和论文发表在《中国工程咨询》和《中外建筑》等期刊,为广东省乃至其他地区乡村振兴规划编制提供了启发和借鉴。

2022年,在中国工程咨询协会主办的乡村振兴经验交流会上,乡村振兴研究中心以"发挥综合咨询优势,助力乡村振兴战略落地"为题,为全国咨询机构线上授课;受广东省工程咨询协会和汕尾市等地农业农村局邀请,为省内咨询机构和各地农业农村部门、基层政府分别讲授《乡村振兴规划的编制要点和方法》《乡村振兴项目规划(谋划)暨专项债申报》等课程,均获得广泛好评。

乡村振兴是实现中华民族伟大复兴的一项重大任务。广咨国际将高举习近平新时代中国特色社会主义思想伟大旗帜,牢记"国之大者",服务社会民生,以高质量的规划咨询成果,充分发挥"政府+智库"支撑服务机制,使巩固脱贫攻坚成果与乡村振兴战略有效衔接,为加快农业农村现代化步伐,促进农业高质高效、乡村宜居宜业、农民富裕富足,全面实现中国式现代化进程中的乡村振兴,奉献新型智库的智慧和力量!

解码未来乡村 解锁共同富裕
"三位一体"综合咨询服务乡村振兴

浙江国宏工程咨询有限公司

一、基于咨询服务视角对乡村振兴战略的理解

新中国成立以来,我国始终将农业作为国民经济的基础加以建设,全社会对乡村建设始终保持一定的熟悉程度和热度。从2004年至2022年,中央一号文件连续以"三农"为主题,强调了"三农"问题的重要地位。党的十九大做出实施乡村振兴战略重大部署,党的二十大报告中指出:"加快建设农业强国,扎实推动乡村产业、人才、文化、生态、组织振兴。"各级政府积极规划、谋划乡村发展,智库和咨询机构参与了大量的研究、规划、设计和咨询工作。浙江国宏咨询是一家以"为社会和客户创造价值"为核心理念,聚焦地方公共政策、发展规划、城乡规划、项目咨询等领域的智库型工程咨询企业,在公司参与到乡村发展的咨询服务过程中,也一直在思考,应该怎样真正理解乡村振兴战略的内涵,怎么更好地以知识和智慧助力乡村振兴战略。

(一)乡村振兴战略的核心和主体是农民

乡村振兴战略是我国三农工作的总抓手,不容置疑,农民是乡村振兴的核心和主体,我们需要真正地去了解去理解中国大地上广大的农民群体。农民最关心的是自己的收入问题,只要是真心实意为民服务,切切实实促农增收,农民就一定会积极主动配合。我们不管参与到乡村振兴哪个方面的咨询研究,要将坚持农民是乡村振兴的主体、保障农民群

体的权益,始终放在第一位。

先看一下我国农村人口数据、组成和一些概念和观念,2020 年我国常住人口城镇化率为 63.89%,即该年我国乡村常住人口为 5.1 亿。农村户籍人口是中国特色的户籍制度下的特有产物,2010 年,我国农村户籍人口规模扩大至 9.35 亿人,其中常住在城镇的农村户籍人口达到 30%,2.65 亿人,这部分农业转移人口面临市民化难题。2011 年,中国城镇化率超过 50%,中国从农业时代跨入"城乡中国"时代,农民收入不再是完全依附黏着于土地,可以选择离开乡土外出务工,社会生活高度流动,不再是终老还乡。费孝通先生曾经定义乡土中国的"三大内涵":乡村人口占绝大多数、农民被土地黏着、社会生活终老是乡。2020 年,我国农村户籍人口城镇化率超过 45%,虽然 2014 户籍制度改革和城市落户政策松动,农村转移人口获得城镇户籍步伐加快,但仍然有 2.61 亿人常住城镇拥有的是农村户籍,总量变化不大。当然,其中不乏一些居住在城镇的农村户籍人口为了享有农村集体产权权益,而有意保留农村户籍的。从 1995 年到 2020 年,农村人口年均减少约 1400 万人,这不是城镇化导致大量农村劳动力向城市转移,而是经济和社会发展的客观规律和必然结果。农民愿意到城市寻找更多的机会,过更好的生活。

我们国家的乡村振兴战略一是要为上述数以亿计的农村常住人口提供基础保障和就业机会,解决小农户与社会化大生产之间,小农户与大市场之间的矛盾;二是要为依然在城市打拼,尚未解决市民化问题的进城农民提供返乡条件,在未来的 20－30 年,中国完成产业升级,进入发达国家行列,城市可以为绝大多数进城农民提供体面的安居就业条件,即便是少数失败的进城农民,国家也有能力为他们提供足够的城市居住的社会保障,那个时候,农民能否返乡就不重要了,否则就要有足够的耐心保留农民返乡条件。

所以,乡村振兴战略的农业现代化是为农民服务和农民自身的现代化,是去解决广大农户生成环节、销售环节中存在的问题与矛盾,而不能理解为以财政资金支持发展现代农业、培育龙头企业、搞规模经营。具体来讲首先是保证农业生产的基本条件,比如说土地整理、水利设施;其次发挥村社集体组织力量,解决当前一家一户做不了,需要村社集体组织办理的事;三是解决农户地块分散的问题。而乡村振兴的促进城乡要素流动则是要为农民创造更多的就业机会,随着农业技术水平的提高,农村劳动力转移,农村地区大量的闲置空间,提供了新供给和新需求的发展空间,而不仅仅是为中产阶级和文青增加一个休闲的去处。

(二)乡村是具有独特价值体系的复杂系统

没有中国乡村就没有中华五千年文明,乡村是中国最基本的国情。中国乡村是世界上自主性和主体性最强的乡村,不同于西方乡村依附于城市的文明体系。中国拥有世界上独一无二的多样化且历史悠久的乡村文化,比如说古村落。如果说中国现代城市大同小异、千篇一律,那数千年来的乡村却在顺应自然、天人合一的理念下,营造出了世界上最丰富多彩的乡村文化。中国传统农业一直是生态环保、有机和可持续发展的,"仰则观天文,俯则察地理"的古代乡村文明孕育着新时代的农业革命与生态文明。中国传统农业发展模式与现代科技结合,比如说新能源、智能化技术,探索生态、低碳、可持续发展的农业,是中国农业农村现代化的使命,也将为全球的生态文明做出贡献。

80年代改革开放以来,家庭联产承包责任制改革,中国农民成了改革的最大受益者,乡镇企业的鼎盛时期,创造的GDP占全国总量的一半以上,农村改革的巨大成功,农民与农村问题的解决,不仅为中国社会经济发展奠定了基础,也为城市改革提供了经验。进入21世纪,随着城市化发展,城市对经济增长的贡献越来越大,我们对城市建设的希望不断升级,以至于寄希望把中国乡村问题放在城市化一端来化解,以管理城市的思维设计乡村治理制度,使得乡村建设不接地气,缺乏内生动力,这是乡村振兴战略实施需要思考的所在。所以我们要始终秉承农村是复杂系统,有其自身独特的价值体系的观念,千万不要把乡村,规划为千篇一律的乡村;也千万不要把乡村的产业发展,视为一个产品简单复制到千村万村。

二、公司"三位一体"综合咨询服务乡村振兴实践

习近平总书记在党的十九大报告中明确提出要"加强中国特色新型智库建设",这为新时代我国智库建设指明了方向和目标。近年来,公司

在巩固提升传统业务的基础上,积极拓展新业务特别是乡村振兴、国有企业等咨询服务,力争构建战略研究、行动规划、项目咨询"三位一体"综合咨询服务体系,实现从"散装型"工程咨询向"工程咨询+智库"一体化的新型智库转型发展。

在咨询助力乡村振兴国家战略上,公司积极响应党中央号召,加强政策学习和业务对接,积极开拓乡村振兴综合咨询市场,为各级乡村振兴战略实施提供规划编制、智力支撑,把规划编制与工程咨询服务落到乡村振兴的实际推进中。在地市、区县层面,着眼于总体统筹,聚焦乡村产业振兴、乡村生态保护与修复、乡村文化繁荣兴盛、农村基础设施建设等重大工程(行动、计划)。在乡镇层面,重点是对接上位规划,加强重点项目谋划和前期研究,推动规划实施,破解村庄规划、人才引进、特色发展等重点难点问题。在村庄层面,围绕村庄特色产业发展、人居环境改善、村民增收致富等具体问题,制定针对性强、操作性强的咨询方案。同时,时刻关注国家重点建设项目和相关的扶持政策,借助专业知识及经验,结合乡村实际条件,为乡村建设项目提供包括项目咨询、工程技术、投资财务、运营管理等方面的技术咨询服务,为建设项目提供科学指导意见,确保政府投资用在"刀刃上",提高乡村振兴事业的投资效益。以下选择公司有代表性的乡村振兴咨询案例做简单总结和经验交流。

(一)乡村振兴产业规划研究实践

浙江省是我国实施乡村振兴战略的先行区,首个部省共建乡村振兴示范省,是全国农业现代化进程最快的省份之一。为落实十九大乡村振兴国家战略和省乡村振兴工作任务,温州市委、市政府部署西部休闲产业带发展规划编制与实施,全面推进西部生态休闲产业带发展。温州西部生态休闲产业带实施范围为文成、泰顺两县全域,鹿城、瓯海、瑞安、平阳、苍南西部山区以及乐清、永嘉北部山区,覆盖9个县(市、区)的81个乡镇。公司承担了整个温州西部生态产业带6个县(市、区)的规划编制,其中《乐清美丽雁荡生态休闲产业带五年发展规划》从产业规划、重点项目落地跟踪、景区创建服务延伸,更是见证了乡村振兴战略在地方的实施推进和重大成效。

雁荡规划区示意图

1. 尊重乡村价值体系,科学选择产业赛道

乡村应该选择发展什么样的产业,需要深入了解乡村的价值体系,了解乡村的产业特点与规律,避免用几十年片面的城镇化思维和工业化思维去谋划乡村产业发展。确定产业选择的基本方向,一是要发展符合基础和资源条件的特色农业;二是要发展融合农业,挖掘农业除了农产品价值之外的生态、景观、体验等价值,从传统农业拓宽到加工、文旅与农业融合发展的全产业;三是要发展以农民为主体组织起来的农业,始终锁定农民家庭才是中国现代农业的基本经营单位。

2. 以空间、项目和资源共筑规划区的铁皮石斛全产业链

根据规划区的资源环境禀赋,借助大荆镇中国铁皮石斛之乡、雁荡山这一区位优势,规划打造铁皮石斛全产业链,首创"石斛种植＋石斛二产文创旅游＋主题乐园"产业融合发展。空间规划上,整合大荆镇、湖雾镇、智仁乡资源,形成——石斛养生休闲片,以大荆镇铁皮石斛产业集聚区建设为重点,联动省级现代农业综合区,构筑一核一轴,两环三片的总体空间格局。项目谋划上,铁皮石斛深加工和现代种植示范区项目规划用地620亩,一条石斛大道长1.13公里;一座主题乐园位于下山头村,占地近2000亩,包括石斛观光区、体验区、主题公园、酒店等功能。资源导入上,除了资本下乡,更注重管理、人才、科技和运营等要素导入,珀莱雅化妆品股份有限公司董事长方玉友先生乡贤回归投资,真正助力到乡村振兴和共同富裕。

3. 规划实施与建设卓有成效

一是仙草带火一片村,乡镇迈向产业新时代。铁定溜溜乐园与休闲度假区项目于2018年开工建设,在龙头企业的有力带动作用下,产业集群效应逐步凸显,2019年乐清全市的铁皮石斛种植面积达到1.2万亩,铁皮石斛下游产品链的产值已经达到了32亿元,各类铁皮石斛种植、加工、销售市场主体1300多户,企业300多家,数字背后是众多农户的生活跃迁。

铁定溜溜休闲度假区开工仪式　　　　大荆镇石斛田园综合体

二是从少人问津"三无村"到宾客盈门"幸福园"。大荆镇的下山头村过去是个无环境无人文无产业的"三无"荒败村庄,当地曾有句俗语"金山头、银山头、嫁女不嫁下山头"。从"千万工程"启动打好基础,到村企共建的铁定溜溜石斛主题乐园项目带动,如今的下山头村村民,在乐清当地收获的是大家羡慕的目光,近年来,下山头村相继荣获中国美丽休闲乡村、国家森林乡村、浙江省3A级景区村等荣誉,并入选浙江省共同富裕示范区"典型案例清单",成为浙江省第一批未来乡村建设试点村。

下山头村曾经荒败的景象　　　　如今美丽富裕的下山头村

三是乡贤反哺"雁归来"，村企合奏"共富曲"。乡贤方玉友先生回归与村集体组建"共富联盟"，通过"村企共建、以企带村"的发展模式，实现三金(租金、薪金、股金收入)惠民、三农并进、三权分置、三产融合的目标。2021年下山头村，村集体经济收入达299万元，比三年前增加29倍，村人均年收入4.2万元，比三年前增长1倍。"铁定溜溜"开园至2021年底实现营收近一亿元，为下山头村民提供了300余个就业岗位。

4. 咨询服务延伸助力铁定溜溜景区创建国家4A旅游景区

完成规划区产业规划研究后，公司咨询团队陆续延续承担了该规划区内雁荡、仙溪、芙蓉等乡镇的美丽城镇创建行动方案编制与辅导，区域内产业共富的基础设施配套工程的项目可行性研究等咨询服务工作。2019年，按照《旅游景区质量等级划分与评定》国家标准，公司提供铁定溜溜景区国家4A旅游景区创建咨询服务，结合景区服务人员本地化的实际，围绕旅游六要素，为"零基础"本地服务人员提供游览、安全、卫生、智慧旅游等十个方面的讲解培训，2021年底铁定溜溜成功获评4A景区。

铁定溜溜乐园全景图　　　　铁定溜溜乐园的花海溜溜

(二)乡村振兴行动规划实践

公司积极探索和开辟"行动规划"新领域,在充分把握传统规划设计的基础上,更加强调规划方案的可落地性、实施过程的可动态调整性,形成了以小区域开发为重点,融产业研究、空间规划、项目谋划、运营策划于一体的"行动规划"综合咨询,以期更加有效地适应区县层级和国企平台对规划咨询的实际需求。在党的十九大提出实施乡村振兴战略以来,温州以西部生态休闲产业带为主平台,以乡村振兴示范带建设为引领,率浙江省之先启动"两带"建设。温州市委、市政府关于全面实施乡村振兴战略高水平推进农业农村现代化的意见(2018—2022年)提出全力推动美丽乡村建设串点成线、串珠成链,高标准打造乡村振兴示范带。公司深入理解乡村振兴示范带建设理念,参与了多条乡村振兴示范带的创建规划工作,在洞头区两岸同心乡村振兴示范带规划咨询服务中,更是做出了"行动规划"初有成效的探索和创新实践。

1. 倡导建立乡村文化自信,科学确定乡村规划目标

在建设什么样的乡村的规划目标上,我们希望未来乡村真正成为人们安居乐业的家园,农业成为有吸引力的产业、农民成为让人羡慕的职业。首先倡导建立以村民为主体的村庄共同文化,如同企业文化一样,乡村文化一样是内在和传承,不是给外人看的,也不是赚钱的工具和手段,而是一种文化自信;在细分乡村产业赛道上,选择适合海岛现代乡村的收入多元化的渔业、旅游、农家院落经济等生产;在村庄建设规划上,强调低碳生态、健康生活的生态宜居模式。

2. 以空间风貌管控规划设计为重点,制定将空间规划落地的行动方案

一是紧扣"产业+旅游+文化+村居"四位一体,规划设计每一个花园村庄,全面彰显乡村的形态美、业态美、生态美。依托连线花园村庄,连片成景打造示范带。二是编制《项目库》,做好项目投资估算,落实资金要素配置。三是编制《项目建设指引》,加强落地指导,辅助后续建设项目方案审查,确保按照乡村振兴带规划管控的内容进行建设。

3. 规划实施与建设成效

一是生态修复蓝色海湾,渔村变花园,黄沙变黄金。得益于纳入洞头国家蓝色海湾整治项目,东岙沙滩作为洞头区首个沙滩整治修复工

洞头区两岸同心乡村振兴示范带

程,共修复沙滩面积1.84万平方米,岸线135米;韭菜岙沙滩修复面积9万平方米,岸线2.3公里,是浙南沿海最大的人工修复沙滩,沙滩的修复改善了渔村的生态环境,乡村旅游产业发展如火如荼,生态治理修复后的沙滩成为网红地标,东岙村也因此获评洞头区首个省级AAA级景区村。

修复前的东岙村沙滩　　　　　生态治理修复后的东岙村沙滩

二是101位知名设计师联袂使得石屋变银屋、渔村变文创。过去的金岙村房屋破旧,道路坑洼,村里的年轻人大多外出打工,只剩下老人和小孩在家。借助村庄整治和花园村庄建设工程的基础,台湾文创公司与金岙村两委共建文创产业,给古老的海岛石头屋注入了文化内涵和创新活力,经101位知名设计师联袂设计改造的海岛石头屋成了强村富民的金屋银屋,越来越多的村民参与到文旅产业,越来越多的外出打工年轻人回到家乡。

改造前的金岙村石头房　　　　改造后的石头房成为度假民宿和文创基地

三是渔民转产转业,"渔旅结合"奔赴共富。靠海而居,傍海而生,近海捕捞曾是洞头渔民千百年来"靠海吃海"的生计,近海资源的枯竭,靠海渔民面临极大的转产压力。旅游休闲产业的发展有效实现渔民转产转业,村人均收入2020年达3.8万元。传统渔业羊栖菜养殖扩容延伸,与休闲旅游业融合发展。传统渔村成为宜居宜业海湾,吸引了当初外出的年轻人回归和区外年轻人创业。

4. 延伸咨询服务助力东岙村未来乡村的创建

为加快推进共同富裕现代化基本单元建设、高质量发展建设共同富裕示范区,浙江省人民政府下发《关于开展未来乡村建设的指导意见》,指导未来乡村的建设。未来乡村建设是温州贯彻落实乡村振兴战略、实现共同富裕的决策部署,是立足城乡区域协调发展需求,从温州发展阶段和实际出发进行的一项开创性、战略性、引领性的重要举措。公司继乡村振兴示范带行动规划工作之后,继续延伸服务到未来乡村的规划建设方案编制和创建辅导,2021年编制了该示范带上东岙村的《东岙湾未来乡村建设方案》,以人本化、生态化、数字化为建设方向,以三基三主为建设核心,落地未来乡村九大场景,开展东岙湾未来乡村建设全过程咨询服务,东岙村入选浙江省未来乡村第二批试点。

(三)乡村振兴项目咨询实践

近年来,随着项目全生命周期、全过程工程咨询服务的推广,公司项目咨询服务在传统的项目可行性研究业务基础上,有了新的突破,开展了数十项重大资产项目的运营招商咨询服务,包括温州江心屿、五马街等温州地标级资产的运营招商综合咨询服务,运营招商咨询也覆盖到乡村层级的一些资产。公司在乡村振兴领域的项目咨询,除了传统的基本建设项目可行性研究外,还包括乡村振兴的综合性项目谋划、乡村资产利用以及运营招商综合咨询等。温州市龙湾区乡村振兴共同富裕咨询项目,就是一个从乡村振兴共富项目可行性总体谋划、到瑶溪村资产盘整和利用方案研究,再到资产的运营招商综合咨询的典型案例。

1. 总体谋划乡村振兴共富专项债项目

为深入实施乡村振兴战略,龙湾区立足基础,高起点谋划未来乡村、数字乡村、美丽乡村,发展现代都市农业,全力打造产业融合发展、乡村宜居、农业产业数字转型、民生幸福示范区和乡村治理的示范区。公司承担了龙湾区乡村振兴共同富裕项目的总体谋划咨询任务,从乡村基础设施提升、乡村生态环境整治、乡村公共配套服务、乡村产业共富发展等四个方面,对区域内资源要素进行整合,谋划总投资94.8亿元的乡村振兴共富项目,分三期实施,分三期编制可行性研究报告报批,项目获得了国家专项债支持。

2. 瑶溪未来乡村资产盘整和统筹谋划

瑶溪未来乡村是龙湾区乡村振兴共富项目一期工程中的子项目,也是温州市的未来乡村试点项目,决策阶段地方政府和项目责任单位即达成共识,对该项目的建设投资,要改变以往重投资、轻运营管理的理念,充分关注项目全生命周期中的运营板块,根据基础和现实条件,确定项目公开选择有运营管理能力的社会资本方参与到瑶溪未来乡村的运营当中。因此在共富项目工可审批之后,委托方即委托公司承担该项目的运营招商综合咨询。经调研发现,项目存在规划设计不落地、资产条件不清晰、法律漏洞风险大、发展诉求不明确、公共保障失效等诸多问题,我们以运营前置的思路,聚焦资产利用统筹总体方案,首先是做好资产梳理核实、评估及运营谋划,其次是开展规划设计评估审查,以期达到规划设计的可落地性,再就是编制业态引导方案,以期统筹协调资产利用的业态集聚性、市场灵活化和必需的公共保障。

3. 瑶溪未来乡村资产的运营招商咨询

在上述瑶溪未来乡村资产盘整和总体利用方案明确的基础上,开展未来乡村的运营招商综合咨询。主要的咨询工作可以分为咨询专题、协助谈判和招标代理。咨询专题的内容包括招商条件书、合作合同、招标文件等文书的编制、运营商背景调查;协助谈判和过程服务的工作包括开展招商路演,测试招商条件和合同条款设置的合理性,将市场反映情况反馈到决策方,确定招标条件,以公开交易的方式遴选运营商。目前该项目已顺利完成运营商的公开交易过程,中标运营商将全程参与到后续瑶溪未来乡村的有关设计和工程实施过程。我们期待这个项目能成为城乡双向流动、城乡融合发展的成功案例,社会运营资本方能够给瑶溪村这个历史悠久的乡村注入新的活力,与瑶溪村民共建共营现代化的新农村。

创新咨询思路打通乡村振兴项目融资"最后一公里"

四川泽世投资咨询有限公司

一、乡村振兴项目融资面临"三难"

乡村振兴是国家重大战略,但由于分散、零散,缺资金、缺项目前期谋划、缺担保抵押措施等,没有创新系统的一揽子咨询服务,项目融资面临"三难"(即融资主体准入难、项目准入难和担保抵押措施难,如图1所示)

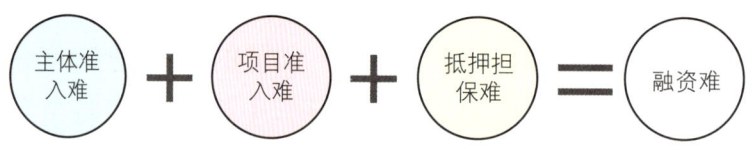

图 1 乡村振兴项目融资"三难"

(一)乡村振兴项目融资主体准入难

乡村振兴项目融资主体当前主要现状:

1. 乡村振兴项目融资主体组织化层级低。一方面,联产承包式的"小农"经济难以对接现代化的国际大市场;另一方面,专业合作社的"专合组织"层级难以对接金融机构政策性资金"活水"。

2. 乡村振兴项目融资主体法人主体资格准入条件差。家庭作坊、个人投资者、村、社集体经济组织很难符合金融机构的承贷主体准入要求。

3. 乡村振兴项目融资主体财务结构准入条件差。大多数主体不同程度存在资产量小、净资产不足,资产负债率高等情况。

4. 乡村振兴项目融资主体法人治理结构及组织体制机制欠完善。大多数主体都是家族企业或者"夫妻店",没有完善的法人治理结构和体制机制。

(二)融资抵押担保措施符合条件难

1. 基本农田、耕地、林地、园地的所有权属于村集体、而承包经营权质押在金融机构中还属于试行阶段,绝大部分金融机构不接受。

2. 农村集体建设用地直接入市政策仅仅在部分区域试点,尚未全面展开,与实践存在一定差距。

3. 生物资产的价值与应用尚未得到相关的重视和采纳。种猪、种羊、种牛、经济作物等经营性生物资产的价值还没有得到普遍重视,其收益权质押没有被大多数金融机构采纳。

4. 农村产权的房屋、建筑物等的权证和价值低,金融机构认可度很差。

5. 农村产权交易市场不完善、不活跃。

6. 政府性农担公司、商业性担保公司局限性较大,不能满足乡村振兴项目的担保需求。

(三)项目包装策划质量符合融资条件难

1. 不懂项目策划与包装,一些项目咨询成果没有从经济金融政策方面进行分析,不能对接相应的融资准入政策。

2. 项目策划包装不专业,项目名称、项目性质和建设内容不符合乡村振兴融资准入条件。

3. 项目投融资方案不深、不细、不准。项目收入来源、投资估算、财务评价、项目盈亏平衡点等不准确。

二、乡村振兴重点政策解读

(一)财政政策

在积极的财政政策要加力提效的前提下,重点用好政府债券,扩大有效投资。并明确了专项债券的支持范围:①高标准农田;②现代种业提升;③农产品仓储保鲜冷链物流;④现代农业园区;⑤农村人居环境整治;⑥乡镇污水处理;⑦智慧农业和数字乡村;⑧农业稳产保供;⑨种业创新提升;⑩农民生产生活急需;⑪农村基础设施升级;⑫村庄整治;⑬农业全产业链优质品种;⑭专用农资和基地建设;⑮返乡入乡创业园建设;⑯乡村产业及其他符合条件;⑰有一定收益的乡村公益性项目。

(二)货币政策及近期金融23条

在稳健的货币政策要精准有力,保持流动性合理充裕,加大对小微企业、科技创新、绿色发展等领域支持力度的总体要求下,中国人民银行、外汇管理局印发《关于做好疫情防控和经济社会发展金融服务的通知》,从支持受困主体纾困、畅通国民经济循环、促进外贸出口发展三个方面,提出加强金融服务、加大支持实体经济力度的23条政策举措。重点有:"对于受困人群,金融机构要灵活采取合理延后还款时间、延长贷款期限、延迟还本等方式予以支持,相关逾期贷款可以不作逾期记录报送。""支持地方政府适度超前开展基础设施投资,依法合规保障融资平台公司合理融资需求。因城施策,合理确定商业性个人住房贷款的最低首付款比例、最低贷款利率要求。支持房地产开发企业、建筑企业合理融资需求,促进房地产市场平稳健康发展。不得盲目限贷、抽贷、断贷。"等新提法。

(三)政策性、开发性金融工具

2022年6月29日国务院常务会议决定,运用政策性开发性金融工具,通过发行金融债券等筹资3000亿元,用于补充重大项目资本金或为专项债项目资本金搭桥。

农发行在高效完成农发基础设施基金第一期900亿元投放任务的基础上,从9月6日银保监会批复同意基金增资,到9月16日,仅用10天时间,基金第二期投放达到1000亿元,投向交通基础设施、能源基础设施、城乡冷链和重大物流基础设施、农业农村基础设施、社会事业、市政和产业园区基础设施、保障性安居工程、新型基础设施八大领域。

重大水利工程项目最长贷款期限可达45年;农村公路、特许经营等项目贷款最长可达30年。

(四)加大中央资金加大"三农"投入政策

农业农村部《关于做好2022－2025年中央预算内投资农业建设项目储备工作的通知》《关于做好2023年中央预算内投资农业建设项目前期工作的通知》指导各地各单位有序推进2022－2025年中央预算内投资农业建设项目储备,加快储备实施一批有利于稳经济、扩投资的重大项目,进一步做好2023年和今后一个时期中央预算内投资农业建设项目前期工作和项目储备。

对于直接投资类项目,前期工作包括可行性研究报告、初步设计的编制、评审及审批。

对于投资补助类项目,前期工作包括编制和核准项目实施方案,以及项目实施所必须办理的规划、用地、环评等前置手续。

对于整县推进类项目,还需要在编制子项目实施方案基础上,编制项目整体实施方案。

(五)以县城为重要载体的城镇化政策

2022年5月6日,中央两办印发《关于推进以县城为重要载体的城镇化建设的意见》,指出县域城镇作为我国治理结构最基本单元、城乡产业转接平台、农业人工业品下乡转接平台、教育医疗等公用社会事业服务基础平台的重要意义。《意见》深化体制机制创新,为县城建设提供政策保障:对新型城镇化以农村人口转移为核心的市政公用设施、公共卫生、环境卫生和城乡融合冷链物流、农贸市场等产业平台培育等"四大版块""十七大领域"提出了重点支持目标,建立多元可持续的投融资机制,根据项目属性和收益,合理谋划投融资方案,要求加强项目的要素保障,建立集约高效的建设用地利用机制,盘活存量,合理安排增量指标,鼓励长期租赁、先租后让、弹性年期供应等方式。

三、乡村振兴融资项目咨询策略

(一)创新培训型咨询模式

在乡村振兴咨询中,仅凭传统的工程咨询进行项目工作,是解决不了乡村振兴项目投融资的根本问题的,必须创新思路,不仅需要融资,更需要融智,还需要打通项目与政策对接的"最后一公里"。

总结咨询经验与感悟,专业咨询机构应发挥三大作用:

一是解读政策。"上不缺政策,下不缺项目",但往往政策与项目的对接就差"最后一公里"。通过讲座和培训,把党和国家的政策精准传导到每一个区域、每一个项目、每一亩田地。

二是出谋划策。发挥专业机构的专业能力为地方经济高质量发展出谋划策,尽可能把"不能"变成"能"。

三是把关守口。发挥专业机构的专业能力,降低和控制各种风险,对党和人民负责,对历史负责,对人类可持续发展负责。

(二)针对乡村振兴融资"三难"相关问题,对症下药,精准施策

1. 乡村振兴"资金池"的构筑

乡村振兴需要强大"资金池",主要包括财政资金(包括项目专项投资、资本金、专项补贴、贴息、专项债券等)、金融机构资金(即政策性银行资金)、社会慈善资金、民间闲散资金(含外资)、社会资本资金(含外资)五大部分。

构建乡村振兴"资金池"的路径和方法是:

以财政资金作为"药引子"和"指挥棒",发挥引领和主导作用,撬动政策性银行、商业银行资金,吸引社会资本、闲散资金和其他零星资金投入,形成一个多元化、多渠道的乡村振兴"资金池"。

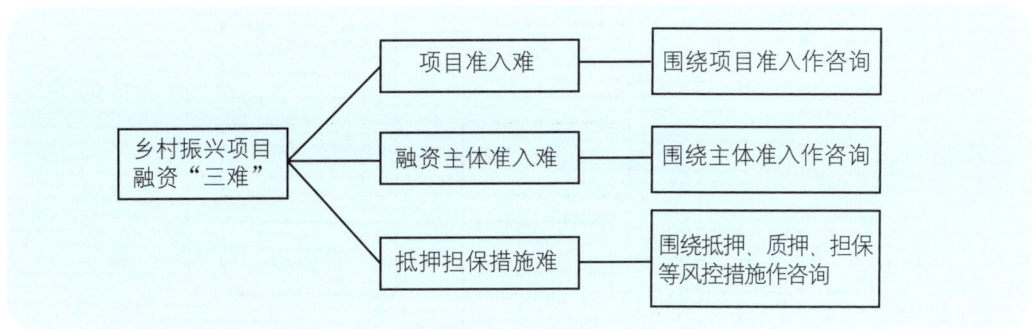

图 2　针对乡村振兴项目融资"三难"精准施策

2. 针对乡村振兴项目融资"三难"精准施策

一是项目准入难,则要围绕项目准入做咨询。咨询团队要高质量谋划乡村振兴项目,围绕项目的政策准入条件、产业准入条件、规划准入条件、用地准入条件、建设程序准入条件、环保等准入条件、资本金制度等要求,做深做细投融资方案,测算好财务现金流,投资收益自求平衡,增强项目的可融资性。(如图3所示)

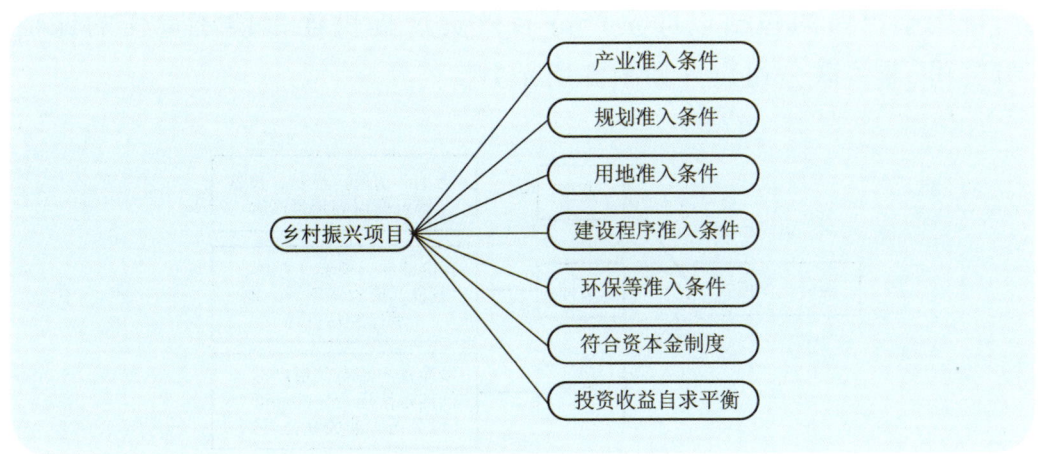

图 3　乡村振兴项目准入主要条件

二是融资主体准入难,则要围绕主体准入做咨询,围绕乡村振兴项目融资主体法人主体资格、良好财务状况(比如资产负债率低于70%、经营性和投资活动现金流为正、利润为正等)、法人治理结构完善组织机构健全、具备相应权益性资本、相应技术团队及营运经验等准入条件,增强融资主体的可行性。(如图4所示)

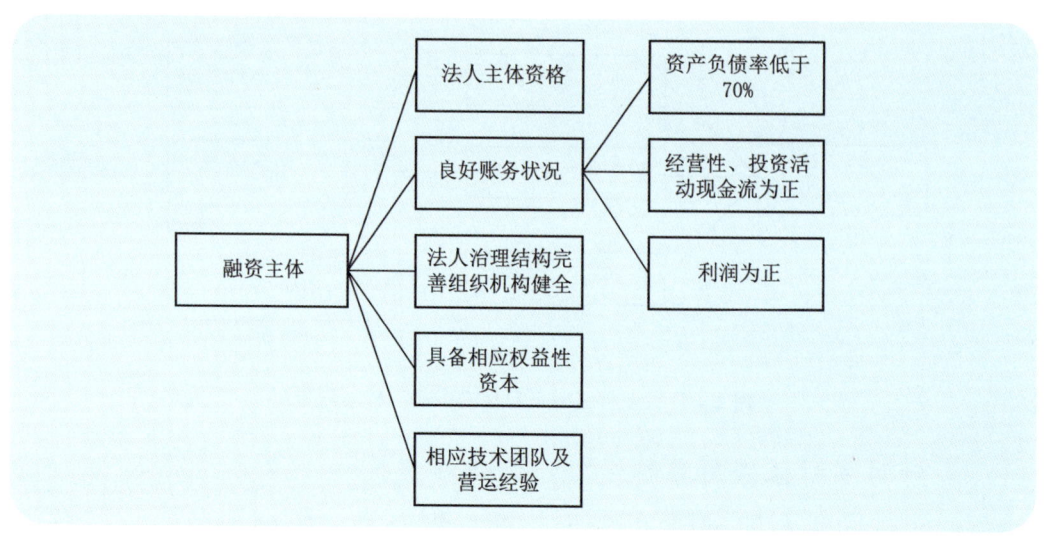

图 4　乡村振兴项目融资主体准入主要条件

三是抵押担保措施难,则要围绕抵押、质押、担保等风控措施做咨询。可用于抵押的包括土地,房屋,机器、设备等可变现固定资产等;可用于质押的包括有价证券、债券、存单、股权、应收账款、土地承包经营权等;可用于担保的包括以净资产等有效资产提供连带偿还责任的保证(母公司、非关联公司)。(如图5所示)

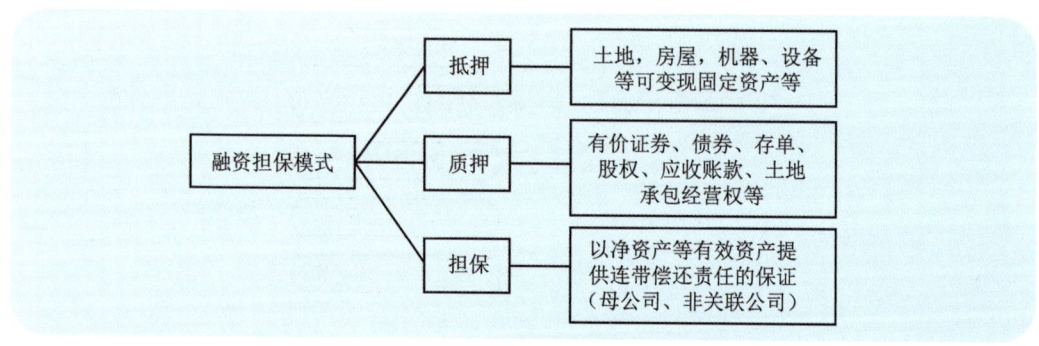

图 5　乡村振兴项目融资抵押担保咨询框架

(三)提前介入,打通项目与政策的"最后一公里"

1. 国家对工程咨询机构高质量发展的系列要求

高质量发展,需要高质量的投资,高质量投资,需要高质量的投资决策,高质量的投资决策需要高质量项目前期研究。

项目前期研究是一个由浅入深、逻辑严密、自我闭环的科学决策的系统工程,涉及政治、经济、社会、人文、生态、工程等专业领域。前期决策的正确与否对项目后期的投资成败起着关键性的作用。

项目前期研究,包括对投资机会研究,投资决策分析,项目建议书,可行性研究报告,项目初步设计及概算,项目施工设计及资金、建设、营运等全生命周期的研究。

《国家发展改革委关于进一步推进投资项目审批制度改革的若干意见》(发改投资〔2021〕1813号)要求:规范投资项目前期工作。修订印发投资项目可行性研究制度规范,落实遏制高耗能、高排放项目(以下简称"两高"项目)盲目发展、推进实现碳达峰碳中和目标要求,将用地用海和规划选址、节能、节水、环保等要求落实到项目可行性研究中;要立足我国国情,并体现投资高质量发展要求,研究借鉴将"环境、社会和治理"(ESG)等国际先进理念融入可行性研究框架体系,从源头上提高投资项目前期工作质量。

切实把好项目"准入关",涉及举债融资的项目,要将融资方案作为可行性研究论证重点,结合融资结构和项目收益来源,科学规划项目资金平衡方案。

2. 提前介入,打通项目与政策的"最后一公里"

根据国家发展改革委办公厅《关于进一步做好社会资本投融资合作对接有关工作的通知》(发改办投资〔2022〕233号),要求"对纳入投融资对接清单的投资项目,要充分发挥专业咨询机构力量,做深做细投融资方案,提升对接效率"。

四、乡村振兴项目融资案例分享

(一)以混改解决融资主体准入难案例——四川省凉山彝族自治州××供港果蔬基地项目

1. 项目所在地背景

(1)气候、海拔、土壤、阳光等植物生长"天然温床";

(2)全国著名深度贫困地区、习近平总书记重点关怀区域;

(3)政策倾斜度较大,地方营商环境良好。

2. 投资人背景

(1) 满腔热血的乡村振兴投资者；

(2) 具有学农、在农业科技相关部门工作经历的背景；

(3) 初具规模的"三农"为主业的××集团公司；

(4) 从事多年农村土地整理、乡村民宿、农业产业等从业经验。

3. 项目融资难的主要问题

(1) 主体准入问题：一是公司组织结构不够融资准入条件，二是资产负债、现金流等财务结构达不到融资准入条件；

(2) 项目准入问题：项目前期谋划散乱、产业链设计不够完善、投融资分析研究深度和精准度不够；

(3) 抵押担保措施：集团公司有1亿多应收款难以收回，但无法为融资进行质押担保。

4. 咨询切入点——抓住主体准入"要害"，建议并指导实施国有控股"混改"

(1) 股权架构国有51%，民营49%；

(2) 国有农投公司找到主业，利用民企技术、管理、营运优势效率；

(3) 民营企业解决了融资瓶颈和担保不足的问题；

(4) 更加引起地方政府重视；

(5) 创建了产业链示范和"大凉山果蔬出川入港"；

(6) 打造当地经济发展"绿色新引擎"，带动就业与脱贫致富。

5. 咨询解决融资难题的其他"一揽子方案和成果"

(1) 优化产业链方案，从种植、加工、储藏、冷链物流到市场；

(2) 完善了公司＋农户的产业带动模式；

(3) 优化建设内容，调整功能布局；

(4) 做深做细投融资方案和投资收益测算；

(5) 形成按股份比例国有企业担保＋加工园区土地及附着物等抵押方式形成全额本息风险闭环控制；

(6) 获得了农业政策性银行2.4亿元贷款支持，期限15年，利率低于商业银行同业。

(二)整合资源资产强化担保能力案例——四川省××县整合资源资产提升融资担保能力咨询案例

1. 项目咨询背景

(1)县域财政实力薄弱。2020年财政公共预算收入6.8亿,公共预算支出近20亿,主要靠转移支付保运转;

(2)国有企业总资产量小,资产负债率高,不具备融资能力也没有担保能力;

(3)地方经济发展压力大,资源资产整合度差。

这"三大问题"也是西部地区县域经济普遍存在的问题。

2. 咨询创新拓展

(1)抓住县域经济是乡村振兴突破口这一关键环节;

(2)开展政策性解读讲座,提供围绕投融资的法律、政策咨询;

(3)开展案例式对比启发,提供案例式操作依据;

(4)主动拟写"盘活资源资产咨询建议书"。

3. 盘活资源资产咨询思路

盘活资源资产思路框架应包含以下三部分:

(1)存量闲置固定资产,即闲置办公楼、堂、馆、所、教育、体育、健康资源等;

(2)自然资源资产,即闲置低效土地、林业、农业、水资源、矿产、旅游等;

(3)国有公共基础设施收费权,包括景区、停车场、公交线路牌、广告经营权、供水、污水排放、燃气管网、地下管廊等特许经营权。

4. 咨询成果

通过讲解、提供一揽子解决方案,获得县领导批准后,派出专业团队,经过资产梳理分类、产权确认、评估作价、资产划转、国有出资等合规程序,盘活了以下资源资产:

(1)存量国有投资的棚户区改造底商(临街商铺);

(2)部分闲置办公楼宇;

(3)国有林业资源(林权);

(4)地下沙石;

(5)水库、小水电;

(6)停车场。

通过价值评估,以上资产总价值达 40 多亿。通过合法合规合制出资程序,增大了国投、农投两大县级政府出资企业的总资产、净资产,降低了资产负债率,提高了融资能力和担保能力,打通了该县融资"瓶颈",同时也改善了投融资环境。

(三)精准策划项目融资案例——云南省××自治州旅游道路项目融资咨询案例

1. 项目所在地背景

项目所在地位于云南省西北部,滇、川、藏三省区结合部,是著名的"三江并流"(金沙金、澜沧江、怒江)世界自然遗产核心区,也是历史上西南"茶马古道"的要冲;拥有雪域高原、高山峡谷、大漠绿洲、民族风情、古城古村等,是一个融合了多种自然景观、多种民族文化风情的壮美神奇之地。英国著名作家詹姆斯·希尔顿在其长篇小说《消失的地平线》中,将她描写为东方群山峻岭之中的永恒和平宁静之地——"香格里拉"。

2. 项目建设需求的必要性与紧迫性

虎跳峡,是世界上著名的大峡谷,山高水险,因金沙江江水态势,瞬息万变,堪称世上罕见的山水奇观。风景虽美,但路难行。从虎跳峡翻哈巴山至白水台有两条路,一条从哈巴山东北侧经哈巴村到白水台,约需 1 天时间。另一条翻山越岭则需 3-4 天时间,将从海拔约 1700 米的下虎跳爬至海拔约 4750 米的哈巴雪山垭口。

打通虎跳峡至军马场这条交通要道,就可以解决这个区域的"行路难"。根据云南省和该州"十三五"交通规划及经济发展的客观需求,将对省道 S209 线进行改扩建。既能解决沿途四个乡镇沿线居住各民族的出行,又能将虎跳峡、哈巴雪山、白水台、普达措等重要景点与国家级、省级自然保护区河景区串在一起,既是生命线,也是致富线,更是可持续发展的乡村振兴线。

3. 项目投资与融资难的问题

(1)项目政府投资无钱,融资无收益来源。

该项目总投资 12.8 亿元,全长 170 多千米,除整合扶贫、涉农等资本金外还有 10 亿的资金缺口,2019 年全州累计地方公共财政预算收入 14.1 亿元,公共预算支出却要 171 亿元,钱从哪里来?

(2)项目公益性还是准公益性争议问题。

省道改扩建貌似"政府投资公益性项目",是否涉嫌隐债?一系列争议,政府投资确实没有钱。作为融资项目如何市场化?没有收费权哪有现金流?

(3)项目如何精准对接政策问题?

4. 咨询方案与成果

面对上述问题,我司从政府、企业、金融"三微视角"进行分析,精准施策,向地方政府、企业、银行提供了一揽子解决方案。

(1)此项目由政府主导,授权国有公司市场化运作;

(2)将单纯的省道改扩建匹配一定收益权,由公益性项目转变为准公益性项目;

(3)对标政策性银行"旅游扶贫"信贷产品;

(4)由政府向融资主体(国有企业)配置有效资产、景区收益权等资源,增加公司综合收益;

(5)与部分交通获益景区签订收益分成,增加现金流。

采用项目自身现金流+公司综合收益模式,达到了项目投资收益自求平衡,获得农业政策性银行10亿元旅游扶贫中长期贷款支持,期限15年,利率低于商业银行同业。

乡村振兴,是国家重点战略,面临的问题较多,情况复杂,资金缺乏,项目推进难度大,如果按照传统常规的咨询服务,难于满足乡村振兴投资、项目推进的需求。工程咨询机构有责任和义务开拓进取、创新思维,打通"最后一公里",用改革的办法解决发展中的矛盾和问题。用心、用激情、用情怀,学习政策、读懂政策、用好政策,提前介入项目对接,高质量推进孵化乡村振兴重大项目融资落地,为乡村振兴和地方经济高质量发展贡献力量!

探索乡村建设咨询新路子
做好项目咨询智力支撑好助手

中德高路咨询(云南)有限公司

云南省永胜县乡村振兴"美丽三川"田园综合体项目,中德高路集团作为工程咨询项目单位,完成了项目的实施方案和可行性研究报告。永胜"美丽三川"田园综合体总体空间布局为"一湖、两园、一区"。一湖即以翠湖为核心;两园即万亩荷园、千亩果园;一区即休闲体验区。2019年,三川镇入选全国产业强镇名单。2021年6月21日,永胜县"美丽三川"田园综合体被评审为云南省唯一的一个2021年国家级田园综合体试点项目,这也是全国13个国家级试点项目之一(13个试点省份,每个省份1个)。奖补资金1.5亿元。

麒麟区沿江乡村旅游区基础设施建设项目,本项目基于"绿色、现代、生态、休闲"的理念,将项目建设视为一个长效综合的整体,把资源的合理利用与环境保护结合,在经营中,紧系"农、旅、文"三大产业的国家级休闲农业综合体,将江、湖、山、城相互融合,发展现代休闲农业,带动东部城镇绿色产业发展。结合快速发展的旅游业,打造户外休闲乡村旅游,成为具有吸引力的城市新名片,新兴的休闲农业文化观光区,从而引领全新的生态绿色健康生活方式。麒麟水乡已成功创建为4A级景区,入选全国优秀旅游项目名录。

在这些成功的项目咨询中,中德高路集团咨询服务团队注重把控两个端口,第一个端口是策划端,第二个端口是市场端。

一、策划端

(一)农民是乡村建设中当仁不让的主体

村民是乡村振兴的主体,如何提高村民的收入、和村民建立起紧密的利益联结机制、发挥村民的积极性,是乡村振兴要重点解决的问题。村民只有参与到乡村建设中,更容易拥有主人翁意识,更愿意参与企业和集体的生产经营。

永胜县"美丽三川"项目,坚持姓农为农,促进农民富裕富足。完善利益联结机制,尽可能让农民参与乡村产业发展,通过集体经济、土地流转、订单农业、保底分红、增加就业等方式,让农民更多分享产业增值收益。通过实施高素质农民和返乡创新创业者培训项目、现代农业科技支撑项目、田园综合体品牌化提升项目,实现村民作为乡村建设主体参与到项目建设当中,项目建设以来,一二三产增加就业岗位2000余个,带动农户人均每年增收1235元。三川田园风光平均每年吸引游客前来观光旅游4万余人次,打开了永胜乡村振兴新路子。

2019年,麒麟水乡接待游客197.4万人次、旅游综合收入8488.18万元,带动当地农家乐、零售业等经济增收3000余万元,解决周边村民就业2000余人。项目建设以来,共带动周边居民就业1.2万余人次,带动经营农家乐21家、民宿2家,实现综合经济收入累计7000余万元,取得了良好的经济效益、社会效益和生态效益。

(二)聚焦产业找准产业发展方向

1. 一二三产协同融合

我国广大农村一二三产业融合发展程度较低,产业结构不合理,阻碍了现代农业的发展。产业融合度不高,链条短,附加值不高。产业及产业链条的建设离不开大量的项目赋能,项目的建设离不开资金的支持及多渠道的融资。以政策促产业补链延链强链,以集群项目孵化获取政策资金、银行资金及社会资金的注入,以项目的可持续发展促产业的壮大,以产业集群的发展促进乡村经济的发展。

策划项目必须跟着国家的政策走,对标政策,对标本省本县的"十四五"规划,聚焦市政府主导、早晚都要干的项目,挑选符合地方政府专项债、中央预算资金支持的范围,有序推进直至落地一些能支撑当地固定投资并惠及县域经济的项目。

永胜县"美丽三川"项目立足资源禀赋优势,聚焦"有生态、有特色、有基地、有规模、有主体、有业态、有市场、有品质、有智慧"九大要素,紧扣"促进农业高质高效,促进乡村宜居宜业,促进农民富裕富足"三大任务。坚持三产融合,做强高原特色现代农业,建设万亩荷园、建设千亩果园;做特农产品加工业,建设农特产品加工物流中心,深入推进深度开发,开发系列化的莲藕加工制品,培育创意加工;做优乡村旅游业,建设三川镇游客接待服务中心、建设翠湖核心区文化饮食主题街区、完善旅游导览标识及服务配套设施、建设三川航空运动基地、建设三川翠湖矿坑酒店、建设智慧化综合服务平台。坚持一二三产融合发展的路子,为三川镇乡村可持续发展提供了保障。

2.农旅融合构建全域旅游

麒麟水乡项目依托自然生态资源,结合农业产业发展优势,采取"内强外引"模式,成立区农旅投公司,负责全区农业旅游的开发建设;同时,加大招商引资力度,与联想佳沃等知名企业合作发展蓝莓、猕猴桃、荷花等规模化种植,努力打造"三花、三叶、三果"农业品牌,形成"十里荷塘,百里果香,千亩花海,万亩蔬菜"的立体农旅融合产业格局。发展乡村旅游为主线,着力打造"东山赏花海、越州摘蓝莓、潦浒玩土陶、茨营听彝歌、三宝泡温泉、沿江游水乡、珠街看古村、潇湘品鲜果"的链接四季、覆盖全域的旅游产业格局。

3.产业的植入必须结合各个村、镇的资源禀赋和实际情况,因地制宜

慎终如始,可持续发展,是产业/项目策划的必由之路。项目策划必须有产业的思维、多主体特别是龙头企业参与的思维、金融的思维、生产要素的思维、项目营收偿还项目建设本息的思维,配置并整合各类资源,以资源来换项目、找项目、选项目,实现项目落地、产业发展目的。

有什么资源?做什么(整合产业或功能定位)?怎么规划?谁来做(合作主体)?怎么做(商业模式)?钱在哪里(资金渠道)?如何建(建设

模式)？商怎么招(引进产业)？怎么运营(持续发展)？以上这些产业/项目策划九方面的问题，是全产业链项目策划中必须解决的问题，更是乡村产业植入、产业策划中应遵循的基本原则。

麒麟区自然资源丰富多样，总共有8大主类，21个亚类，46个基本类型。在项目策划中，我们通过对旅游资源与其同类型旅游资源的比较，分析得出麒麟区人文旅游资源的优势，为确定开发顺序提供较为可靠的证据，对于资源的开发及挖掘有重要的作用，因地制宜突出该区旅游资源的唯一性与独特性。依托自然生态资源，结合农业产业发展优势，采取"内强外引"模式，成立区农旅投公司，负责全区农业旅游的开发建设。围绕"吃、住、行、游、购、娱"六大旅游要素，建设游客综合服务区、情景体验亲水街区、田园艺术玩乐区、文化创意中心区、千亩荷塘游赏区、亲水游乐露营区、水乡康养度假区、有机农业发展区等八个功能区。

(三)采用统一的建设组织模式

乡村振兴项目一般都有投资规模大、周期长、涉及主体和环节多的特点。工程咨询只有提供全过程一体化的服务，坚持一张蓝图绘到底，每个乡村振兴采取"统一策划、统一资金筹措、统一建设、统一产业运营"的四统一模式，从源头上为项目落地及项目的可持续性发展打好基础。本项目由县政府授权，县财政局作为项目实施机构，永胜程海农业科技有限公司作为本项目建设、管理主体，负责田园综合体内土地的统一规划、开发和管理，配合有关部门搞好田园综合体内的招商引资、项目洽谈和投资项目的审查、报批，即从投融资到建设直至后期运营管理，全部由永胜程海农业科技有限公司一体化运作。其中，中德高路集团结合三川镇现有荷花、莲藕、软籽石榴产业及历史文化资源，前期策划研究，后期规划设计、试点申报等全过程一体化运作，将其打造成了国家级田园综合体试点项目。

(四)多渠道进行项目融资

兵马未动，粮草先行。但在乡村建设投入巨大，政府财政压力大、经济基础普遍薄弱、发展水平整体不高的广大乡村，要广泛依靠政府投资并不现实。同时，投融资方式已发生改变，资金渠道更加多元，"向书记市长要钱转为向项目要钱"。以前"重资金申报,轻项目落地;重建设、轻运营";"用钱意识强、还钱意识差"的观念进一步弱化,项目全生命周期的管控已成为市场的主流。

永胜县"美丽三川"项目总投资58264.59万元,按照多渠道的项目融资方式,项目建设中按项目不同类型、对应政策多渠道资金申请。项目有效整合各级用于推进农业农村发展的财政资金,切实加大政银合作力度,重点对辐射带动能力强、符合田园综合体规划和具有发展潜力的产业进行扶持。切实加大金融支农力度,努力通过政府投资、申请政府专项债券、民间投资、直接融资、资源换资、银行借贷、利用外资"多措并举",依靠产业发展等多种途径和方式,解决好田园综合体融资难题。特别是通过政府平台申报项目资金,企业实施建设项目,转变传统的财政资金投入方式,改变单纯依赖财政直接投入的做法,充分发挥财政资金对金融资本、社会资本的撬动作用,推动产业政策、财政政策和金融政策的衔接和联动。最终通过"县级财政已到位资金15000万元;申请上级资金15000万元(指田园综合体建设试点的奖补资金);整合部门资金900万元;县级财政资金4214.59万元;撬动社会资本及其他资金23150万元"五个融资渠道解决了乡村建设资金不足的难题。

(五)项目策划要注重"还钱意识"

国家严控地方政府债务以及防范金融风险已成为中央经济工作重点,财政部接连发布严厉监管新规,城投融资越扎越紧、政府债务管理再成焦点。政府持续减税降费,政府财力增长下降。管控地方政府隐性债务,融资平台举债搞基建受阻,禁止施工企业垫资建设,禁止银行违规放款。

乡村建设,对"基建狂魔"而言不是什么难事。但基建项目金额巨大,怎么"找钱",怎么早日落地开工,如何"花钱",如何"还钱",如何避让雷区,如何高效项目管理?是当下项目建设的最大需求。

龙头企业参与、未来的营收能平衡建设阶段的投入成为项目落地及可持续发展的关键。因此在项目策划阶段,就要把控好地方政府的经济环境,肥瘦搭配、以强补弱,以及挖掘、规划或构造项目经营性收入的能力。充分考虑偿还能力,识别和防控发行时收益不实、建设及运营期效率低下等风险,按偿还视角进行地方专项债项目全生命周期管理,并与滚动预算的编制、执行结合起来,与绩效评价结合起来,避免"花钱意识强、还钱意识差"的问题发生。

麒麟水乡项目围绕产业走,以项目自身收益支撑项目支出,达到以项目养项目,针对具体的产业链成立相应的投资企业,把各阶段参与主体(含建设、运营等)变成股东,把各方的投入变成股份,共担风险,共享收益。预测项目建成投入使用后,主要收入来源为门票收入、餐饮、纪念品收入、儿童游乐收入、婚纱摄影接待收入、游船收入、乘坐观光电瓶车收入、乘坐自行车收入、皮筏艇收入、垂钓收入、乘坐马车收入、彩色稻田观光收入、荷花种植衍生产品收入、荷塘稻花鱼收入、赛事、节庆、展览收入、酒店出租收入(酒店为建设单位全部建设完成,租用给酒店管理公司运营)、停车费收入、配套服务设施出租收入、广告费及其他收入等。未来营收能平衡建设阶段的投入。

从项目自身效益来看,经测算,项目自身可以实现现金流的平衡,财务上可以实现保本微利。项目全部投资税后内部收益率为8.49%,大于基准内部收益率(6%),税后净现值为24130万元,项目税后投资静态回收期9.20年,总投资收益率10年平均息税前4.78%。表明本项目的财务状况良好,能够满足经营要求;同时,财务净现值大于零,说明项目在财务上是可行的,投资在一定时间内有回收的可能。另外,项目在计算期间能维持资金平衡,且有一定的盈余,项目的现金流比较理想。计算期综合偿债备付率为1.17,项目具有一定的还贷能力。

(六)打造主导产业延伸产业链(一村一品)

三川镇把握国家级田园综合体建设历史机遇,持续延伸荷花产业链条,不断挖掘荷花文化资源,讲好"一朵荷花的故事",为三川荷花产业注入文化内涵,为三川田园综合体建设注入发展动能。为了振兴发展荷花产业,三川镇成立了荷花产业党支部,振兴发展荷花产业。镇党委副书记任支部书记,党支部以责任制落实、项目化管理等方式明确了支部22名党员政策宣传、技术指导、文明服务、管理服务、市场监督、秩序维护等工作,并量化到具体标准、细化到具体月份,以明责、确责、履责、考责、问责的责任管理体系推动荷花产业发展和基层党建深度融合、齐头并进。

现在荷花产业发展越来越好,每亩产值超过1万多元。

以"荷"做文章,延伸出旅游观光产业。"荷花节""三川荷花季"的成功举办,"荷"之韵的文化元素贯穿节庆全过程,无处不彰显三川"荷"的风情与内蕴。"荷花节"的举行,全面展现三川美丽的田园风光和丰富的文化旅游资源,以荷交友、以节招商,宣传绿色思想、传播生态理念、倡导湿地保护,进一步丰富三川的旅游文化内涵,有力推动美丽乡村生态观光旅游发展。以"荷"做文章,延伸出农产品种植采摘业。三川镇莲藕种植面积已经达到了1.6万亩,蔬菜莲藕种植规模基本与往年持平,而观赏性莲藕、蓬藕等品种根据全镇田园综合体建设的实际情况有所增加。采莲蓬、采荷花,荷花和莲蓬的单价在5元左右。以发展莲藕产业为切入点,使莲藕产业成为了全镇产值过亿的产业,"荷花"经济也为村民们带来可观的收入。以"荷"做文章,延伸出农家乐、饮食文化产业,三川人充分挖掘其价值,创新制作出荷叶茶、凉拌莲藕、油炸嫩荷叶、鸡蛋荷花卷、莲子炖猪脚等富有当地特色的美食。

二、市场端

(一)数字科技赋能拓宽销售渠道

通过数字赋能乡村发展,数字赋能乡村治理,数字赋能乡村服务,推进数字技术与农业产业的深度融合,不断优化乡村数字服务。永胜县"美丽三川"项目在数字赋能,市场端发力,创造收入方面有三大突破点:一是电商销售,链上增值。促进新一代信息技术与"田园综合体"的深度融合,实现农产品溯源管理和名品、名景、名店等资源全要素上线,推动旅游产品创新和营销创新。丽江三川实业集团有限公司建立了"线上线下相互补充,内贸外贸有机结合,传统营销与商家直供双线并举"的营销体系和稳定的销售渠道,自主研发的八大系列产品销往国际国内市场。在天猫、京东、苏宁易购、拼多多等电商平台设立了旗舰店或地方特色馆开展线上业务,上线运营了"苏宁易购-中华特色丽江馆""永胜消费扶贫馆"和"天猫-永胜原产地商品官方旗舰店""三川食品小程序商城"电商平台等,利用电商渠道,助推优质农产品上行。二是智慧旅行,提升游客满意度。实现"一部手机游云南"毛家湾、程海、三川慢直播上线平台接入;接入"一部手机游云南"平台,推进智慧厕所、景区景点解说、智慧停车等智慧旅游信息化设施建设,打造集宣传平台、导游导览平台、诚信平台、购物平台、投诉处理平台于一体的智慧化综合服务平台。三是品质提升,科技支撑。围绕重点产业,建立莲藕、软籽石榴等专家工作站,推广优质良种、病虫害统防统治、化肥农药减量增效及全程机械化应用技术,定期开展科技培训,提升农副产品的品质。以农产品加工关键环节为重点,运用新型实用技术以及先进加工技术,大力推广水稻流水线播种和暗化育秧技术,推进全镇水稻机械化插秧进程,今年,已经有3000余亩水稻采用了流水线播种和暗化育秧技术。申报"永胜软籽石榴"地理标识,尽早实现统一标识、统一品牌、统一包装。依托镇域莲藕、石榴等两个农业主导产业,加快全产业链、全价值链建设。如今在三川坝,乡村旅游正催生"美丽经济"。荷花、石榴、水稻、莲藕等特色农产品打响品牌,休闲生态旅游成为一张亮丽名片,一批新产业、新业态快速成长,乡村振兴正孕育蓬勃动力,农文旅融合发展的"交响曲"正渐渐响起。

(二)强化运营,确保农民增收

永胜县由县国有独资企业永胜县程海农业科技有限公司作为市场主体,负责实施"美丽三川"国家级田园综合体项目;引进陕西海升果业发展有限公司建设软籽石榴现代农业产业示范园;引进深圳百果园实业有限公司参与金沙江绿色经济走廊建设,成立丽江三川实业集团有限公司,成立农业综合开发有限责任公司……引进社会资本投资运营,构建利益联结机制,永胜把小农户带入现代农业发展大格局,让农民稳定长期合理分享全产业链的增值收益。

组建农机合作社、三川镇翠湖村委会锦优种养专业合作社、三川镇石榴合作社、三川镇榴园水果专业种植合作社、佳丰种养专业合作社、三元养殖专业合作社、丰旺种养殖合作等合作社,以"支部+合作社+劳动力收入""合作社+土地入股"等模式,通过土地流转后,农户的收入、生产方式、经营理念等都有了巨大转变。提高组织化,确保持续稳定增收。积极组织开展软籽石榴、沃柑等经济作物的种植技术和"庭院经济"的养殖技术培训。三川镇从清泉村的柑橘到睦科村的葡萄,从翠湖村的莲藕到兴文村的软籽石榴,特色产业带动三川经济发展和农民增收。在产业项目区,许多农户实现了在家门口上班,变成了"产业工人"。

三、几点感悟

感悟一,项目单位强有力的领导机构是项目成功的保证。

永胜县党委政府成立工作专班,分管副县长亲自抓,发改、财政、水利、农业、林草等委办局领导,三川镇政府主要领导分工负责,专人全天候坐班,随叫随到,衔接并及时提供项目策划九问中涉及的既有资料,夯实了产业项目策划的基础。

高路集团接受任务后,由规划业务部负责人任组长的领导组立即成立,抽调精兵强将成立项目组,"前店后厂"工作机制立即启动,专家顾问组也随之而开展工作。

感悟二,县域经济的发展需要大量项目的支撑及赋能。

三川田园综合体(1.5亿元奖补)项目的建成,三川镇城镇建设将跃上新的台阶。加上既往的地方政府专项债18个项目19.61亿元,永胜县文化教育园区、美丽县城等4个PPP项目35亿元的社会资金,永胜县城镇化建设、城乡融合发展、乡村振兴发生了翻天覆地的变化,高路人在永胜经济社会的发展进步中成长。

感悟三,重视绿色发展,强化"两山"思维。

云南的自然资源丰富,乡村振兴要充分发挥绿水青山就是金山银山的作用,化"绿色限制"为"绿色经济",因地制宜让经济"踏绿而来",走绿色发展道路,助力乡村振兴。盘活山水林田湖草沙生态资源,发掘休闲、文旅、康养等多重生态价值,推动乡村生态产品向绿色、低碳、循环方向发展。特别是,深入推进绿色生产方式转变,在产业发展政策上做好"专、准、新、特"文章,大力发展EOD模式。

感悟四,项目策划储备与申报要提前进行谋划。

国家级田园综合体建设试点创建由省级财政部门在择优立项的基础上,将审核通过的田园综合体实施方案报财政部。

田园综合体创建要符合以下基本条件:一是项目选址合理。二是规划及用地条件合规。三是农业生产条件与建设条件合适。四是要具有较好的田园综合体创建基础。五是地方党委政府高度重视。六是功能定位准确。七是投融资机制健全。八是运行管理顺畅。

项目申报成功的关键点在于：一是有强有力的领导组织机构；二是政策对口支持；三是属于政策窗口期；四是有专业机构力量支撑。

感悟五，工程咨询机构助力乡村振兴应在培训宣讲方面发力。

乡村振兴项目多、实，业主缺乏经验。工程咨询机构可以通过政策宣贯、乡村振兴项目策划授课、涉农项目融资、策划、乡村振兴成功案例分享等方式来助力乡村振兴。截至2022年8月，中德高路作为业主单位的智力支持助手，倾囊相助，通过培训宣贯，累计开展各类培训近八十次、万人规模，为近50家地方政府、企事业单位、金融机构、央企国企提供了乡村振兴相关的培训宣讲。累计完成乡村建设类、涉农类咨询服务超150项。

附件1 永胜县乡村振兴"美丽三川"田园综合体建设试点项目

一、项目概况

永胜县属国际知名旅游城市丽江市下辖县，西与世界文化遗产丽江古城、国家级风景名胜区玉龙雪山仅一江之隔，车程1小时，北与宁蒗泸沽湖一衣带水，南与国家历史文化名城大理山水相连，东靠西部最大城市群成渝地区，是边屯名郡，伟人先祖故里。贯穿东西南北的三条高速公路在永胜交汇，使永胜成为进川入藏的交通要塞和滇西北的交通节点，永胜到丽江和大理两大旅游目的地的时间都在1小时经济圈内，发展旅游自带流量。

项目位于永胜县三川镇，至丽江城区和永胜县城车程半小时。三川镇素有"滇西北粮仓""鱼米之乡"等美誉，2019年入选全国产业强镇建设名单。稻田千顷、荷塘万亩、瓜果飘香、小桥流水、白鹭纷飞、宁静祥和，看不尽的风光，尝不尽的美食，解不尽的乡愁。

项目选址于永胜县三川坝,四面环山、集中连片、边界清晰、相对独立,总规划面积18.7平方公里(约28000亩),核心区规划面积5.7平方公里(约8600亩),项目总投资58264.59万元。

二、发展目标及定位

紧紧围绕"一年见雏形、两年出成效、三年全面完成"的总体目标要求,通过3年的努力,将"美丽三川"建设成为"生态优、环境美、产业兴、消费热、农民富、品牌响",集"一流产业基地+乡村旅游+美丽乡村"于一体的国家级田园综合体。

三、策划思路

我们认为,田园综合体核心是"为农",特色是"田园",关键在"综合",特别是一二三产业的融合。立足资源禀赋优势,聚焦"有生态、有特色、有基地、有规模、有主体、有业态、有市场、有品质、有智慧"九大要素,紧扣"促进农业高质高效,促进乡村宜居宜业,促进农民富裕富足"三大任务,既尽力而为,又量力而行,求好不求快,干一件成一件。

(一)坚持三产融合,促进农业高质高效

做强高原特色现代农业,做特农产品加工业,做优乡村旅游业,完善产业发展配套基础设施,贯通产供加销,融合农文教旅,实现一二三产业深度融合。

1. 做强高原特色现代农业

在保障粮食安全的前提下,按照"大区域谋划、大产业构建、大集团引领、大项目支撑、大市场运作"的现代农业发展要求,加快土地集约化经营、产业集群式发展、资源循环式利用,培育壮大莲藕、水果两大产业。

建设万亩荷园,其中以翠湖为核心建设以保护白鹭、大雁等野生动物的观赏荷花0.5万亩,辐射带动0.7万亩荷花种植提质增效。建设千亩果园,形成以软籽石榴为主的水果采摘园3000亩,发展采摘农业,让

游客参与农事体验。

2. 做特农产品加工业

统筹发展农产品初加工、精深加工和综合利用加工，推进农业循环化和农产品多元化开发、多层次利用、多环节增值。粮食等耐储农产品，重点发展烘干、储藏、脱壳、去杂、磨制等初加工，实现保值增值。

水果等鲜活农产品，重点发展预冷、保鲜、冷冻、清洗、分级、分割、包装等仓储设施和商品化处理，实现减损增效。深入推进深度开发，创新运用超临界萃取、超微粉碎、生物发酵、蛋白质改性等技术，提取营养因子、功能成分和活性物质，开发系列化的莲藕加工制品。培育创意加工，打造一批市场需求大的特色商品，重点打造一批"后备箱""伴手礼"旅游产品。

建设集收购、分拣、包装、加工、冷藏、仓储于一体的农特产品加工物流中心，总用地面积100亩。

3. 做优乡村旅游业

坚持以农耕文化为魂，以生态农业为基，以古朴村落为形，以创新创意为径，大力发展乡村旅游业，拓展农村产业融合发展新空间。

建设三川镇游客接待服务中心。含特色餐厅、土特产商店、停车场、旅游公厕，用地面积100亩，建筑面积3500平方米。建设翠湖核心区文化饮食主题街区。打造一条展示非物质文化遗产、饮食文化、手工艺、文创产品、野外写生、音乐主题街区。完善旅游导览标识及服务配套设施。建设高速路下口及沿中泥河观光走廊旅游一、二级导览标识体系；新建驿站、观光走廊观景休息亭、沿途垃圾果皮箱等。建设三川航空运动基地。建设以航空运动营地为主，结合水上运动营地、山地运动营地、汽摩运动营地以及相关配套营地在内的户外运动生态园。建设三川翠湖矿坑酒店。利用翠湖观景台东面5公顷的废弃采石场，结合当地现状，打造高端野奢特色矿坑酒店，并增设极限运动、探险等特色项目。建设智慧化综合服务平台。实现农产品溯源管理和名品、名景、名店等资源全要素上线。

(二)坚持乡土特色，促进乡村宜居宜业

突出乡土特色和地域特点，按照适度超前、综合配套、高效利用的原

则,加强田园综合体区域内"田园＋农村"基础设施建设,建设"两宜四好"的美丽乡村。结合实施乡村建设行动,加强污水处理、道路桥梁等公共基础设施建设。

1. 美丽乡村风貌提升项目

对翠湖村、普枫村、中洲村进行建筑风貌改造提升,打造民宿民居,并对村庄进行绿化、亮化。

2. 生态休闲公园和面山生态修复

建设一个集景观、游览休憩为一体的生态休闲园,占地面积500亩。

对田园综合体面山部分区域进行生态修复,总面积约1000亩。

3. 相关基础设施

加强田园综合体区域内"田园＋农村"基础设施建设,建设"两宜四好"的美丽乡村。

(三)坚持姓农为农,促进农民富裕富足

完善利益联结机制,尽可能让农民参与乡村产业发展,通过集体经济、土地流转、订单农业、保底分红、增加就业等方式,让农民更多分享产业增值收益。加强高素质农民和返乡创新创业者培训。加强现代农业科技支撑。加强田园综合体品牌化提升,打造一批有影响力的区域公用品牌、企业品牌和产品品牌。

(四)运营机制

永胜县财政局作为本项目实施机构,永胜程海农业科技有限公司作为本项目建设、管理主体。后期根据田园综合体实际情况和发展需要,永胜程海农业科技有限公司可与国内外知名企业,共同组建项目公司(SPV),依法依规对项目进行建设管理。

美丽乡村风貌(一)

美丽乡村风貌(二)

美丽乡村风貌(三)

附件2 麒麟区沿江乡村旅游区基础设施建设项目

一、项目概况

项目总用地面积8672.85亩,本项目建设内容主要包括①景区观赏荷塘及基础设施建设(一期);②景区公共服务基础设施建设(二期);③景区公共服务基础设施建设(三期)。项目总投资173569.45万元,资金筹措方式为自筹资金、债务融资,资金来源有保障。

二、发展目标及定位

将麒麟水乡打造成为集田园休闲、亲水游乐、乡村文创、生态度假、山地运动等功能于一体的西南地区最具影响力的水乡田园综合体、复合型生态湿地公园、农旅文融合发展示范区及旅居生活目的地。

发展定位为"昆曲最美田园水乡,麒麟城市休闲客厅",品牌定位为国家5A景区。

三、项目业态布局

景区观赏荷塘及基础设施建设(一期),实施观赏荷塘水生植物种植工程、基础设施及公共服务设施;景区公共服务基础设施建设(二期);景区公共服务基础设施建设(三期)、水乡康养度假区、景区基础设施及公共服务设施建设工程。

麒麟水乡景区打造等八个功能区,着力构建以田园休闲、亲水游乐、乡村文创、生态度假、山地运动为五大特色的产品体系。根据资源特点和规划项目,划分为八个功能区:

文化创意中心区:主要包括水景演艺中心、文创基地等项目,打造以水乡创意示范集聚区。游客综合服务区:打造田园水景观赏区、旅游服务集散区和旅游休闲商业集中区。情景体验亲水街区:改造提升东部入口区功能,结合新圩八组九组搬迁和南盘江绿廊的建设,打造新型水乡生活亲水街区,包括部落奇境、爨史风云和明清故事三个主题组团。田园艺术玩乐区:打造田园艺术景观、婚摄基地、垂钓乐园及大地景观和小品等,是水乡田园生态风貌的展示区和玩乐区。千亩荷塘游赏区:重点打造千亩荷塘、精品荷花园、皮划艇俱乐部、水上迷宫等项目,完善栈道、观景平台、休憩廊道公共服务设施。亲水游乐露营区:打造亲子露营、儿童水乐园、儿童素质拓展等丰富多彩的儿童户外游乐区。水乡康养度假区:建设水上飞机候机区、油库、精品度假酒店、休闲商业及水乡花巷等内容。有机农业发展区:将麒麟水乡所有稻田整合起来打造水乡有机农业产业,并配套建设有机农业品牌管理中心、荷花精油康养、旅游新村、立体农庄、现代农业体验等项目。

麒麟水乡

专题研究四、中国工程咨询协会成立 30 周年

中国工程咨询协会成立 30 周年
奋力推动行业高质量发展

中国工程咨询协会　人民日报专题报道

1992 年 12 月 25 日,中国工程咨询协会(简称"中咨协会")在北京成立。30 年来,中咨协会牢牢把握中国特色社会组织基本特征,以保持和增强服务性、专业性为基本要求,牢固树立新发展理念,主动作为,团结奋斗,努力在"为政府为社会服务、为会员为行业服务"上,履行自身职责和使命。

一、顺应改革而生规范行业市场

改革开放前,我国工程项目的建设前期工作主要围绕设计任务书开展,工程设计单位承担着建设前期工作论证任务,为项目决策服务。此时尚未产生"工程咨询"概念。

改革开放后,利用外资、技术引进和设备进口项目数量快速增长,引发了大量对编制项目建议书、可行性研究报告的需求,国内开始出现一批专门为利用外资、技术引进和设备进口项目提供编制项目建议书、可行性研究报告服务的工程咨询公司。

1983 年 2 月,原国家计委发布《关于建设项目进行可行性研究的试行管理办法》,推进国内投资项目实施可行性研究制度。1984 年 11 月,国务院正式提出要组建工程咨询公司,并明确工程咨询公司以工程建设前期工作的经济技术咨询、可行性研究、项目评价以及利用外资的有关工程咨询业务等工作为主,有条件的也可以承担设计和工程承包任务。为尽快适应市场经济体制改革,健全投资决策机制,提高科学化、民主化决策水平,从1986年开始,新上的大中型基本建设项目和限额以上技术改造项目,须由原国家计委委托有资格的咨询公司进行可行性研究报告的评估后,才能决定是否纳入国家计划。自此,投资建设项目"先评估、后决策"制度形成。

我国投资决策制度的改革,催生工程咨询机构如雨后春笋般涌现,同时,对于如何规范工程咨询市场提出新的需求。1992年12月,由100多家工程咨询机构发起、经民政部注册登记,中咨协会成立,主管单位为原国家计委。中咨协会在石化、电力、水利、水电、冶金、有色、农、林、环保、机械、化工、轻工和电子等17个行业分别设立了专业委员会或行业分会。各省、自治区、直辖市、计划单列市和新疆生产建设兵团也相继成立工程咨询(行业)协会。工程咨询行业组织网络逐步形成。

二、紧跟时代步伐实现跨越发展

中咨协会成立后,中国工程咨询业迎来了若干重要时刻。

1994年4月,原国家计委发布《工程咨询业管理暂行办法》和《工程咨询单位资格认定暂行办法》,明确了工程咨询业的地位、作用和业务范围,提出了咨询服务实行合同管理、公平竞争、合理收费以及工程咨询单位资格认证等重要制度。

1996年9月,经国务院有关部门批准,中咨协会正式加入国际咨询工程师联合会(FIDIC,菲迪克)。

1996年,经原国家计委同意,中咨协会成立专家学术委员会,并首次组织开展"全国优秀工程咨询成果奖"评选。

2000年9月,《中国工程咨询》杂志创刊,并经科技部和原国家新闻出版署批准在国内外公开发行。

2000年10月,"中国工程咨询网"创立,作为工程咨询行业信息发布的窗口和交流的平台。

2001年,原人事部、原国家计委联合印发《注册咨询工程师(投资)执业资格制度暂行规定》和《注册咨询工程师(投资)执业资格考试实施办法》,个人执业资格制度建立。

2001年,中咨协会编写出版《工程咨询业质量管理导则》,建立国际通用的规范化质量管理体系,指导工程咨询企业加强工程咨询质量管理,更好为我国社会主义现代化建设服务。

2004年4月,首次开展注册咨询工程师(投资)执业资格全国统一考试。

2004年6月,国务院将工程咨询单位资格认定、咨询工程师(投资)资格认定列入予以保留的事项并设定行政许可,确立了这两项工程咨询执业资格的合法性和权威性。

2005年9月,中咨协会会同北京市人民政府和菲迪克在北京成功举办主题为"工程咨询业——全球领导作用"的菲迪克年会。中咨协会获得行业杰出贡献和菲迪克2005年北京年会成功组织表彰证书。

2010年2月,国家发展改革委发布《工程咨询业2010—2015年发展规划纲要》。这是我国政府首次发布的指导工程咨询业健康发展的纲领性文件。随后,在2016年、2021年,中咨协会印发两个五年行业发展规划指导性文件,为规范和促进行业发展、引导市场主体行为提供指导。

2012年12月,国务院发布《服务业发展"十二五"规划》,第一次将工程咨询单列并明确为生产性服务业。《规划》提出:"完善市场机制,鼓励工程咨询单位深化体制机制创新,形成以企业为主体的工程咨询服务体系。规范市场准入,建立统一规范的职业资格制度和行业管理体系,鼓励和引导民间资本进入工程咨询领域,支持工程咨询机构为民间投资提供服务。加快工程咨询业务结构调整,促进工程咨询全过程协调发展。加强投资建设项目策划、准备、实施、运营、评价各阶段咨询服务能力建设,提高咨询服务科学水平,推进工程项目全过程管理,充分发挥工程咨询服务业在投资建设中的关键作用。在全行业倡导诚信为本、廉洁高效的工程咨询理念,坚持独立、公正、客观、科学原则,加强行业自律。扩大工程咨询在统筹城乡发展、新兴产业、资源能源综合利用以及环境保护与生态建设等领域的服务范围。培育一批具有国际竞争力的企业,培养一批具有国际视野、熟悉国际惯例的人才。"

2013年9月,国际咨询工程师联合会(菲迪克)在西班牙巴塞罗那举办百年庆典大会,首次开展"菲迪克百年工程项目奖"评选和颁奖典礼。当年我国有13个项目获得菲迪克百年重大工程项目杰出奖和优秀奖,3名咨询工程师获得菲迪克百年优秀咨询工程师奖。截至目前,中国工程获菲迪克工程项目奖实现"九连冠",向世界展示了中国咨询、中国技术、中国标准、中国质量,彰显了我国在工程咨询理念、技术创新和高质量发展方面的卓越成就。

为全面系统总结行业发展现状、把握行业发展规律、展望行业前景,中咨协会组织编写并发布《2017年中国工程咨询行业发展报告》,实现了工程咨询行业发展报告零的突破,之后连续编写发布2018至2021年度行业发展报告。

2021年10月,国家市场监督管理总局和国家标准化管理委员会发布《中华人民共和国国家标准化指导性技术文件—工程咨询基本术语》(GB/Z40846-2021)。这是工程咨询行业第一个国家标准。

三、激发澎湃动能积极履职尽责

党的十八大以来,中咨协会紧扣时代脉搏,坚决贯彻落实党中央决策部署,印发一系列文件,推动工程咨询业转变理念、深化改革、创新发展,加快我国工程咨询行业智库建设,更好发挥工程咨询在共建"一带一路"、国际产能合作、对外援助中的作用,加快推动我国工程咨询机构"走出去",向更高层次、更高水平、更宽领域发展,打造行业诚信体系,着力解决行业突出问题。

2022年2月,中央和国家机关行业协会商会第六联合党委在中咨协会召开成立大会,第六联合党委由中咨协会、中国中小企业协会、中国产业海外发展协会等23家协会商会组成。

中咨协会把党建工作要求写入章程,健全党组织参与重大问题决策、规范管理的工作机制,落实党组织班子成员与管理层双向进入、交叉任职。

中咨协会积极落实民政部、国家发展改革委的要求,在"我为企业减负担"专项行动中,担当作为,主动加大会费减免力度,为助企减负纾困作出积极贡献。因表现突出,2022年11月得到民政部社会组织管理局通报表扬。

此外,还积极筹措资金,先后向河北临城县、新疆和田地区、四川叙永县、河南新乡市等地捐款,用于改善当地办学条件、易地扶贫搬迁和灾后重建工作,并义务为西藏和新疆地区基础设施建设提供咨询服务。

迈上新征程,中咨协会将踔厉奋发、勇毅前行,坚守为我国工程咨询行业全心全意服务的职责使命,奋力谱写推进我国工程咨询行业高质量发展的新篇章。

服务重大战略　助力国家建设
——记中国工程咨询行业40余年砥砺奋进

人民日报

有一个行业,你可能很少听过它的名字,但是它参与的工程和项目你应该不会陌生,南水北调、西气东输、京沪高铁、港珠澳大桥、北京大兴国际机场、雅万高铁、卡塔尔世界杯卢塞尔体育场……

有一个群体,你可能对他们不熟悉,但是这个群体规模超过360万人,遍布于农业、林业、水利、能源、交通、电信、生态环境等国民经济和社会发展的各个领域。

这个行业,就是中国工程咨询行业;这个群体,就是中国工程咨询人。因为工作专业性比较强、处于工程和项目前端,工程咨询行业有些不那么受人关注,但正是这样一批"隐性力量",40多年来在经济社会发展中发挥了规划编制、咨询评估、决策建议等至关重要的作用,助力着国家重大战略决策和重大工程项目的"显性成就"。

一、"先评估,后决策",建立全国性行业组织网络

我国的工程咨询行业,在1981年就开始了布局。当时,为适应改革开放和基本建设需要,国家有关部委的17个专业工程咨询公司相继成立。

几年后,考虑到当时基础工程建设工作中存在前期调研与设计工作的欠缺,为了避免行政部门独立决策时出现不科学、不专业的问题,原国家计委提出,对基本建设大中型项目和技术改造限额以上项目,决策前要由咨询公司先行评估,从此,"先评估、后决策"成为项目建设的一项重

要制度,工程咨询机构开始正式肩负起为国家建设和社会经济发展提供专业服务的使命。

应改革而生,因发展而兴。40余年来,我国工程咨询行业不断发展,行业规模持续扩大,专业技术人才队伍稳步增长。截至2022年12月底,全国投资项目在线审批监管平台备案工程咨询单位有33079家;其中甲级资信单位2030家。平台备案单位职工总人数为369.5万人,其中专业技术人员93.4万人。

"1992年对我国工程咨询行业来说,是具有标志性意义的一年。"中国工程咨询协会会长肖凤桐介绍,这一年12月,由100多家工程咨询机构发起、经民政部注册登记的中国工程咨询协会成立,"这标志着经过10余年的发展,我国工程咨询行业有了正式的行业自律和管理组织。"

随后,中国工程咨询协会在17个行业中设立了专业委员会或行业分会,地方性工程咨询(行业)协会相继成立,工程咨询机构自发组织形成区域性工程咨询协作网,积极交流工作经验,一个覆盖各行业、各地区的全国性行业组织网络逐步完善成形。

30年来,中国工程咨询协会影响力越来越大,越来越多的工程咨询单位和个人加入进来。"多年来,我们参与了大量教育部直属高校投资项目的咨询评估工作,在技术、经济等方面发挥审核把关作用。期待加入中国工程咨询协会,以获得更好的学习与交流机会,对标行业最前沿,持续为社会事业发展贡献力量。"2022年,天津大学建筑设计规划研究总院有限公司成为中国工程咨询协会会员,公司副总经理谌谦入会时说。

西安热工研究院有限公司多年来为我国能源发展提供咨询服务,也于2022年成为中国工程咨询协会会员。公司党委书记、董事长苏立新表示,公司将结合我国工程咨询业新发展新要求,不断提升工程咨询工作水平,自觉遵守行业自律公约和职业道德准则,为实现"3060"目标和高水平科技自立自强作出新的更大贡献。

二、服务重大战略和决策部署,发挥在投资建设中的关键作用

"工程咨询业是智力型服务行业,运用多学科知识和经验、现代科学技术和管理方法,遵循独立、科学、公正的原则,为政府部门和投资者对

经济建设和工程项目的投资决策与实施提供咨询服务。"1994年4月,国家计委发布《工程咨询业管理暂行办法》和《工程咨询单位资格认定暂行办法》,明确了工程咨询业的地位、作用和业务范围,提出了咨询服务实行合同管理、公平竞争、合理收费,以及工程咨询单位资格认证等重要制度。

近30年来,虽然管理机制变化、新办法出炉,但这两个重要文件依然深远地影响着整个行业,工程咨询行业的初衷从未改变,始终不渝服务重大工程,服务国家重大战略和决策部署。

——服务重大基础设施。以建设"系统完备、高效实用、智能绿色、安全可靠"的现代化基础设施体系为己任,发挥工程咨询专业智库优势,数字化赋能重大项目建设,攻破工程决策、实施和运营中的各种难题,创新投融资模式,提升基础设施保障国家战略安全、人民群众生命财产安全以及应对自然灾害等的支撑能力。

——服务脱贫攻坚。全力服务党和国家工作大局,坚持以人民为中心,主动承担社会责任,立足本职,做好咨询服务工作,以有效投资、精准投资带动经济社会发展,以科学制定规划为脱贫致富谋划可行路径,并力所能及的解囊相助,充分履行社会责任。

——服务乡村振兴。一批工程咨询单位深入开展乡村振兴相关研究,开展实地调研和访谈座谈,做好乡村振兴战略中的产业扶贫、乡村振兴指标体系、城乡融合发展等研究,承担相关规划编制和项目咨询等任务。

——服务区域发展。从区域的现实条件出发,发挥工程咨询专业优势、人才优势,为区域发展建言献策,做出前导性、综合性、专业性的规划方案,推动区域优势产业发展,推进重大项目投资建设,助推区域进一步改善民生和经济社会高质量发展。

——服务共建"一带一路"。推广中国工程咨询技术标准,树立咨询品牌,变"中国制造"为"中国创造",增强中国工程咨询业在国际业界的话语权;充分发挥上游切入的咨询、规划、设计引领作用,积极推动国际工程项目合作、基础设施互联互通、"经济走廊"和大通道建设等。

"工程咨询行业要坚持与发展具有中国特色的工程咨询事业,胸怀'国之大者';自觉把思想和行动统一到党的二十大精神上来,牢固树立

'为政府为社会服务、为会员为行业服务'的理念,自信自强,守正创新,求真务实,勇于担当,增强责任感和使命感,凝聚行业力量。"肖凤桐说。

三、积极开展业务创新,打造新的增长点

北京国金管理咨询有限公司承担了"香山革命纪念馆"全过程工程咨询任务,这是北京市政府首个实行全过程工程咨询模式的项目;中国中元国际工程有限公司成功参与国家超算深圳中心项目、亚洲气候变化监测和预测中心项目等重点工程的建设,在新基建浪潮下"乘风破浪";晨越建设项目管理集团股份有限公司承担投资建设四川大剧院的全过程工程咨询服务,强化全产业链整体把控;林同棪国际中国公司将数字化全过程工程咨询服务内容纵向深入到投资决策咨询及运营维护阶段……

2017年2月,国务院办公厅发布的《关于促进建筑业持续健康发展的意见》提出"培育全过程工程咨询",推动工程咨询行业优化资源配置,提升全生命周期服务能力。工程咨询行业在业务开发上积极探索,大力发展全过程工程咨询,打造行业发展新引擎。

中国工程咨询协会2021年度行业统计样本数据显示,全过程工程咨询营业收入占所有业务收入的比重为19.26%,全过程工程咨询项目已涉及大数据中心、公路、铁路、剧院、未来社区、医院、市政等新型基础设施建设、交通、民生等诸多领域。

除了全过程咨询,工程咨询行业还在数字经济、新基建、"双碳"、投融资等方面积极探索创新,打造行业新的增长点。

2022年11月,第五届"绽放杯"5G应用征集大赛标杆赛决赛上,中国移动通信集团设计院有限公司与中石化石油物探技术研究院、中国移动通信集团江苏有限公司联合研发的"基于5G尊享专网的野外智能节点油气勘探系统"项目,斩获标杆赛金奖。"这项技术成功打破了国际技术垄断,解决了'卡脖子'问题,是全球首个基于5G的油气勘探系统,填补百万道级超大型三维节点采集系统的行业空白,实现了无缆部署、无人巡检、实时回传、实时处理的油气勘探技术革命。"中国移动设计院江苏分院5G行业专家朱曦宁说。

近年来,中国联合工程有限公司先后中标玉林白平产业园热电联产一期项目 EPC 工程、浙江物产环保能源有限公司 11.376 兆瓦分布式光伏 EPC 项目等设计咨询服务,以专业技术能力为实现碳中和出力,推动互联网、大数据、人工智能、5G 等新兴技术与绿色低碳产业深度融合,建设绿色制造体系和服务体系。

四、服务高质量发展,矢志建功新时代

"九连冠"!

2022 年 9 月 13 日,在瑞士日内瓦举办的菲迪克基础设施大会的颁奖典礼上,菲迪克宣布了 2022 年工程项目奖的归属。在最终的 9 个获奖项目中,中国工程咨询协会推荐的项目斩获 3 项,获奖项目最多,喜获"九连冠"。重庆轨道交通环线获得 2022 年菲迪克大型工程项目杰出奖,成都天府新机场建设项目和乌东德水电站获得优秀奖。

为发挥示范引领作用、树立行业优秀标杆、打造行业品牌,中国工程咨询协会从 1996 年起组织开展了全国优秀工程咨询成果奖评选,从 2013 年起进行菲迪克工程项目奖推荐,把推动经济社会高质量发展作为评选总体标准,坚持"好中选优",使成果充分体现我国工程咨询事业的先进性、代表性、时代性,引领工程咨询行业不断创新发展,彰显行业的专业价值。

2022 年 3 月,中国工程咨询协会发布《关于加快推进工程咨询业高质量发展的指导意见》,以促进全行业更加深刻认识新发展阶段,完整、准确、全面贯彻新发展理念,融入和服务新发展格局,加快实现行业高质量发展。

中国工程咨询协会自身在积极参加"品牌协会成长计划"的同时,为了加强行业高质量发展、促进行业高标准建设、打造中国工程咨询服务品牌效应,进行了许多富有成效的工作,在完善行业标准、开展信用体系建设、评奖评优、品牌培育等方面,做出了一些具体的探索。

在协会组织管理架构建设方面,党组织切实履行把关责任和战斗堡垒作用。2022 年 2 月,中央和国家机关工委依托中国工程咨询协会成立中央和国家机关行业协会商会第六联合党委,由协会会长担任第六联合

党委书记,在中央和国家机关工委领导下统一负责23家行业协会商会的党建工作。中国工程咨询协会健全党组织参与重大问题决策、规范管理的工作机制,"党的全面领导,是加强协会建设、提高协会服务能力、支持协会高质量发展的根本保证。"肖凤桐说。

工程咨询业推动经济社会高质量发展

《中国经济导报》特别报道

实现高质量发展是中国式现代化的本质要求之一。党的二十大报告明确提出,高质量发展是全面建设社会主义现代化国家的首要任务。

作为推动重大工程落地的隐形力量和提供咨询专业服务的重要角色,工程咨询行业在推动落实高质量发展目标中将起到怎样的作用?在新发展格局下,又承担起了怎样的新使命?

成立于1992年的中国工程咨询协会,在协会会长肖凤桐的带领下,紧紧围绕为国家建设和社会经济发展提供专业服务的使命,求真务实、勇毅前行。从中国工程咨询协会三十年来不断创新发展、彰显专业价值的历程,即可一窥我国工程咨询行业波澜壮阔的成长图景。"工程咨询行业要坚持与发展具有中国特色的工程咨询事业,胸怀'国之大者';自觉把思想和行动统一到党的二十大精神上来,牢固树立'为政府为社会服务、为会员为行业服务'的理念,自信自强,守正创新,求真务实,勇于担当,增强责任感和使命感,凝聚行业力量。"肖凤桐说道。由于工程咨询业必然地承担着服务国家重大战略决策、重大基础性产业发展、重大工程建设的重任,行业本身也不断深化关键领域改革与创新,从而持续为经济发展和社会进步作出贡献。

一、"世界一流",是怎样炼成的

2021年9月,一场会议受到了世界工程咨询业的关注——这是国际咨询工程师联合会(菲迪克)基础设施大会。会上,中国工程咨询协会荣获"2021年度菲迪克最佳协会优胜奖",可以说,对于工程咨询协会的成就来说,这是最广泛意义上的一种肯定。

实际上,中咨协会作为全国性、行业性、具有代表意义的组织,早在2010年就获得了我国行业协会商会评估5A级社会组织的称号。自1992年12月成立以来,三十年时间,中咨协会在有关部门、领导的呵护与关注下,逐渐成长为当之无愧的"世界一流"协会。据介绍,截至目前,中咨协会共有1209家单位会员、1216名个人会员。

肖凤桐介绍,我国的工程咨询行业,在1981年就开始了布局。当时,为适应改革开放和基本建设的需要,由涉及工程建设与咨询的部委牵头,17家专业工程咨询公司相继成立。在几年后,考虑到当时基础工程建设工作中存在前期调研与设计工作的欠缺,为了避免行政部门独立决策时出现不科学、不专业的问题,原国家计划委员会提出,对基本建设大中型项目和技术改造限额以上项目,决策前要由咨询公司先行评估。"先评估、后决策"成为项目建设的一项重要制度。

自此,工程咨询机构开始正式肩负起对于国家建设和社会经济发展提供专业服务的使命。

随着工程咨询机构如雨后春笋般涌现,行业整体性的自律组织与行业标准的建设迫在眉睫。1992年冬,由100多家工程咨询机构共同发起、经民政部注册登记,中国工程咨询协会正式成立。随后,各地区相继成立了地方性的工程咨询(行业)协会;中咨协会在17个分行业中也设立了专业委员会或行业分会,并指导各地区工程咨询机构自发组织形成工程咨询协作网,积极交流工作经验,一个覆盖各行业、各地区的全国性行业组织网络逐步完善成型。

肖凤桐回忆,"协会成立以来,最具备标志性意义的事件可能就是1994年原国家计委发布'2号令'和'3号令'。"他提到的2号令、3号令,是《工程咨询业管理暂行办法》和《工程咨询单位资格认定暂行办法》两份重要文件。这两个暂行办法,明确了工程咨询业的地位、作用和业务范围,并且还提出了咨询服务实行合同管理、公平竞争、合理收费、单位资格认证相关的重要制度。此后,在1999年,原国家计委针对工程咨询业发布《建设项目前期工作咨询收费暂行规定》,业内将其称为"1283号文"。这一文件明确了建设项目估算投资额分档收费标准及调整系数、工程咨询人员工日费用标准,为咨询机构收费提供了重要依据。在当下,虽然管理机制变化、新办法出炉,但这几个重要的文件依然深远地影响着整个行业。尤其是"1283号文"中所规定的取费标准,现在仍然是工程咨询机构收取咨询服务费用、探索制定新取费标准时的重要参照内容。

肖凤桐表示,在协会组织管理架构建设方面,党组织切实履行了把关责任和战斗堡垒作用。今年2月下旬,中央和国家机关行业协会商会第六联合党委在中咨协会召开了成立会议,23家行业协会商会就本单位党建工作情况进行了座谈交流。在第六联合党委的领导下,各协会商会党支部将充分发挥战斗堡垒作用,不断提升本单位党建工作质量和水平。中咨协会把党建工作要求写入章程,健全党组织参与重大问题决策、规范管理的工作机制,"党的全面领导,是加强协会建设、提高协会服务能力、支持协会高质量发展的根本保证。"他说。

在各项规则标准逐渐完善、行业组织日趋壮大的步调中,工程咨询业从萌芽期逐渐成长起来,进入了规范发展、改革创新和市场化的节奏。期间,中咨协会发布的职业道德行为准则、单位资格认定实施办法、质量管理导则等多个具有具体指导意义的行业文件,为工程咨询行业健康发展进一步奠定了基石。

二、服务高质量发展,打铁还需自身硬

随着我国进入全面建设社会主义现代化国家的新发展阶段,经济发展由高速增长阶段转向高质量发展阶段,作为国民经济的先导产业和隐形支柱,工程咨询业也在加快主动迈入新发展阶段,以高质量服务,满足新阶段经济社会发展的新需要,做好服务支撑和智力支撑。

肩负为国家建设和社会经济发展提供专业服务的使命,工程咨询业作为重要的服务行业,在服务国家、服务社会、服务群众、服务行业中充分发挥作用,为经济社会发展注入新活力,助力实现更高质量、更有效率、更加公平、更可持续、更为安全的发展。

为了充分发挥在社会主义现代化建设中的作用,持续加强自身建设是重要前提。2022年3月,中咨协会发布《关于加快推进工程咨询业高质量发展的指导意见》,以促进全行业更加深刻认识新发展阶段,完整、

准确、全面贯彻新发展理念,融入和服务新发展格局,加快实现行业高质量发展,并提出,工程咨询业高质量发展应遵循四项基本原则:"坚持高点站位,国家战略为先;坚持创新引领,持续改革为本;坚持质量变革,人力资本为基;坚持系统谋划,规范发展为要。"

肖凤桐介绍,中咨协会自身在积极参加"品牌协会成长计划"的同时,为了加强行业高质量发展、促进行业高标准建设、打造中国工程咨询服务品牌效应,进行了许多富有成效的工作,在完善行业标准、开展信用体系建设、评奖评优、品牌培育等方面,做出了一些具体的探索。

例如,为建立结构合理、衔接配套、覆盖全面、适应行业需求的标准体系和框架,协会组织业内专家首次完成《工程咨询行业标准体系》及标准建设五年规划的制定工作,并完成多项团体标准征集和立项,立项标准涉及咨询数字化转型、新基建、城市更新、大气污染、流域生态治理等热点或新兴业务,涵盖多领域多阶段咨询业务,开辟了协会行业标准建设的新途径新方式,加快了行业标准建设速度。

同时,为发挥示范引领作用、树立行业优秀标杆、打造行业品牌,协会还组织开展了全国优秀工程咨询成果奖评选并持续进行菲迪克工程项目奖推荐工作,将切实把推动经济社会高质量发展作为评选总体标准,坚持"好中选优",使成果充分体现我国工程咨询事业的先进性、代表性、时代性,引领工程咨询行业不断创新发展,彰显行业的专业价值。

此外,为加强行业诚信建设、形成有效的行业自律性管理约束体系,协会在继续开展工程咨询单位资信评价的同时,全面推广信用承诺制度,建立工程咨询单位和咨询工程师(投资)信用状况综合评价体系等,以规范市场主体行为、优化市场环境。

三、变局之下,破浪前行

2017年,对于工程咨询业来说,改革与机遇同时到来。作为第二批行业协会脱钩试点单位,中咨协会正式与国家发展改革委脱钩运行,实行"五分离、五规范",各地方工程咨询(行业)协会在此后也陆续完成与当地政府部门的脱钩工作。

行业协会脱钩,对于理顺政府、市场、社会三者关系,建立政府依法行政、社会组织依法自治的新体制,加快政府职能转变,促进行业协会商会规范有序发展,充分发挥行业协会的独特优势和应有作用,激发市场活力和社会创造力,为经济社会持续健康发展提供动力,具有重要意义。

同年,工程咨询单位资格认定从行政许可事项中取消,行业资格管理从行政许可变更为行业自律性的资信评价体系。国家发展改革委2017年发布的《工程咨询行业管理办法》(行业内统称"9号令")取消了准入门槛,对工程咨询单位实行告知性备案管理。

肖凤桐介绍,"9号令"的发布,对于激发工程咨询单位及市场活力、规范行业持续健康发展有着重要的意义。

对于中咨协会来说,面临着全新的社会角色,改革创新是必要之举。

受国家发展改革委委托,中咨协会承担起了工程咨询单位甲级资信评价和工程咨询单位告知性备案管理的日常审核工作,协助起草了资信评价标准、开发管理系统。

肖凤桐坦言,协会近几年积极主动地完成从"管理者"到"服务者"的角色转换,专注服务行业发展、倾听会员声音,进一步牢固树立"为政府为社会服务、为会员为行业服务"的理念。从统筹引领的高度,加强经济形势分析、行业政策宣贯,发布年度行业发展报告,并开展了规划咨询理论方法、工程咨询评估、全过程工程咨询、REITs、PPP等专业服务能力培训,举办了工程咨询行业高质量发展论坛、工程咨询行业服务"一带一路"建设论坛、世界银行亚洲开发银行亚洲基础设施投资银行以及新开发银行贷款项目商业机会论坛、工程咨询单位体制改革经验交流会、中小型工程咨询民营企业高质量发展研讨会、服务国家重大基础设施建设和乡村振兴经验交流会等一系列重要活动,聚焦国内国际工程咨询业的热点,交流工程咨询创新实践的经验和体会,拓宽参会人员视野,为会员单位寻找合作伙伴搭建沟通平台。

四、新形势,新使命

《中共中央关于坚持和完善中国特色社会主义制度、推进国家治理体系和治理能力现代化若干重大问题的决定》提出:"新中国成立七十年来,我们党领导人民创造了世所罕见的经济快速发展奇迹和社会长期稳定奇迹。"在新的十年里,中国谱写了"两大奇迹"的崭新篇章。工程咨询行业作为重大决策落地、重大战略实施过程中重要的咨询力量,也承担着聚焦经济社会发展热点问题、解决行业发展难点问题的历史使命。

肖凤桐介绍,近年来,中咨协会在不同方面都做了一些积极的探索,并取得了一些新的成就。

新冠疫情防控期间,工程咨询单位备案审核、资信评价等工作受到一定程度的影响。为了最大程度地降低影响,保证工程咨询服务工作顺利进行、保障重大工程按时落地推进,"全国投资项目在线审批监管平台"成为工程咨询机构提交资料、在线审核及备案的主要阵地。

据统计,截至今年7月31日,全国投资项目在线审批监管平台备案的工程咨询单位有30466家;其中甲级资信单位1866家,乙级资信单位3726家。平台备案单位职工总人数为352.2万人,其中专业技术人员89.5万人,有效登记咨询工程师(投资)9.68万名。

肖凤桐介绍,未来,协会将继续紧密结合工程咨询服务特点和规律,充分利用新一代信息技术,不断迭代提升综合服务信息平台。深入挖掘行业业务、人才和信息等资源潜力,升级完善工程咨询单位资信管理系统、咨询工程师(投资)登记管理系统、咨询工程师(投资)继续教育平台、行业评优、行业数据调查统计、信用管理、会员服务管理、专家系统等,更好开展相关服务工作。创新行业数据开发机制,实现数据信息共享。运用市场化手段推动资源整合与优化配置,充分利用行业大数据平台,实现诚信监督网络化、便捷化功能,实现行业公开高效的智能化监管目标,为行业创新发展提供坚实保障。

此外,肖凤桐介绍,在党建引领下,为落实"我为群众办实事"要求,2021年7月,河南特大洪水发生后,中咨协会向河南省慈善总会捐款300万元用于防汛救灾。在民政部组织开展的"我为企业减负担"专项行动中,在前三年持续降低会员会费的基础上,中咨协会将普通会员会费再降1/3,获民政部通报表扬。中央和国家机关行业协会商会党委通过党史学习教育简报向全国性行业协会对协会有关活动进行宣传报道,中央党史学习教育领导小组也以简报形式予以充分肯定。此外,协会还积极筹措资金,先后向河北临城县、新疆和田地区、四川叙永县、河南新乡市等地捐款,用于改善当地办学条件、易地扶贫搬迁和灾后重建工作,并义务为西藏和新疆地区基础设施建设提供咨询服务,以实际行动参与国家脱贫攻坚。

而在服务"一带一路"建设过程中,中咨协会身先士卒,不断熟悉掌握国际规则,强化对国际规则的影响力,推广中国工程咨询技术标准,树立咨询品牌,帮助我国工程咨询业在国际业界的话语权、影响力不断增强,咨询成果持续获得国际工程咨询界高度认可,一大批项目在国际获奖,2013年至今,菲迪克工程项目获奖数量持续保持全球第一。为了迎接"一带一路"倡议提出十周年,中咨协会与央视网"一带一路"频道合作,展示工程咨询行业服务"一带一路"建设中的硬实力。

面对复杂多变的国际形势,在这挑战与机遇并存的新时代中,我国工程咨询业必将更进一步发挥出其作为行业智库、咨询"大脑"的作用,服务全社会,成为新时代服务党和政府科学决策、民主决策,推进国家治理体系和治理能力现代化的重要支撑力量。

附录

附录一:2022 年备案工程咨询单位数据图

报告附上截至 2022 年底"全国投资项目在线审批监管平台"备案工程咨询单位有关数据,供行业从业和研究人员参考。

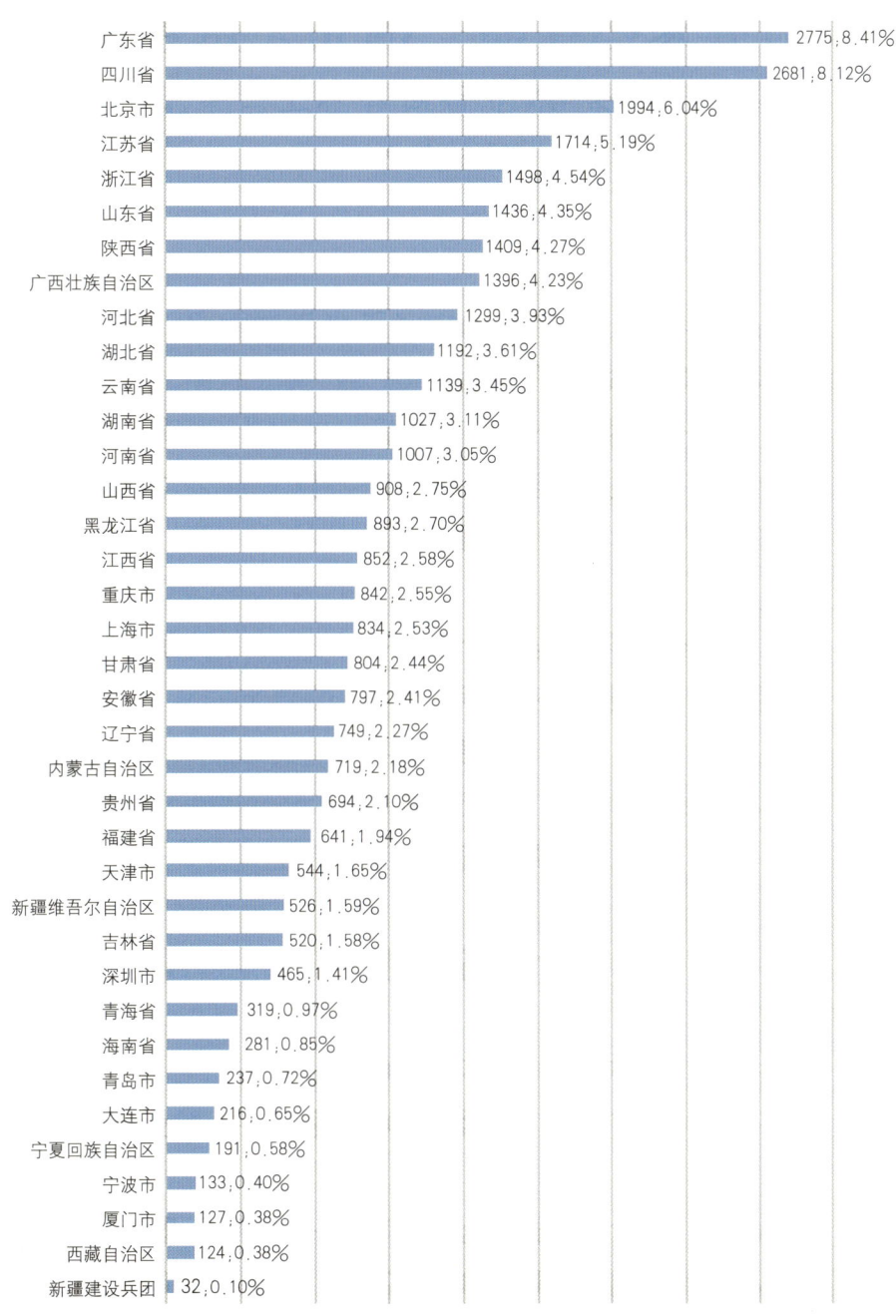

图 1　各地备案单位数量(单位:家,%)

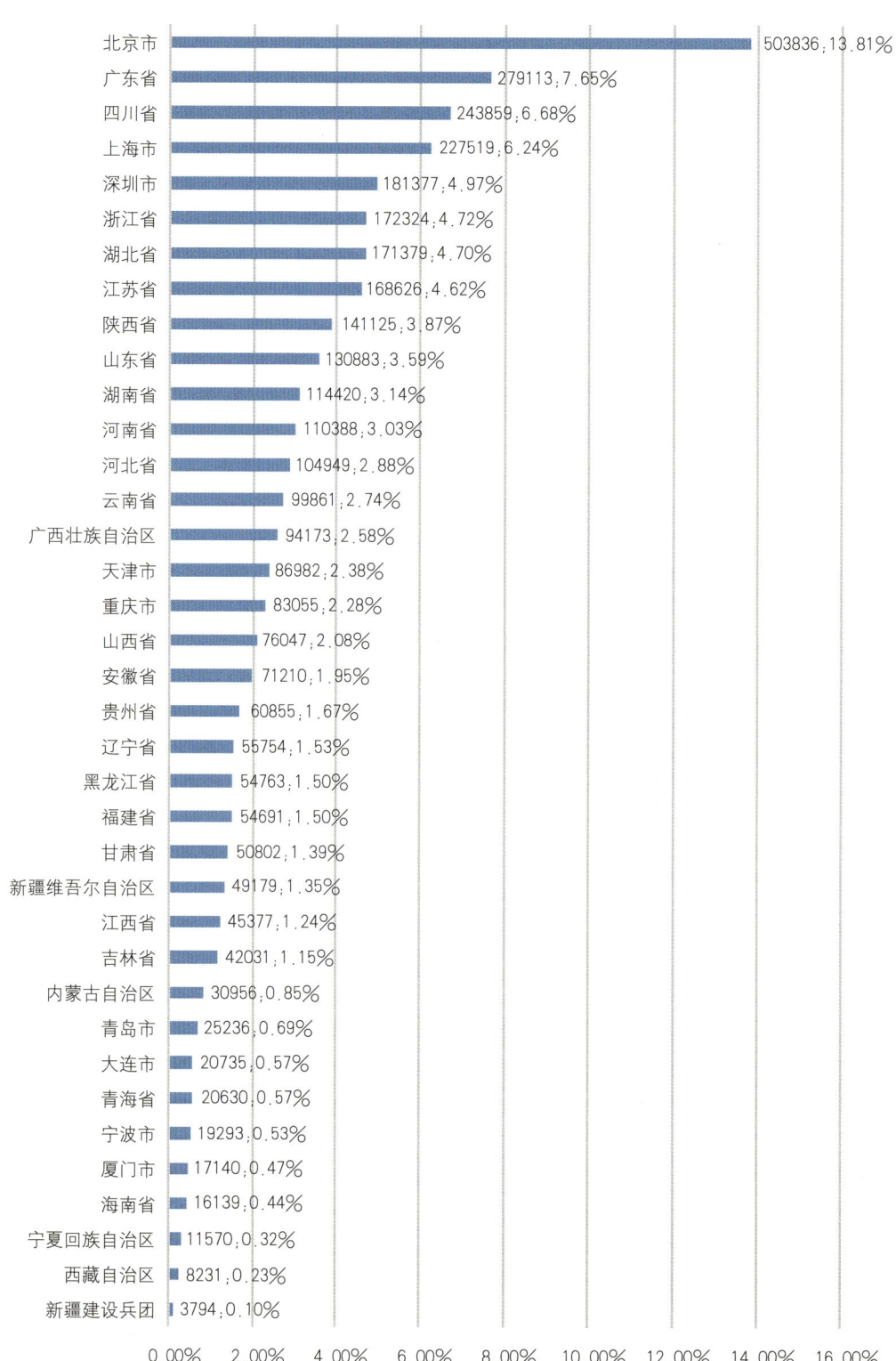

图 2　各地备案单位的职工总数（单位：人，%）

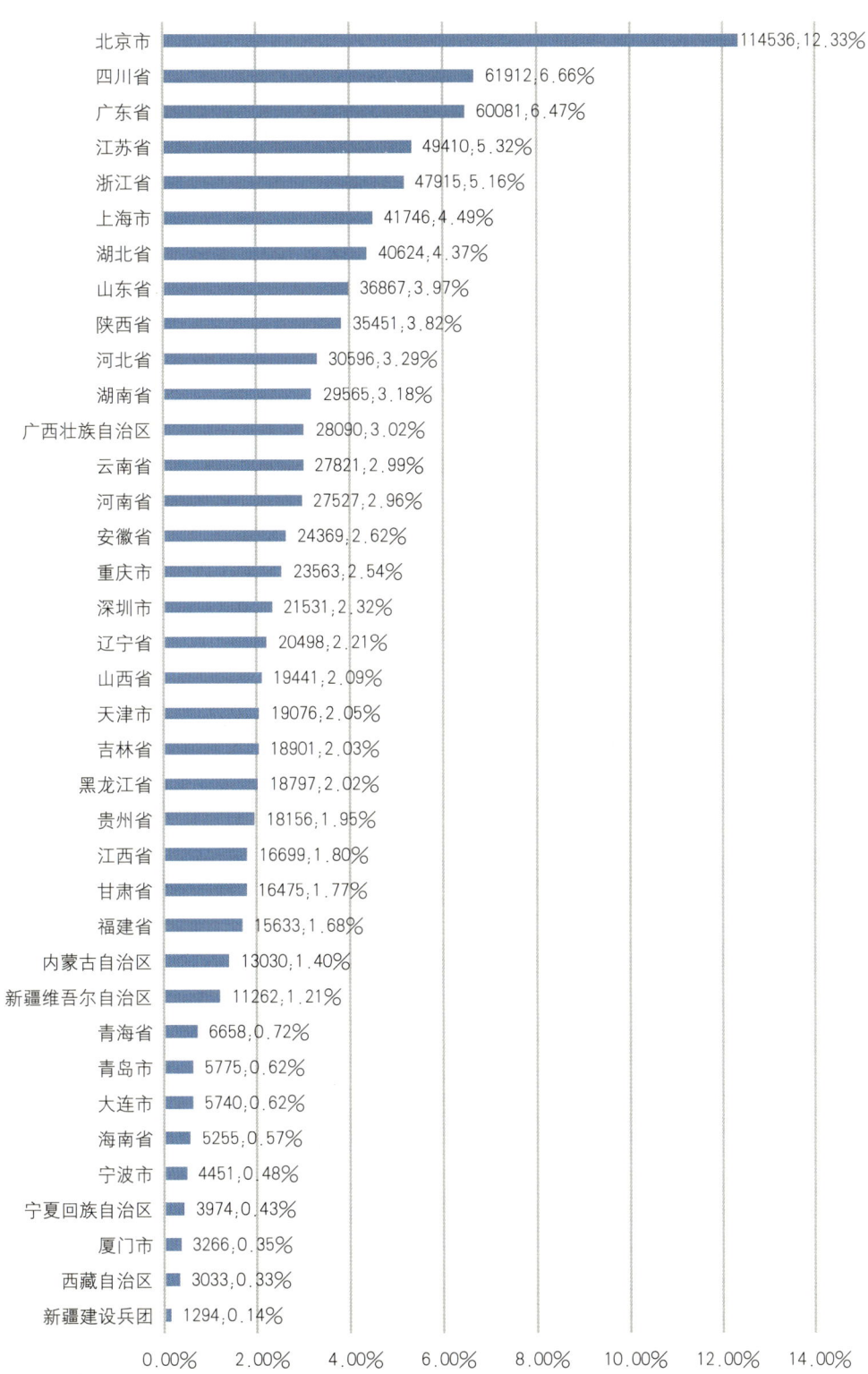

图 3　各地备案单位从事工程咨询的专业技术人员数量(单位:人,%)

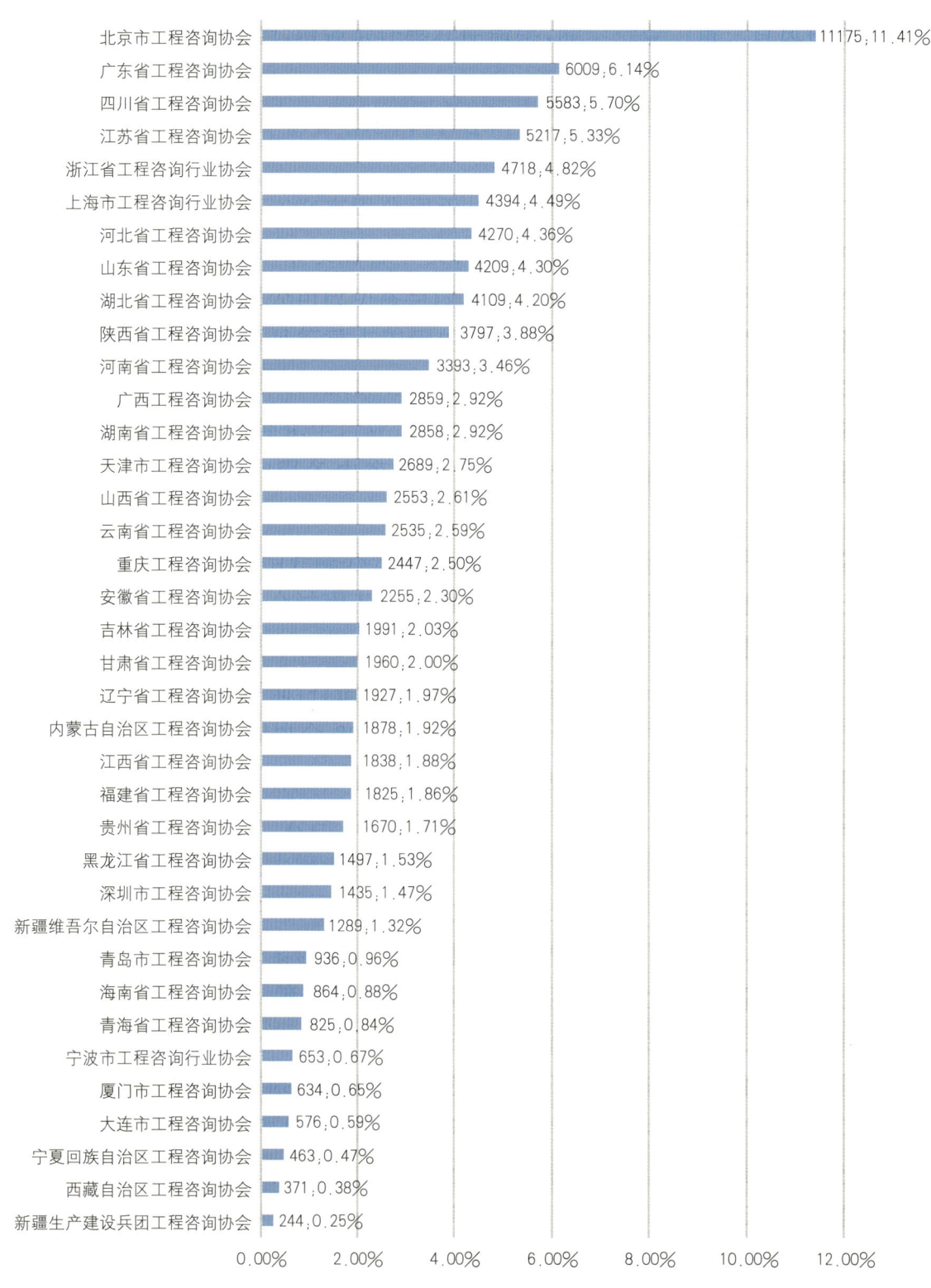

图 4　各省市协会登记有效咨询师数量(单位:人,%)

附录二、政策法规

关于加快推进城镇环境基础设施建设的指导意见

国家发展改革委　生态环境部　住房城乡建设部　国家卫生健康委

国办函〔2022〕7号

环境基础设施是基础设施的重要组成部分,是深入打好污染防治攻坚战、改善生态环境质量、增进民生福祉的基础保障,是完善现代环境治理体系的重要支撑。为加快推进城镇环境基础设施建设,提升基础设施现代化水平,推动生态文明建设和绿色发展,按照党中央、国务院决策部署,根据《中华人民共和国国民经济和社会发展第十四个五年规划和2035年远景目标纲要》,现提出如下意见。

一、总体要求

(一)**指导思想**。以习近平新时代中国特色社会主义思想为指导,全面贯彻党的十九大和十九届历次全会精神,深入贯彻习近平生态文明思想,立足新发展阶段,完整、准确、全面贯彻新发展理念,构建新发展格局,推动高质量发展,深化体制机制改革创新,加快转变发展方式,着力补短板、强弱项,优布局、提品质,全面提高城镇环境基础设施供给质量和运行效率,推进环境基础设施一体化、智能化、绿色化发展,逐步形成由城市向建制镇和乡村延伸覆盖的环境基础设施网络,推动减污降碳协同增效,促进生态环境质量持续改善,助力实现碳达峰、碳中和目标。

(二)**工作原则**。坚持系统观念。注重系统谋划、统筹推进,适度超前投资建设,提升城镇环境基础设施供给能力,推动共建共享、协同处置，以城带乡提高环境基础设施水平。

坚持因地制宜。根据不同地区经济社会发展现状以及环境基础设施建设情况，分类施策，精准发力，加快补齐短板弱项，有序推进城镇环境基础设施转型升级。

坚持科技赋能。加强城镇环境基础设施关键核心技术攻关，突破技术瓶颈。加快环境污染治理技术创新和科技成果转化，推广先进适用技术装备，提升技术和管理水平。

坚持市场导向。发挥市场配置资源的决定性作用，规范市场秩序，营造公平公正的市场环境，激活各类主体活力。创新城镇环境基础设施投资运营模式，引导社会资本广泛参与，形成权责明确、制约有效、管理专业的市场化运行机制。

（三）总体目标。到2025年，城镇环境基础设施供给能力和水平显著提升，加快补齐重点地区、重点领域短板弱项，构建集污水、垃圾、固体废物、危险废物、医疗废物处理处置设施和监测监管能力于一体的环境基础设施体系。到2030年，基本建立系统完备、高效实用、智能绿色、安全可靠的现代化环境基础设施体系。

2025年城镇环境基础设施建设主要目标：

污水处理及资源化利用。新增污水处理能力2000万立方米/日，新增和改造污水收集管网8万公里，新建、改建和扩建再生水生产能力不少于1500万立方米/日，县城污水处理率达到95％以上，地级及以上缺水城市污水资源化利用率超过25％，城市污泥无害化处置率达到90％。

生活垃圾处理。生活垃圾分类收运能力达到70万吨/日左右，城镇生活垃圾焚烧处理能力达到80万吨/日左右。城市生活垃圾资源化利用率达到60％左右，城市生活垃圾焚烧处理能力占无害化处理能力比重达到65％左右。

固体废物处置。固体废物处置及综合利用能力显著提升，利用规模不断扩大，新增大宗固体废物综合利用率达到60％。

危险废物、医疗废物处置。基本补齐危险废物、医疗废物收集处理设施短板，危险废物处置能力充分保障，技术和运营水平进一步提升，县级以上城市建成区医疗废物全部实现无害化处置。

二、加快补齐能力短板

(四)健全污水收集处理及资源化利用设施。推进城镇污水管网全覆盖,推动生活污水收集处理设施"厂网一体化"。加快建设完善城中村、老旧城区、城乡结合部、建制镇和易地扶贫搬迁安置区生活污水收集管网。加大污水管网排查力度,推动老旧管网修复更新。长江干流沿线地级及以上城市基本解决市政污水管网混错接问题,黄河干流沿线城市建成区大力推进管网混错接改造,基本消除污水直排。统筹优化污水处理设施布局和规模,大中型城市可按照适度超前的原则推进建设,建制镇适当预留发展空间。京津冀、长三角、粤港澳大湾区、南水北调东线工程沿线、海南自由贸易港、长江经济带城市和县城、黄河干流沿线城市实现生活污水集中处理能力全覆盖。因地制宜稳步推进雨污分流改造。加快推进污水资源化利用,结合现有污水处理设施提标升级、扩能改造,系统规划建设污水再生利用设施。

(五)逐步提升生活垃圾分类和处理能力。建设分类投放、分类收集、分类运输、分类处理的生活垃圾处理系统。合理布局生活垃圾分类收集站点,完善分类运输系统,加快补齐分类收集转运设施能力短板。城市建成区生活垃圾日清运量超过300吨地区加快建设垃圾焚烧处理设施。不具备建设规模化垃圾焚烧处理设施条件的地区,鼓励通过跨区域共建共享方式建设。按照科学评估、适度超前的原则,稳妥有序推进厨余垃圾处理设施建设。加强可回收物回收、分拣、处置设施建设,提高可回收物再生利用和资源化水平。

(六)持续推进固体废物处置设施建设。推进工业园区工业固体废物处置及综合利用设施建设,提升处置及综合利用能力。加强建筑垃圾精细化分类及资源化利用,提高建筑垃圾资源化再生利用产品质量,扩大使用范围,规范建筑垃圾收集、贮存、运输、利用、处置行为。健全区域性再生资源回收利用体系,推进废钢铁、废有色金属、报废机动车、退役光伏组件和风电机组叶片、废旧家电、废旧电池、废旧轮胎、废旧木制品、废旧纺织品、废塑料、废纸、废玻璃等废弃物分类利用和集中处置。开展100个大宗固体废弃物综合利用示范。

(七)强化提升危险废物、医疗废物处置能力。全面摸排各类危险废物产生量、地域分布及利用处置能力现状,科学布局建设与产废情况总体匹配的危险废物集中处置设施。加强特殊类别危险废物处置能力,对需要特殊处置及具有地域分布特征的危险废物,按照全国统筹、相对集中的原则,以主要产业基地为重点,因地制宜建设一批处置能力强、技术水平高的区域性集中处置基地。建设国家和6个区域性危险废物风险防控技术中心、20个区域性特殊危险废物集中处置中心。积极推进地级及以上城市医疗废物应急处置能力建设,健全县域医疗废物收集转运处置体系,推动现有医疗废物集中处置设施提质升级。

三、着力构建一体化城镇环境基础设施

(八)推动环境基础设施体系统筹规划。突出规划先行,按照绿色低碳、集约高效、循环发展的原则,统筹推进城镇环境基础设施规划布局,依据城市基础设施建设规划、生态环境保护规划,做好环境基础设施选址工作。鼓励建设污水、垃圾、固体废物、危险废物、医疗废物处理处置及资源化利用"多位一体"的综合处置基地,推广静脉产业园建设模式,推进再生资源加工利用基地(园区)建设,加强基地(园区)产业循环链接,促进各类处理设施工艺设备共用、资源能源共享、环境污染共治、责任风险共担,实现资源合理利用、污染物有效处置、环境风险可防可控。持续推进县域生活垃圾和污水统筹治理,支持有条件的地方垃圾污水处理设施和服务向农村延伸。

(九)强化设施协同高效衔接。发挥环境基础设施协同处置功能,打破跨领域协同处置机制障碍,重点推动市政污泥处置与垃圾焚烧、渗滤液与污水处理、焚烧炉渣与固体废物综合利用、焚烧飞灰与危险废物处置、危险废物与医疗废物处置等有效衔接,提升协同处置效果。推动生活垃圾焚烧设施掺烧市政污泥、沼渣、浓缩液等废弃物,实现焚烧处理能力共用共享。对于具备纳管排放条件的地区或设施,探索在渗滤液经预处理后达到环保和纳管标准的前提下,开展达标渗滤液纳管排放。在沿海缺水地区建设海水淡化工程,推广浓盐水综合利用。

四、推动智能绿色升级

(十)推进数字化融合。充分运用大数据、物联网、云计算等技术,推动城镇环境基础设施智能升级,鼓励开展城镇废弃物收集、贮存、交接、运输、处置全过程智能化处理体系建设。以数字化助推运营和监管模式创新,充分利用现有设施建设集中统一的监测服务平台,强化信息收集、共享、分析、评估及预警,将污水、垃圾、固体废物、危险废物、医疗废物处理处置纳入统一监管,加大要素监测覆盖范围,逐步建立完善环境基础设施智能管理体系。加快建立全国医疗废物信息化管理平台,提高医疗废物处置现代化管理水平。加强污染物排放和环境质量在线实时监测,加大设施设备功能定期排查力度,增强环境风险防控能力。

(十一)提升绿色底色。采用先进节能低碳环保技术设备和工艺,推动城镇环境基础设施绿色高质量发展。对技术水平不高、运行不稳定的环境基础设施,采取优化处理工艺、加强运行管理等措施推动稳定达标排放。强化环境基础设施二次污染防治能力建设。加强污泥无害化资源化处理。规范有序开展库容已满生活垃圾填埋设施封场治理,加快提高焚烧飞灰、渗滤液、浓缩液、填埋气、沼渣、沼液处理和资源化利用能力。提升再生资源利用设施水平,推动再生资源利用行业集约绿色发展。

五、提升建设运营市场化水平

(十二)积极营造规范开放市场环境。健全城镇环境基础设施市场化运行机制,平等对待各类市场主体,营造高效规范、公平竞争、公正开放的市场环境。鼓励技术能力强、运营管理水平高、信誉度良好、有社会责任感的市场主体公平进入环境基础设施领域,吸引各类社会资本积极参与建设和运营。完善市场监管机制,规范市场秩序,避免恶性竞争。健全市场主体信用体系,加强信用信息归集、共享、公开和应用。

(十三)深入推行环境污染第三方治理。鼓励第三方治理模式和体制机制创新,按照排污者付费、市场化运作、政府引导推动的原则,以园区、产业基地等工业集聚区为重点,推动第三方治理企业开展专业化污染治理,提升设施运行水平和污染治理效果。建设100家左右深入推行环境污染第三方治理示范园区。遴选一批环境污染第三方治理典型案例,总结推广成熟有效的治理模式。

(十四)探索开展环境综合治理托管服务。鼓励大型环保集团、具有专业能力的环境污染治理企业组建联合体,按照统筹规划建设、系统协同运营、多领域专业化治理的原则,对区域污水、垃圾、固体废物、危险废物、医疗废物处理处置提供环境综合治理托管服务。重点结合120个县城建设示范地区开展环境综合治理托管服务试点,积极探索区域整体环境托管服务长效运营模式和监管机制。继续开展生态环境导向的开发模式项目试点。

六、健全保障体系

(十五)加强科技支撑。完善技术创新市场导向机制,强化企业技术创新主体地位,加大关键环境治理技术与装备自主创新力度,围绕厨余垃圾、污泥、焚烧飞灰、渗滤液、磷石膏、锰渣、富集重金属废物等固体废物处置和小型垃圾焚烧等领域存在的技术短板,征集遴选一批掌握关键核心技术、具备较强创新能力的单位进行集中攻关。完善技术创新成果转化机制,推动产学研用深度融合,支持首台(套)重大技术装备示范应用,强化重点技术与装备创新转化和应用示范,着力提高环保产业技术与装备水平。

(十六)健全价格收费制度。完善污水、生活垃圾、危险废物、医疗废物处置价格形成和收费机制。对市场化发展比较成熟、通过市场能够调节价费的细分领域,按照市场化方式确定价格和收费标准。对市场化发展不够充分、依靠市场暂时难以充分调节价费的细分领域,兼顾环境基础设施的公益属性,按照覆盖成本、合理收益的原则,完善价格和收费标准。积极推行差别化排污收费,建立收费动态调整机制,确保环境基础设施可持续运营。有序推进建制镇生活污水处理收费。推广按照污水处理厂进水污染物浓度、污染物削减量等支付运营服务费。放开再生水政府定价,由再生水供应企业和用户按照优质优价的原则自主协商定价。全面落实生活垃圾收费制度,推行非居民用户垃圾计量收费,探索居民用户按量收费,鼓励各地创新生活垃圾处理收费模式,不断提高收缴率。统筹考虑区域医疗机构特点、医疗废物产生情况及处理成本等因素,合理核定医疗废物处置收费标准,鼓励采取按重量计费方式,具备竞争条件的,收费标准可由医疗废物处置单位和医疗机构协商确定。医疗机构按照规定支付的医疗废物处置费用作为医疗成本,在调整医疗服务价格时予以合理补偿。

(十七)**加大财税金融政策支持力度。**落实环境治理、环境服务、环保技术与装备有关财政税收优惠政策。对符合条件的城镇环境基础设施项目,通过中央预算内投资等渠道予以支持,将符合条件的项目纳入地方政府专项债券支持范围。引导各类金融机构创新金融服务模式,鼓励开发性、政策性金融机构发挥中长期贷款优势,按照市场化原则加大城镇环境基础设施项目融资支持力度。在不新增地方政府隐性债务的前提下,支持符合条件的企业通过发行企业债券、资产支持证券募集资金用于项目建设,鼓励具备条件的项目稳妥开展基础设施领域不动产投资信托基金(REITs)试点。

(十八)**完善统计制度。**充分运用现有污水、垃圾、固体废物、危险废物、医疗废物统计体系,加强统计管理和数据整合,进一步完善环境基础设施统计指标体系。加强统计能力建设,提高统计数据质量。强化统计数据运用和信息共享。对工作量大、技术要求高、时效性强的有关统计工作,鼓励采取政府购买服务方式,委托第三方机构开展。

七、强化组织实施

(十九)**加强组织领导。**国家发展改革委、生态环境部、住房城乡建设部、国家卫生健康委等有关部门加强统筹协调,强化政策联动,按照职责分工协同推进城镇环境基础设施建设工作。地方人民政府要细化目标任务,明确责任分工,制定工作措施,推动工作有效落实。

(二十)**强化要素保障。**加强城镇环境基础设施项目谋划与储备,将符合条件的项目纳入国家重大建设项目库。坚持"资金、要素跟着项目走",优先安排环境基础设施用地指标,加大资金多元投入,优化审批流程,提高审批效率,加快办理项目前期手续,确保各项工程按时顺利落地。

(二十一)建立评估机制。建立城镇环境基础设施评估机制,完善评估标准体系,通过自评、第三方评估等方式,适时开展各地情况评估。对城镇环境基础设施存在短板弱项的地方,加强指导督促,加快推进环境基础设施建设。

国家发展改革委等部门关于推进共建"一带一路"绿色发展的意见

国家发展改革委 外交部 生态环境部 商务部

发改开放〔2022〕408号

各省、自治区、直辖市及计划单列市、新疆生产建设兵团推进"一带一路"建设工作领导小组，推进"一带一路"建设工作领导小组成员单位，银保监会、证监会、铁路局、民航局：

推进共建"一带一路"绿色发展，是践行绿色发展理念、推进生态文明建设的内在要求，是积极应对气候变化、维护全球生态安全的重大举措，是推进共建"一带一路"高质量发展、构建人与自然生命共同体的重要载体。共建"一带一路"倡议提出以来，特别是习近平总书记提出建设绿色丝绸之路5年来，共建"一带一路"绿色发展取得积极进展，理念引领不断增强，交流机制不断完善，务实合作不断深化，我国成为全球生态文明建设的重要参与者、贡献者、引领者。同时，共建"一带一路"绿色发展面临的风险挑战依然突出，生态环保国际合作水平有待提升，应对气候变化约束条件更为严格。为进一步推进共建"一带一路"绿色发展，让绿色切实成为共建"一带一路"的底色，经推进"一带一路"建设工作领导小组同意，现提出如下意见。

一、总体要求

（一）指导思想。以习近平新时代中国特色社会主义思想为指导，全面贯彻党的十九大和十九届历次全会精神，深入贯彻习近平生态文明思想和习近平总书记关于共建"一带一路"的系列重要讲话精神，坚持稳中求进工作总基调,立足新发展阶段,完整、准确、全面贯彻新发展理念,构建新发展格局,坚持稳字当头、稳中求进,按照第三次"一带一路"建设座谈会会议要求,践行共商共建共享原则,以高标准、可持续、惠民生为目标,坚持绿水青山就是金山银山,坚持人与自然和谐共生,建设更紧密的绿色发展伙伴关系,推动构建人与自然生命共同体。

(二)基本原则。

绿色引领,互利共赢。以绿色发展理念为引领,注重经济社会发展与生态环境保护相协调,不断充实完善绿色丝绸之路思想内涵和理念体系。坚持多边主义,坚持共同但有区别的责任原则和各自能力原则,充分尊重共建"一带一路"国家实际,互学互鉴,携手合作,促进经济社会发展与生态环境保护相协调,共享绿色发展成果。

政府引导,企业主体。积极发挥政府引导作用,完善绿色发展政策支撑,搭建绿色交流合作平台,建立环境风险防控体系。更好发挥企业主体作用,压实企业生态环境保护主体责任,健全市场机制,调动企业参与共建"一带一路"绿色发展的积极性,鼓励全社会共同参与。

统筹推进,示范带动。坚持系统观念,加强部门、地方、企业联动,完善共建"一带一路"绿色发展顶层设计和标准体系,统筹推进绿色基建、绿色能源、绿色交通、绿色金融等领域合作。完善绿色发展合作平台,扎实开展绿色领域重点项目,形成示范带动效应。

依法依规,防范风险。严格遵守东道国生态环保法律法规和规则标准,高度重视当地民众绿色发展和生态环保诉求。坚持危地不往、乱地不去,严防严控企业海外无序竞争。强化境外项目环境风险防控,加强企业能力建设,切实保障生态安全。

(三)主要目标。到2025年,共建"一带一路"生态环保与气候变化国际交流合作不断深化,绿色丝绸之路理念得到各方认可,绿色基建、绿色能源、绿色交通、绿色金融等领域务实合作扎实推进,绿色示范项目引领作用更加明显,境外项目环境风险防范能力显著提升,共建"一带一路"绿色发展取得明显成效。

到2030年,共建"一带一路"绿色发展理念更加深入人心,绿色发展伙伴关系更加紧密,"走出去"企业绿色发展能力显著增强,境外项目环境风险防控体系更加完善,共建"一带一路"绿色发展格局基本形成。

二、统筹推进绿色发展重点领域合作

(四)加强绿色基础设施互联互通。引导企业推广基础设施绿色环保标准和最佳实践,在设计阶段合理选址选线,降低对各类保护区和生态敏感脆弱区的影响,做好环境影响评价工作,在建设期和运行期实施切实可行的生态环境保护措施,不断提升基础设施运营、管理和维护过程中的绿色低碳发展水平。引导企业在建设境外基础设施过程中采用节能节水标准,减少材料、能源和水资源浪费,提高资源利用率,降低废弃物排放,加强废弃物处理。

(五)加强绿色能源合作。深化绿色清洁能源合作,推动能源国际合作绿色低碳转型发展。鼓励太阳能发电、风电等企业"走出去",推动建成一批绿色能源最佳实践项目。深化能源技术装备领域合作,重点围绕高效低成本可再生能源发电、先进核电、智能电网、氢能、储能、二氧化碳捕集利用与封存等开展联合研究及交流培训。

(六)加强绿色交通合作。加强绿色交通领域国际合作,助力共建"一带一路"国家发展绿色交通。积极推动国际海运和国际航空低碳发展。推广新能源和清洁能源车船等节能低碳型交通工具,推广智能交通中国方案。鼓励企业参与境外铁路电气化升级改造项目,巩固稳定提升中欧班列良好发展态势,发展多式联运和绿色物流。

(七)加强绿色产业合作。鼓励企业开展新能源产业、新能源汽车制造等领域投资合作,推动"走出去"企业绿色低碳发展。鼓励企业赴境外设立聚焦绿色低碳领域的股权投资基金,通过多种方式灵活开展绿色产业投资合作。

(八)加强绿色贸易合作。持续优化贸易结构,大力发展高质量、高技术、高附加值的绿色产品贸易。加强节能环保产品和服务进出口。

(九)加强绿色金融合作。在联合国、二十国集团等多边合作框架下,推广与绿色投融资相关的自愿准则和最佳经验,促进绿色金融领域的能力建设。用好国际金融机构贷款,撬动民间绿色投资。鼓励金融机构落实《"一带一路"绿色投资原则》。

(十)加强绿色科技合作。加强绿色技术科技攻关和推广应用,强化基础研究和前沿技术布局,加快先进适用技术研发和推广,鼓励企业优先采用低碳、节能、节水、环保的材料与技术工艺。发挥"一带一路"科技创新行动计划等机制作用,支持在绿色技术领域开展人文交流、联合研究、平台建设等合作,实施面向可持续发展的技术转移专项行动,建设"一带一路"绿色技术储备库,推动绿色科技合作网络与基地建设。

(十一)加强绿色标准合作。积极参与国际绿色标准制定,加强与共建"一带一路"国家绿色标准对接。鼓励行业协会等机构制定发布与国际接轨的行业绿色标准、规范及指南。

(十二)加强应对气候变化合作。推动各方全面履行《联合国气候变化框架公约》及其《巴黎协定》,积极寻求与共建"一带一路"国家应对气候变化"最大公约数",加强与有关国家对话交流合作,推动建立公平合理、合作共赢的全球气候治理体系。继续实施"一带一路"应对气候变化南南合作计划,推进低碳示范区建设和减缓、适应气候变化项目实施,提供绿色低碳和节能环保等应对气候变化相关物资援助,帮助共建"一带一路"国家提升应对气候变化能力。

三、统筹推进境外项目绿色发展

(十三)规范企业境外环境行为。压实企业境外环境行为主体责任,指导企业严格遵守东道国生态环保相关法律法规和标准规范,鼓励企业参照国际通行标准或中国更高标准开展环境保护工作。加强企业依法合规经营能力建设,鼓励企业定期发布环境报告。指导有关行业协会、商会建立企业境外投资环境行为准则,通过行业自律引导企业规范环境行为。

(十四)促进煤电等项目绿色低碳发展。全面停止新建境外煤电项目,稳慎推进在建境外煤电项目。推动建成境外煤电项目绿色低碳发展,鼓励相关企业加强煤炭清洁高效利用,采用高效脱硫、脱硝、除尘以及二氧化碳捕集利用与封存等先进技术,升级节能环保设施。研究推动钢铁等行业国际合作绿色低碳发展。

四、统筹完善绿色发展支撑保障体系

（十五）**完善资金支撑保障**。有序推进绿色金融市场双向开放，鼓励金融机构和相关企业在国际市场开展绿色融资，支持国际金融组织和跨国公司在境内发行绿色债券、开展绿色投资。

（十六）**完善绿色发展合作平台支撑保障**。进一步完善"一带一路"绿色发展国际联盟，积极搭建"一带一路"绿色发展政策对话和沟通平台，不断提升国际影响力。加强"一带一路"生态环保大数据服务平台建设，加强生态环境及应对气候变化相关信息共享、技术交流合作，强化生态环保法律法规和国际通行规则研究。发挥"一带一路"能源合作伙伴关系、"一带一路"可持续城市联盟等合作平台作用，建立多元交流与合作平台。

（十七）**完善绿色发展能力建设支撑保障**。支持环境技术交流与转移基地、绿色技术示范推广基地和绿色科技园区等平台建设，强化科技创新能力保障，加强"一带一路"环境技术交流与转移中心（深圳）示范作用。实施绿色丝路使者计划，加强环境管理人员和专业技术人才互动交流，提升共建"一带一路"国家环保能力和水平。开展共建"一带一路"绿色发展专题培训，提高对共建"一带一路"绿色发展的人才支持力度。建设绿色丝绸之路新型智库，构建共建"一带一路"绿色发展智力支撑体系。

（十八）**完善境外项目环境风险防控支撑保障**。指导企业提高环境风险意识，加强境外项目环境管理，做好境外项目投资建设前的环境影响评价，及时识别和防范环境风险，采取有效的生态环保措施。组织编制重点行业绿色可持续发展指南，引导企业切实做好境外项目环境影响管理工作。通过正面引导、跟踪服务等多种措施，加强项目建设运营期环境指导和服务。

五、统筹加强组织实施

（十九）**加强组织领导**。加强党对共建"一带一路"绿色发展工作的集中统一领导。推进"一带一路"建设工作领导小组办公室要加强对共建"一带一路"绿色发展工作的统筹协调和系统推进。各地方和有关部门要把共建"一带一路"绿色发展工作摆上重要位置,加强领导、统一部署,确保相关重点任务及时落地见效。

(二十)**加强宣传引导**。加强和改进"一带一路"国际传播工作,及时澄清、批驳负面声音和不实炒作;强化正面舆论引导,讲好共建"一带一路"绿色发展"中国故事"。

(二十一)**加强跟踪评估**。推进"一带一路"建设工作领导小组办公室要加强共建"一带一路"绿色发展各项任务的指导规范,及时掌握进展情况,适时组织开展评估。各地方和有关部门贯彻落实情况要及时报送推进"一带一路"建设工作领导小组办公室。

国家发展改革委投资咨询评估管理办法

国家发展改革委 发改投资规〔2022〕632号

第一章 总 则

第一条 为进一步完善国家发展改革委投资决策程序,提高投资决策的科学化、民主化水平,规范投资决策过程中的咨询评估工作,切实保障投资咨询评估质量,根据《中共中央、国务院关于深化投融资体制改革的意见》《政府投资条例》(国务院令第712号)、《企业投资项目核准和备案管理条例》(国务院令第673号)、《工程咨询行业管理办法》(国家发展改革委2017年第9号令)等要求,制定本办法。

第二条 国家发展改革委在进行相关投资决策时,应当坚持"先评估、后决策"原则,委托有关工程咨询单位开展评审评估,并在充分考虑咨询评估意见的基础上作出决策决定。

第三条 工程咨询单位应按照专业、独立、客观、公正的原则提出咨询评估意见,促进投资决策更加科学、规范、高效,助力投资高质量发展。

第四条 国家发展改革委委托的投资咨询评估纳入投资决策程序、为投资决策服务,咨询评估范围、咨询评估机构由国家发展改革委确定,咨询评估费用由国家发展改革委支付,咨询评估质量评价由国家发展改革委管理。

第五条 国家发展改革委建立投资咨询委托评估信息管理系统(以下简称委托评估系统)。除绝密事项外,主办司局应当通过委托评估系统办理咨询评估的申请、审批、质量评价等事项。

第六条 国家发展改革委投资司应当建立平时有交流、年中有检查、年度有考核的咨询评估工作机制,指导和督促咨询评估机构不断提升咨询评估质量。

第二章 咨询评估范围

第七条 国家发展改革委委托的投资咨询评估包括以下事项：

（一）投资决策咨询评估，具体包括：

1. 相关规划（含规划调整），指国家发展改革委审批、编制或核报国务院审批的涉及重大建设项目和政府投资资金安排的规划；

2. 项目建议书，指国家发展改革委审批或核报国务院审批的政府投资项目建议书；

3. 可行性研究报告，指国家发展改革委审批或核报国务院审批的政府投资项目可行性研究报告；

4. 项目申请书，指国家发展改革委核准或核报国务院核准的企业投资项目申请书；

5. 资金申请报告，限于按具体项目安排中央预算内投资资金时，确有必要对拟安排项目、资金额度进行评估的资金申请报告，主办司局应当在有关专项管理办法或政策文件中对具体适用情形予以明确；

6. 党中央、国务院授权开展的其他投资前期工作审核评估。

（二）投资决策中期评估和后评价，具体包括：

1. 对本条上一款中相关规划的中期评估和后评价；

2. 政府投资项目后评价；

3. 中央预算内投资专项实施情况评估、投资效益评价。

第八条 国家发展改革委审批政府投资项目初步设计和核定投资概算，原则上由国家投资项目评审中心实行专业评审。

安排中央预算内投资额度较大的地方政府投资项目、企业投资项目资金申请报告等，也可由国家投资项目评审中心实行专业评估、评审。

第三章 咨询评估机构管理

第九条 承担具体专业咨询评估任务的咨询评估机构，应当具备以下条件：

(一)通过全国投资项目在线审批监管平台备案并列入公示名录;

(二)具有所申请专业的甲级资信等级,或具有甲级综合资信等级;

(三)近3年完成所申请专业国家级规划,以及总投资3亿元以上项目可行性研究报告、项目申请书编制,项目建议书、可行性研究报告、项目申请书、项目资金申请报告及规划的评估业绩共不少于20项(特殊行业除外)。

第十条 国家发展改革委按照以下程序确定咨询评估机构:

(一)根据有关司局的需求,确定咨询评估专业;

(二)根据确定的咨询评估专业,除特殊专业或事项外,原则上经过公开招标采购程序,提出咨询评估机构名单,报请委领导审核;

(三)确定咨询评估机构并予以公告。

第十一条 国家发展改革委根据投资管理需要,结合咨询评估工作情况,对咨询评估机构进行动态调整,原则上每三年调整一次,也可根据实际业务需求,对个别专业的咨询评估机构进行适时调整。

第十二条 国家发展改革委投资司应当加强对咨询评估机构的培训和指导,督促咨询评估机构及时了解、掌握与咨询评估密切相关的法律制度、政策文件、工作要求等。

各专业司局应当就相关行业或领域的法律制度、政策要求、标准规范等,加强对相应专业的咨询评估机构的指导和交流,不断提升评估工作质量。

第十三条 国家发展改革委投资司每年可选择一定数量的咨询评估机构,对其向国家发展改革委出具的咨询评估报告的质量,以及专业能力、人员配备等情况,组织第三方机构或专家进行评价、核查和监督检查。

第四章 委托咨询评估程序

第十四条 就具体评估事项选取咨询评估机构时,按照以下规则确定选取顺序:

(一)分专业对咨询评估机构进行随机初始排队;

(二)按照初始顺序和相关原则,确定承担咨询评估任务的机构;

(三)咨询评估机构接受任务后,即排至队尾;咨询评估机构确因客观原因不能承担该任务的,应当与主办司局沟通一致并提交书面说明,然后排至队尾。

第十五条 除涉及国家安全、经济安全等特别重要的项目或特殊事项外,选取承担咨询任务的评估机构,按照以下流程进行:

(一)按照投资决策职责分工,由主办司局通过委托评估系统提出咨询评估申请,按要求填写相关事项,委托评估系统自动生成咨询评估机构名单;

选取咨询评估机构应当符合回避原则,承担某一事项编制工作的机构,不得承担该事项的咨询评估任务;承担咨询评估任务的机构,与同一事项的编制单位、项目业主单位之间不得存在控股、管理关系或者负责人为同一人的重大关联关系;

(二)主办司局对自动生成的咨询评估机构名单,按照回避原则进行核实,对符合回避原则的予以确认;对不符合回避原则的,再次自动生成咨询评估机构名单,直至符合回避原则;

(三)确定咨询评估机构后,将委托评估申请发送投资司,投资司对委托评估的必要性、咨询评估范围、咨询评估机构选取等是否符合本办法规定进行审核,审核同意后,发回主办司局;

(四)主办司局根据审核后的委托评估申请,办理咨询评估委托书发文事宜。

第十六条 主办司局应当为咨询评估机构依法、独立、客观、公正开展咨询评估工作提供必要便利和保障,不得干预咨询评估机构正常开展工作,不得干预咨询评估机构出具的咨询评估意见。

第十七条 对国民经济和社会发展有重要影响的相关规划和重大项目的项目申请书、项目建议书、项目可行性研究报告等,可以委托多家评估机构承担咨询评估任务。

第五章 咨询评估管理规范

第十八条 咨询评估机构、参与咨询评估相关工作人员应当按照规定格式签订承诺书,并报投资司存档备查。咨询评估机构的承诺书由其法定代表人签署、咨询评估机构盖章,参与咨询评估的相关工作人员承诺书由本人亲笔签署。

外聘专家应当按照规定格式签署承诺书,并由咨询评估机构存档备查。

第十九条 接受咨询评估任务后,咨询评估机构应当确定项目负责人,成立工作小组,制定工作计划,定期反馈工作进度,在规定时限内提交评估报告。

项目负责人应当是经执业登记的咨询工程师(投资)。参加工作小组的人员应当熟悉国家和行业发展有关法规、政策、规划,以及技术标准规范,工作小组应当具有一定数量的本专业高级技术职称人员。

第二十条 对涉密项目的咨询评估任务,咨询评估机构应当严格按照《保守国家秘密法》及其实施条例规定加强保密管理。

第二十一条 国家发展改革委委托咨询评估任务的完成时限一般不超过 30 个工作日,规划评估不超过 45 个工作日。

咨询评估机构因特殊情况确实难以在规定时限内完成的,应当在规定时限到期日的 5 个工作日之前向国家发展改革委主办司局书面报告有关情况,征得主办司局书面同意后,可以延长完成时限,但延长的期限不得超过 60 个工作日。主办司局应当在委托评估系统中上传咨询评估机构延期申请书面文件和主办司局同意延期书面文件。

评估过程中,有关单位提供补充说明等材料的时间,不作为计时时间。补充材料时间以咨询评估机构提供书面说明和相应证明材料为准。

第二十二条 在咨询评估工作过程中,专家有重要不同意见时,咨询评估机构应当如实记录并在咨询评估报告中予以反映。

第二十三条 国家发展改革委应当加强对咨询评估评审专家的保密和日常管理。未经国家发展改革委投资司同意,有关专家不得擅自就评估评审事项接受采访、撰写文章等;确有必要的,应符合党中央、国务院有关精神,并事先报经国家发展改革委投资司同意。

第二十四条 咨询评估报告的内容包括:标题及文号、目录、摘要、正文、附件。咨询评估机构在评估工作中要求补充相关资料时,应当以书面形式通知评估事项的项目单位,并将该书面通知及补充资料作为咨询评估报告的附件。

咨询评估报告应当附具项目负责人及评估小组成员名单,加盖咨询评估机构公章和项目负责人的咨询工程师(投资)执业专用章。

第二十五条 国家发展改革委根据咨询评估质量评价和年度考核等情况,按年度安排中央预算内投资结算咨询评估费用。

咨询评估机构及其工作人员,不得向所评估事项的项目单位收取任何费用,不得向项目单位摊支成本。

第二十六条 咨询评估机构应当建立咨询评估任务专项档案制度,将咨询评估报告、承诺书以及专家意见等存档备查。

第二十七条 咨询评估机构应当建立健全内部管理制度,优化评估工作流程,完善评估专家库,加强专家、保密和财务管理,不断提升评估工作的质量和效率。

第六章 咨询评估质量评价和监督

第二十八条 咨询评估机构和参与评估评审的专家应当认真履行职责,遵守保密纪律,保证公平公正,严格廉洁自律,不得有以下行为:

(一)违背独立公正原则,帮助有关单位骗取批准文件和国家资金;

(二)弄虚作假以及采取不正当竞争手段损害其他单位利益;

(三)泄露咨询评估过程中所接触和知悉的有关国家秘密、商业秘密;

(四)利用咨询评估工作便利,通过任何方式谋取不当利益;

(五)擅自对外发表与评估评审工作有关的意见和言论;

(六)其他违反法律法规的行为。

第二十九条 咨询评估任务完成后,国家发展改革委主办司局应当在收到咨询评估报告后 10 个工作日内,通过委托评估系统对咨询评估报告进行质量评价,并对作出评价结果的理由予以说明。

投资司对咨询评估报告质量同步进行评价,并对作出评价结果的理由予以说明。

第三十条 对咨询评估报告的评价分为较好、一般、较差。质量评价结果与咨询评估服务费用、咨询评估机构动态管理相挂钩。

对咨询评估报告首次被评价为较差的咨询评估机构,由投资司进行约谈、警告；对累计两次被评价为较差的咨询机构，由投资司暂停其咨询评估机构资格一年；对累计三次被评价为较差的咨询机构，由投资司将其从咨询评估机构名单中删除。

第三十一条 咨询评估机构应当于每年1月底前向国家发展改革委投资司报送上一年度评估工作总结报告。评估工作总结报告内容主要包括：上一年度承接、完成国家发展改革委委托的咨询评估任务情况；人员配备、相关处罚和奖励情况；评估工作中遇到的问题及有关意见建议等。

第三十二条 国家发展改革委投资司商主办司局，结合咨询评估机构任务完成情况、咨询评估报告质量评价、投诉举报等核实情况，相关抽查、核查结果，以及评估工作总结等情况，对咨询评估机构进行年度考核。年度考核结果不合格的，暂停其咨询评估机构资格一年。

第三十三条 咨询评估机构有下列情形之一的，国家发展改革委应当取消其咨询评估机构资格：

（一）咨询评估报告有重大失误；

（二）累计两次未在规定时限或者经批准的延期时限内完成委托任务；

（三）违反《工程咨询行业管理办法》有关规定；

（四）咨询评估机构未与主办司局沟通一致，擅自拒绝咨询评估任务；

（五）经核查已不符合国家发展改革委咨询评估机构相应条件；

（六）连续两年年度考核不合格的。

出现上述（一）所列情形的，按照规定取消相关咨询工程师（投资）的执业登记。

第三十四条 咨询评估机构存在违法违规等失信情形的，将相关信用信息纳入全国信用信息共享平台；情节严重的，通过"信用中国"网站向社会公示。

第三十五条 国家发展改革委有关工作人员，在咨询评估管理工作过程中玩忽职守、滥用职权、徇私舞弊、索贿受贿的，对负有责任的领导人员和直接责任人员依法给予处分；构成犯罪的，依法追究刑事责任。

第七章 附 则

第三十六条 地方发展改革部门可以参照本办法,制定本地区有关咨询评估机构管理办法。

第三十七条 本办法由国家发展改革委负责解释。

第三十八条 本办法自2022年5月1日起施行,有效期5年。《国家发展改革委关于印发投资咨询评估管理办法的通知》(发改投资规〔2018〕1604号)同时废止。

附件:1. 咨询评估机构承诺书
   2. 参与咨询评估的专家和相关工作人员承诺书

中共中央办公厅国务院办公厅印发《关于推进以县城为重要载体的城镇化建设的意见》

新华社北京5月6日电 近日,中共中央办公厅、国务院办公厅印发了《关于推进以县城为重要载体的城镇化建设的意见》,并发出通知,要求各地区各部门结合实际认真贯彻落实。

《关于推进以县城为重要载体的城镇化建设的意见》全文如下。

县城是我国城镇体系的重要组成部分,是城乡融合发展的关键支撑,对促进新型城镇化建设、构建新型工农城乡关系具有重要意义。为推进以县城为重要载体的城镇化建设,现提出如下意见。

一、总体要求

(一)指导思想。以习近平新时代中国特色社会主义思想为指导,坚持以人为核心推进新型城镇化,尊重县城发展规律,统筹县城生产、生活、生态、安全需要,因地制宜补齐县城短板弱项,促进县城产业配套设施提质增效、市政公用设施提档升级、公共服务设施提标扩面、环境基础设施提级扩能,增强县城综合承载能力,提升县城发展质量,更好满足农民到县城就业安家需求和县城居民生产生活需要,为实施扩大内需战略、协同推进新型城镇化和乡村振兴提供有力支撑。

(二)工作要求。顺应县城人口流动变化趋势,立足资源环境承载能力、区位条件、产业基础、功能定位,选择一批条件好的县城作为示范地区重点发展，防止人口流失县城盲目建设。充分发挥市场在资源配置中的决定性作用，引导支持各类市场主体参与县城建设；更好发挥政府作用，切实履行制定规划政策、提供公共服务、营造制度环境等方面职责。以县域为基本单元推进城乡融合发展，发挥县城连接城市、服务乡村作用，增强对乡村的辐射带动能力，促进县城基础设施和公共服务向乡村延伸覆盖，强化县城与邻近城市发展的衔接配合。统筹发展和安全，严格落实耕地和永久基本农田、生态保护红线、城镇开发边界，守住历史文化根脉，防止大拆大建、贪大求洋，严格控制撤县建市设区，防控灾害事故风险，防范地方政府债务风险。

（三）发展目标。到 2025 年，以县城为重要载体的城镇化建设取得重要进展，县城短板弱项进一步补齐补强，一批具有良好区位优势和产业基础、资源环境承载能力较强、集聚人口经济条件较好的县城建设取得明显成效，公共资源配置与常住人口规模基本匹配，特色优势产业发展壮大，市政设施基本完备，公共服务全面提升，人居环境有效改善，综合承载能力明显增强，农民到县城就业安家规模不断扩大，县城居民生活品质明显改善。再经过一个时期的努力，在全国范围内基本建成各具特色、富有活力、宜居宜业的现代化县城，与邻近大中城市的发展差距显著缩小，促进城镇体系完善、支撑城乡融合发展作用进一步彰显。

二、科学把握功能定位，分类引导县城发展方向

（四）加快发展大城市周边县城。支持位于城市群和都市圈范围内的县城融入邻近大城市建设发展，主动承接人口、产业、功能特别是一般性制造业、区域性物流基地、专业市场、过度集中的公共服务资源疏解转移，强化快速交通连接，发展成为与邻近大城市通勤便捷、功能互补、产业配套的卫星县城。

（五）积极培育专业功能县城。支持具有资源、交通等优势的县城发挥专业特长，培育发展特色经济和支柱产业，强化产业平台支撑，提高就业吸纳能力，发展成为先进制造、商贸流通、文化旅游等专业功能县城。支持边境县城完善基础设施，强化公共服务和边境贸易等功能，提升人口集聚能力和守边固边能力。

(六)合理发展农产品主产区县城。推动位于农产品主产区内的县城集聚发展农村二三产业,延长农业产业链条,做优做强农产品加工业和农业生产性服务业,更多吸纳县域内农业转移人口,为有效服务"三农"、保障粮食安全提供支撑。

(七)有序发展重点生态功能区县城。推动位于重点生态功能区内的县城逐步有序承接生态地区超载人口转移,完善财政转移支付制度,增强公共服务供给能力,发展适宜产业和清洁能源,为保护修复生态环境、筑牢生态安全屏障提供支撑。

(八)引导人口流失县城转型发展。结合城镇发展变化态势,推动人口流失县城严控城镇建设用地增量、盘活存量,促进人口和公共服务资源适度集中,加强民生保障和救助扶助,有序引导人口向邻近的经济发展优势区域转移,支持有条件的资源枯竭县城培育接续替代产业。

三、培育发展特色优势产业,稳定扩大县城就业岗位

(九)增强县城产业支撑能力。重点发展比较优势明显、带动农业农村能力强、就业容量大的产业,统筹培育本地产业和承接外部产业转移,促进产业转型升级。突出特色、错位发展,因地制宜发展一般性制造业。以"粮头食尾"、"农头工尾"为抓手,培育农产品加工业集群,发展农资供应、技术集成、仓储物流、农产品营销等农业生产性服务业。根据文化旅游资源禀赋,培育文化体验、休闲度假、特色民宿、养生养老等产业。

(十)提升产业平台功能。依托各类开发区、产业集聚区、农民工返乡创业园等平台,引导县域产业集中集聚发展。支持符合条件的县城建设产业转型升级示范园区。根据需要配置公共配套设施,健全标准厂房、通用基础制造装备、共性技术研发仪器设备、质量基础设施、仓储集散回收设施。鼓励农民工集中的产业园区及企业建设集体宿舍。

(十一)健全商贸流通网络。发展物流中心和专业市场,打造工业品和农产品分拨中转地。根据需要建设铁路专用线,依托交通场站建设物流设施。建设具备运输仓储、集散分拨等功能的物流配送中心,发展物流共同配送,鼓励社会力量布设智能快件箱。改善农贸市场交易棚厅等经营条件,完善冷链物流设施,建设面向城市消费的生鲜食品低温加工

处理中心。

（十二）完善消费基础设施。围绕产业转型升级和居民消费升级需求，改善县城消费环境。改造提升百货商场、大型卖场、特色商业街，发展新型消费集聚区。完善消费服务中心、公共交通站点、智能引导系统、安全保障设施，配置电子商务硬件设施及软件系统，建设展示交易公用空间。完善游客服务中心、旅游道路、旅游厕所等配套设施。

（十三）强化职业技能培训。大规模开展面向农民工特别是困难农民工的职业技能培训，提高其技能素质和稳定就业能力。统筹发挥企业、职业学校、技工学校作用，聚焦新职业新工种和紧缺岗位加强职业技能培训，提高与市场需求契合度。推动公共实训基地共建共享，建设职业技能培训线上平台。落实好培训补贴政策，畅通培训补贴直达企业和培训者渠道。

四、完善市政设施体系，夯实县城运行基础支撑

（十四）完善市政交通设施。完善机动车道、非机动车道、人行道，健全配套交通管理设施和交通安全设施。建设以配建停车场为主、路外公共停车场为辅、路内停车为补充的停车系统。优化公共充换电设施建设布局，加快建设充电桩。完善公路客运站服务功能，加强公路客运站土地综合开发利用。建设公共交通场站，优化公交站点布设。

（十五）畅通对外连接通道。提高县城与周边大中城市互联互通水平，扩大干线铁路、高速公路、国省干线公路等覆盖面。推进县城市政道路与干线公路高效衔接，有序开展干线公路过境段、进出城瓶颈路段升级改造。支持有需要的县城开通与周边城市的城际公交，开展客运班线公交化改造。引导有条件的大城市轨道交通适当向周边县城延伸。

（十六）健全防洪排涝设施。坚持防御外洪与治理内涝并重，逐步消除严重易涝积水区段。实施排水管网和泵站建设改造，修复破损和功能失效设施。建设排涝通道，整治河道、湖塘、排洪沟、道路边沟，确保与管网排水能力相匹配。推进雨水源头减排，增强地面渗水能力。完善堤线布置和河流护岸工程，合理建设截洪沟等设施，降低外洪入城风险。

（十七）增强防灾减灾能力。健全灾害监测体系，提高预警预报水

平。采取搬迁避让和工程治理等手段,防治泥石流、崩塌、滑坡、地面塌陷等地质灾害。提高建筑抗灾能力,开展重要建筑抗震鉴定及加固改造。推进公共建筑消防设施达标建设,规划布局消防栓、蓄水池、微型消防站等配套设施。合理布局应急避难场所,强化体育场馆等公共建筑应急避难功能。完善供水、供电、通信等城市生命线备用设施,加强应急救灾和抢险救援能力建设。

(十八)加强老化管网改造。全面推进老化燃气管道更新改造,重点改造不符合标准规范、存在安全隐患的燃气管道、燃气场站、居民户内设施及监测设施。改造水质不能稳定达标水厂及老旧破损供水管网。推进老化供热管道更新改造,提高北方地区县城集中供暖比例。开展电网升级改造,推动必要的路面电网及通信网架空线入地。

(十九)推动老旧小区改造。加快改造建成年代较早、失养失修失管、配套设施不完善、居民改造意愿强烈的住宅小区,改善居民基本居住条件。完善老旧小区及周边水电路气热信等配套设施,加强无障碍设施建设改造。科学布局社区综合服务设施,推进养老托育等基本公共服务便捷供给。结合老旧小区改造,统筹推动老旧厂区、老旧街区、城中村改造。

(二十)推进数字化改造。建设新型基础设施,发展智慧县城。推动第五代移动通信网络规模化部署,建设高速光纤宽带网络。推行县城运行一网统管,促进市政公用设施及建筑等物联网应用、智能化改造,部署智能电表和智能水表等感知终端。推行政务服务一网通办,提供工商、税务、证照证明、行政许可等办事便利。推行公共服务一网通享,促进学校、医院、图书馆等资源数字化。

五、强化公共服务供给,增进县城民生福祉

(二十一)完善医疗卫生体系。推进县级医院(含中医院)提标改造,提高传染病检测诊治和重症监护救治能力,依托县级医院建设县级急救中心。支持县域人口达到一定规模的县完善县级医院,推动达到三级医院设施条件和服务能力。推进县级疾控中心建设,配齐疾病监测预警、实验室检测、现场处置等设备。完善县级妇幼保健机构设施设备。建立

省(自治区、直辖市)和地级及以上城市三甲医院对薄弱县级医院的帮扶机制。

(二十二)**扩大教育资源供给**。推进义务教育学校扩容增位,按照办学标准改善教学和生活设施。鼓励高中阶段学校多样化发展,全面改善县域普通高中办学条件,基本消除普通高中"大班额"现象。鼓励发展职业学校,深入推进产教融合。完善幼儿园布局,大力发展公办幼儿园,引导扶持民办幼儿园提供普惠性服务。落实农民工随迁子女入学和转学政策,保障学龄前儿童和义务教育阶段学生入学。

(二十三)**发展养老托育服务**。提升公办养老机构服务能力,完善公建民营管理机制,提供基本养老和长期照护服务。扩大普惠养老床位供给,扶持护理型民办养老机构发展,鼓励社会力量建设完善社区居家养老服务网络,提供失能护理、日间照料及助餐助浴助洁助医助行等服务。推进公共设施适老化改造。发展普惠性托育服务,支持社会力量发展综合托育服务机构和社区托育服务设施,支持有条件的用人单位为职工提供托育服务,支持有条件的幼儿园开设托班招收2至3岁幼儿。

(二十四)**优化文化体育设施**。根据需要完善公共图书馆、文化馆、博物馆等场馆功能,发展智慧广电平台和融媒体中心,完善应急广播体系。建设全民健身中心、公共体育场、健身步道、社会足球场地、户外运动公共服务设施,加快推进学校场馆开放共享。有序建设体育公园,打造绿色便捷的居民健身新载体。

(二十五)**完善社会福利设施**。建设专业化残疾人康复、托养、综合服务设施。完善儿童福利机构及残疾儿童康复救助定点机构,建设未成年人救助保护机构和保护工作站。依托现有社会福利设施建设流浪乞讨人员救助管理设施。建设公益性殡葬设施,改造老旧殡仪馆。

六、加强历史文化和生态保护,提升县城人居环境质量

(二十六)**加强历史文化保护传承**。传承延续历史文脉,厚植传统文化底蕴。保护历史文化名城名镇和历史文化街区,保留历史肌理、空间尺度、景观环境。加强革命文物、红色遗址、文化遗产保护,活化利用历史建筑和工业遗产。推动非物质文化遗产融入县城建设。鼓励建筑设

计传承创新。禁止拆真建假、以假乱真，严禁随意拆除老建筑、大规模迁移砍伐老树，严禁侵占风景名胜区内土地。

(二十七)**打造蓝绿生态空间。**完善生态绿地系统，依托山水林田湖草等自然基底建设生态绿色廊道，利用周边荒山坡地和污染土地开展国土绿化，建设街心绿地、绿色游憩空间、郊野公园。加强河道、湖泊、滨海地带等湿地生态和水环境修复，合理保持水网密度和水体自然连通。加强黑臭水体治理，对河湖岸线进行生态化改造，恢复和增强水体自净能力。

(二十八)**推进生产生活低碳化。**推动能源清洁低碳安全高效利用，引导非化石能源消费和分布式能源发展，在有条件的地区推进屋顶分布式光伏发电。坚决遏制"两高"项目盲目发展，深入推进产业园区循环化改造。大力发展绿色建筑，推广装配式建筑、节能门窗、绿色建材、绿色照明，全面推行绿色施工。推动公共交通工具和物流配送、市政环卫等车辆电动化。推广节能低碳节水用品和环保再生产品，减少一次性消费品和包装用材消耗。

(二十九)**完善垃圾收集处理体系。**因地制宜建设生活垃圾分类处理系统，配备满足分类清运需求、密封性好、压缩式的收运车辆，改造垃圾房和转运站，建设与清运量相适应的垃圾焚烧设施，做好全流程恶臭防治。合理布局危险废弃物收集和集中利用处置设施。健全县域医疗废弃物收集转运处置体系。推进大宗固体废弃物综合利用。

(三十)**增强污水收集处理能力。**完善老城区及城中村等重点区域污水收集管网，更新修复混错接、漏接、老旧破损管网，推进雨污分流改造。开展污水处理差别化精准提标，对现有污水处理厂进行扩容改造及恶臭治理。在缺水地区和水环境敏感地区推进污水资源化利用。推进污泥无害化资源化处置，逐步压减污泥填埋规模。

国务院办公厅关于进一步盘活存量资产扩大有效投资的意见

国务院办公厅　国办发〔2022〕19号

各省、自治区、直辖市人民政府，国务院各部委、各直属机构：

经过多年投资建设，我国在基础设施等领域形成了一大批存量资产，为推动经济社会发展提供了重要支撑。有效盘活存量资产，形成存量资产和新增投资的良性循环，对于提升基础设施运营管理水平、拓宽社会投资渠道、合理扩大有效投资以及降低政府债务风险、降低企业负债水平等具有重要意义。为深入贯彻习近平新时代中国特色社会主义思想，完整、准确、全面贯彻新发展理念，加快构建新发展格局，推动高质量发展，经国务院同意，现就进一步盘活存量资产、扩大有效投资提出以下意见。

一、聚焦盘活存量资产重点方向

（一）**重点领域**。一是重点盘活存量规模较大、当前收益较好或增长潜力较大的基础设施项目资产，包括交通、水利、清洁能源、保障性租赁住房、水电气热等市政设施、生态环保、产业园区、仓储物流、旅游、新型基础设施等。二是统筹盘活存量和改扩建有机结合的项目资产，包括综合交通枢纽改造、工业企业退城进园等。三是有序盘活长期闲置但具有较大开发利用价值的项目资产，包括老旧厂房、文化体育场馆和闲置土地等，以及国有企业开办的酒店、餐饮、疗养院等非主业资产。

（二）**重点区域**。一是推动建设任务重、投资需求强、存量规模大、资产质量好的地区，积极盘活存量资产，筹集建设资金，支持新项目建设，牢牢守住风险底线。二是推动地方政府债务率较高、财政收支平衡压力较大的地区,加快盘活存量资产,稳妥化解地方政府债务风险,提升财政可持续能力,合理支持新项目建设。三是围绕落实京津冀协同发展、长江经济带发展、粤港澳大湾区建设、长三角一体化发展、黄河流域生态保护和高质量发展等区域重大战略以及推动海南自由贸易港建设等,鼓励相关地区率先加大存量资产盘活力度,充分发挥示范带动作用。

(三)重点企业。盘活存量资产对参与的各类市场主体一视同仁。引导支持基础设施存量资产多、建设任务重、负债率较高的国有企业,把盘活存量资产作为国有资产保值增值以及防范债务风险、筹集建设资金、优化资产结构的重要手段,选择适合的存量资产,采取多种方式予以盘活。鼓励民营企业根据实际情况,参与盘活国有存量资产,积极盘活自身存量资产,将回收资金用于再投资,降低企业经营风险,促进持续健康发展。

二、优化完善存量资产盘活方式

(四)推动基础设施领域不动产投资信托基金(REITs)健康发展。进一步提高推荐、审核效率,鼓励更多符合条件的基础设施REITs项目发行上市。对于在维护产业链供应链稳定、强化民生保障等方面具有重要作用的项目,在满足发行要求、符合市场预期、确保风险可控等前提下,可进一步灵活合理确定运营年限、收益集中度等要求。建立健全扩募机制,探索建立多层次基础设施REITs市场。国有企业发行基础设施REITs涉及国有产权非公开协议转让的,按规定报同级国有资产监督管理机构批准。研究推进REITs相关立法工作。

(五)规范有序推进政府和社会资本合作(PPP)。鼓励具备长期稳定经营性收益的存量项目采用PPP模式盘活存量资产,提升运营效率和服务水平。社会资本方通过创新运营模式、引入先进技术、提升运营效率等方式,有效盘活存量资产并减少政府补助额度的,地方人民政府可采取适当方式通过现有资金渠道予以奖励。

(六)积极推进产权规范交易。充分发挥产权交易所的价值发现和投资者发现功能,创新交易产品和交易方式,加强全流程精细化服务,协助开展咨询顾问、尽职调查、方案优化、信息披露、技术支撑、融资服务等，为存量资产的合理流动和优化配置开辟绿色通道，推动存量资产盘活交易更加规范、高效、便捷。采取多种方式加大宣传引导力度，吸引更多买方参与交易竞价。

（七）**发挥国有资本投资、运营公司功能作用。** 鼓励国有企业依托国有资本投资、运营公司，按规定通过进场交易、协议转让、无偿划转、资产置换、联合整合等方式，盘活长期闲置的存量资产，整合非主业资产。通过发行债券等方式，为符合条件的国有资本投资、运营公司盘活存量资产提供中长期资金支持。

（八）**探索促进盘活存量和改扩建有机结合。** 吸引社会资本参与盘活城市老旧资产资源特别是老旧小区改造等，通过精准定位、提升品质、完善用途等进一步丰富存量资产功能、提升资产效益。因地制宜积极探索污水处理厂下沉、地铁上盖物业、交通枢纽地上地下空间综合开发、保障性租赁住房小区经营性公共服务空间开发等模式，有效盘活既有铁路场站及周边可开发土地等资产，提升项目收益水平。在各级国土空间规划、相关专项规划中充分考虑老港区搬迁或功能改造提升，支持优化港口客运场站规划用途，实施综合开发利用。

（九）**挖掘闲置低效资产价值。** 推动闲置低效资产改造与转型，依法依规合理调整规划用途和开发强度，开发用于创新研发、卫生健康、养老托育、体育健身、休闲旅游、社区服务或作为保障性租赁住房等新功能。支持金融资产管理公司、金融资产投资公司以及国有资本投资、运营公司通过不良资产收购处置、实质性重组、市场化债转股等方式盘活闲置低效资产。

（十）**支持兼并重组等其他盘活方式。** 积极探索通过资产证券化等市场化方式盘活存量资产。在符合反垄断等法律法规前提下，鼓励行业龙头企业通过兼并重组、产权转让等方式加强存量资产优化整合，提升资产质量和规模效益。通过混合所有制改革、引入战略投资方和专业运营管理机构等，提升存量资产项目的运营管理能力。

三、加大盘活存量资产政策支持

(十一)**积极落实项目盘活条件**。针对存量资产项目具体情况,分类落实各项盘活条件。对产权不明晰的项目,依法依规理顺产权关系,完成产权界定,加快办理相关产权登记。对项目前期工作手续不齐全的项目,按照有关规定补办相关手续,加快履行竣工验收、收费标准核定等程序。对项目盘活过程中遇到的难点问题,探索制定合理解决方案并积极推动落实。

(十二)**有效提高项目收益水平**。完善公共服务和公共产品价格动态调整机制,依法依规按程序合理调整污水处理收费标准,推动县级以上地方人民政府建立完善生活垃圾处理收费制度。建立健全与投融资体制相适应的水利工程水价形成机制,促进水资源节约利用和水利工程良性运行。对整体收益水平较低的存量资产项目,完善市场化运营机制,提高项目收益水平,支持开展资产重组,为盘活存量资产创造条件。研究通过资产合理组合等方式,将准公益性、经营性项目打包,提升资产吸引力。

(十三)**完善规划和用地用海政策**。依法依规指导拟盘活的存量项目完善规划、用地用海、产权登记、土地分宗等手续,积极协助妥善解决土地和海域使用相关问题,涉及手续办理或开具证明的积极予以支持。坚持先规划后建设,对盘活存量资产过程中确需调整相关规划或土地、海域用途的,应充分开展规划实施评估,依法依规履行相关程序,确保土地、海域使用符合相关法律法规和国土空间用途管制要求。

(十四)**落实财税金融政策**。落实落细支持基础设施REITs有关税收政策。对符合存量资产盘活条件、纳税金额较大的重点项目,各级税务机关做好服务和宣传工作,指导企业依法依规纳税,在现行税收政策框架下助力盘活存量资产。支持银行、信托、保险、金融资产管理、股权投资基金等机构,充分发挥各自优势,按照市场化原则积极参与盘活存量资产。鼓励符合条件的金融资产管理公司、金融资产投资公司通过发行债券融资,解决负债久期与资产久期错配等问题。加强投融资合作对接,积极向有关金融机构推介盘活存量资产项目。

四、用好回收资金增加有效投资

(十五)引导做好回收资金使用。 加强对盘活存量资产回收资金的管理,除按规定用于本项目职工安置、税费缴纳、债务偿还等支出外,应确保主要用于项目建设,形成优质资产。鼓励以资本金注入方式将回收资金用于具有收益的项目建设,充分发挥回收资金对扩大投资的撬动作用。对地方政府债务率较高、财政收支平衡压力较大的地区,盘活存量公共资产回收的资金可适当用于"三保"支出及债务还本付息。回收资金使用应符合预算管理、国有资产监督管理等有关政策要求。

(十六)精准有效支持新项目建设。 盘活存量资产回收资金拟投入新项目建设的,优先支持综合交通和物流枢纽、大型清洁能源基地、环境基础设施、"一老一小"等重点领域项目,重点支持"十四五"规划102项重大工程,优先投入在建项目或符合相关规划和生态环保要求、前期工作成熟的项目。有关部门应加快相关项目审批核准备案、规划选址、用地用海、环境影响评价、施工许可等前期工作手续办理,促进项目尽快落地实施、形成实物工作量。

(十七)加强配套资金支持。 在安排中央预算内投资等资金时,对盘活存量资产回收资金投入的新项目,可在同等条件下给予优先支持;发挥中央预算内投资相关专项示范引导作用,鼓励社会资本通过多种方式参与盘活国有存量资产。对回收资金投入的新项目,地方政府专项债券可按规定予以支持。鼓励银行等金融机构按照市场化原则提供配套融资支持。

五、严格落实各类风险防控举措

(十八)依法依规稳妥有序推进存量资产盘活。 严格落实防范化解地方政府隐性债务风险的要求,严禁在盘活存量资产过程中新增地方政府隐性债务。坚持市场化法治化原则,严格落实国有资产监督管理规定,做好财务审计、资产评估、决策审批等工作,除相关政策规定的情形外,应主要通过公共资源交易平台、证券交易所、产权交易所等公开透明渠道合理确定交易价格,严防国有资产流失。充分保障债权人的合法权益,避免在存量资产转让过程中出现债权悬空。多措并举做好职工安置,为盘活存量资产创造良好条件和氛围。所有拟发行基础设施REITs的项目均应符合国家重大战略、发展规划、产业政策、投资管理法规等相关要求,保障项目质量,防范市场风险。

(十九)**提升专业机构合规履职能力。**严格落实相关中介机构自律规则、执业标准和业务规范,推动中介机构等履职尽责,依法依规为盘活存量资产提供尽职调查、项目评估、财务和法律咨询等专业服务。积极培育为盘活存量资产服务的专业机构,提高专业化服务水平。对违反相关法律法规的中介机构依法追责。

(二十)**保障基础设施稳健运营。**对公共属性较强的基础设施项目,在盘活存量资产时应处理好项目公益性与经营性的关系,确保投资方在接手后引入或组建具备较强能力和丰富经验的基础设施运营管理机构,保持基础设施稳健运营,切实保障公共利益,防范化解潜在风险。推动基础设施REITs基金管理人与运营管理机构健全运营机制,更好发挥原始权益人在项目运营管理中的专业作用,保障基金存续期间项目持续稳定运营。

六、建立工作台账强化组织保障

(二十一)**实行台账式管理。**全面梳理各地区基础设施等领域存量资产情况,筛选出具备一定盘活条件的项目,建立盘活存量资产台账,实行动态管理。针对纳入台账项目的类型和基本情况,逐一明确盘活方案,落实责任单位和责任人。地方各级人民政府要加强指导协调,定期开展项目调度,梳理掌握项目进展情况、及时解决存在问题,调动民间投资参与积极性。

(二十二)**建立健全协调机制。**由国家发展改革委牵头,会同财政部、自然资源部、住房城乡建设部、人民银行、国务院国资委、税务总局、银保监会、证监会等部门,加强盘活存量资产工作信息沟通和政策衔接,建立完善工作机制,明确任务分工,做好指导督促,协调解决共性问题,形成工作合力,重大事项及时向党中央、国务院报告。各地区建立相关协调机制,切实抓好盘活存量资产、回收资金用于新项目建设等工作。

(二十三)**加强督促激励引导**。对盘活存量资产、扩大有效投资工作成效突出的地区或单位,以适当方式积极给予激励;对资产长期闲置、盘活工作不力的,采取约谈、问责等方式,加大督促力度。适时将盘活存量资产、扩大有效投资有关工作开展情况作为国务院大督查的重点督查内容。研究将鼓励盘活存量资产纳入国有企业考核评价体系。对地方政府债务率较高的地区,重点督促其通过盘活存量资产降低债务率、提高再投资能力。当年盘活国有存量资产相关情况,纳入地方各级政府年度国有资产报告。

(二十四)**积极开展试点探索**。根据实际工作需要,在全国范围内选择不少于30个有吸引力、代表性强的重点项目,并确定一批可以为盘活存量资产、扩大有效投资提供有力支撑的相关机构,开展试点示范,形成可复制、可推广的经验做法。引导各地区积极学习借鉴先进经验,因地制宜研究制定盘活存量资产的有力有效措施,防止"一哄而上"。

"十四五"新型城镇化实施方案

国家发展改革委　发改规划〔2022〕960号

为深入贯彻《中华人民共和国国民经济和社会发展第十四个五年规划和2035年远景目标纲要》和《国家新型城镇化规划（2021—2035年）》，坚持走以人为本、四化同步、优化布局、生态文明、文化传承的中国特色新型城镇化道路，明确"十四五"时期深入推进以人为核心的新型城镇化战略的目标任务和政策举措，制定本实施方案。

一、发展基础

（一）主要进展。"十三五"以来，新型城镇化取得重大进展，城镇化水平和质量大幅提升，2020年末全国常住人口城镇化率达到63.89%，户籍人口城镇化率提高到45.4%。农业转移人口市民化成效显著，户籍制度改革取得历史性突破，1亿农业转移人口和其他常住人口在城镇落户目标顺利实现，居住证制度全面实施，基本公共服务覆盖范围和均等化水平显著提高。城镇化空间格局持续优化，"两横三纵"城镇化战略格局基本形成，中心城市和城市群成为带动全国高质量发展的动力源，京津冀、长三角、珠三角等城市群国际竞争力显著增强，城市规模结构进一步优化，2020年末城市数量增至685个。城市可持续发展能力持续增强，城市发展方式加快转变，基础设施和公共服务明显改善，生态环境质量不断提升，城镇棚户区住房改造开工超过2300万套，城市轨道交通运营里程超过7000公里，新型城市建设步伐加快。城乡融合发展体制机制和政策体系基本确立，城乡要素自由流动、平等交换和公共资源合理配置稳步推进，城乡居民收入比不断缩小。

(二)发展形势。"十四五"时期,城镇化发展面临的问题挑战和机遇动力并存。一方面,城镇化质量有待进一步提升,户籍制度改革及其配套政策尚未全面落实,城镇基本公共服务尚未覆盖全部常住人口,城市群一体化发展体制机制尚不健全,大中小城市发展协调性不足,超大城市规模扩张过快,部分中小城市及小城镇面临经济和人口规模减少,城市发展韧性和抗风险能力不强,城市治理能力亟待增强,城乡融合发展任重道远。另一方面,我国仍处在城镇化快速发展期,城镇化动力依然较强;京津冀协同发展、长三角一体化发展、粤港澳大湾区建设等区域重大战略深入实施,城市群和都市圈持续发展壮大;城市物质技术基础不断强化,满足城市居民对优质公共服务和生态环境、健康安全等需求的能力日益增强,城市可持续发展的客观条件更为坚实。要破解问题、应对挑战、紧抓机遇、释放动力,推进新型城镇化不断向纵深发展。

二、总体要求

(三)指导思想。以习近平新时代中国特色社会主义思想为指导,全面贯彻党的十九大和十九届历次全会精神,坚持稳中求进工作总基调,完整、准确、全面贯彻新发展理念,加快构建新发展格局,以推动城镇化高质量发展为主题,以转变城市发展方式为主线,以体制机制改革创新为根本动力,以满足人民日益增长的美好生活需要为根本目的,统筹发展和安全,深入推进以人为核心的新型城镇化战略,持续促进农业转移人口市民化,完善以城市群为主体形态、大中小城市和小城镇协调发展的城镇化格局,推动城市健康宜居安全发展,推进城市治理体系和治理能力现代化,促进城乡融合发展,为全面建设社会主义现代化国家提供强劲动力和坚实支撑。

(四)工作原则。坚持党的全面领导、坚持以人民为中心、坚持新发展理念、坚持改革创新、坚持系统观念,注重把握以下工作原则。

——统筹谋划、协同推进。坚持全国一盘棋,强化顶层设计和规划引领,注重全局性谋划、战略性布局、整体性推进,增强制度衔接、任务协同和政策配套,更好发挥中央和地方两个积极性,凝聚各方力量、形成工作合力。

——因地制宜、分类施策。根据各地资源禀赋、要素条件和经济社会发展基础,考虑城镇化发展阶段的差异性,找准城市群和大中小城市各自发展定位,实施有针对性的任务举措,形成符合实际、各具特色的城镇化发展模式。

——积极探索、重点突破。尊重基层首创精神,加大改革探索力度,抓住主要矛盾和矛盾的主要方面,着眼农业转移人口市民化、城市群一体化、城市治理、城乡融合发展等重点领域和关键环节,不断完善体制机制和政策体系。

——稳妥有序、守住底线。循序渐进、久久为功,尽力而为、量力而行,合理确定时序和步骤,划定落实耕地和永久基本农田、生态保护红线和城镇开发边界,保护延续历史文脉,严控地方政府债务风险,防止资本无序扩张,加强公共安全保障,优化应急管理体系,防范化解重大风险隐患。

(五)**主要目标**。到2025年,全国常住人口城镇化率稳步提高,户籍人口城镇化率明显提高,户籍人口城镇化率与常住人口城镇化率差距明显缩小。农业转移人口市民化质量显著提升,城镇基本公共服务覆盖全部未落户常住人口。"两横三纵"城镇化战略格局全面形成,城市群承载人口和经济的能力明显增强,重点都市圈建设取得明显进展,轨道上的京津冀、长三角、粤港澳大湾区基本建成。超大特大城市中心城区非核心功能有序疏解,大中城市功能品质进一步提升,小城市发展活力不断增强,以县城为重要载体的城镇化建设取得重要进展。城市可持续发展能力明显增强,城镇开发边界全面划定,新增建设用地规模控制在2950万亩以内,城市内涝治理取得明显成效,城市燃气等管道老化更新改造深入推进,能源资源利用效率大幅提升,城市黑臭水体基本消除,地级及以上城市空气质量优良天数比率提高到87.5%,城市建成区绿化覆盖率超过43%。系统完备、科学规范、运行有效的城市治理体系基本建立,治理能力明显增强。

三、加快农业转移人口市民化

坚持把推进农业转移人口市民化作为新型城镇化的首要任务,存量优先、带动增量，稳妥有序推进户籍制度改革，推动城镇基本公共服务均等化，健全配套政策体系，提高农业转移人口市民化质量。

（六）深化户籍制度改革。 放开放宽除个别超大城市外的落户限制，试行以经常居住地登记户口制度。全面取消城区常住人口300万以下的城市落户限制，确保外地与本地农业转移人口进城落户标准一视同仁。全面放宽城区常住人口300万至500万的Ⅰ型大城市落户条件。完善城区常住人口500万以上的超大特大城市积分落户政策，精简积分项目，确保社会保险缴纳年限和居住年限分数占主要比例，鼓励取消年度落户名额限制。各城市因地制宜制定具体落户办法，促进在城镇稳定就业和生活的农业转移人口举家进城落户，并与城镇居民享有同等权利、履行同等义务。完善全国公开统一的户籍管理政务服务平台，提高户籍登记和迁移便利度。依法保障进城落户农民的农村土地承包权、宅基地使用权、集体收益分配权，健全农户"三权"市场化退出机制和配套政策。

（七）完善城镇基本公共服务提供机制。 建立基本公共服务同常住人口挂钩、由常住地供给的机制，稳步提高非户籍常住人口在流入地享有的基本公共服务项目数量和水平，推动城镇基本公共服务常住人口全覆盖。省级政府依照国家基本公共服务标准，细化完善并定期调整本地区基本公共服务标准，按照常住人口规模和服务半径统筹基本公共服务设施布局。提高居住证持有人义务教育和住房保障等的实际享有水平，探索实施电子居住证改革。

（八）提高农业转移人口劳动技能素质。 聚焦智能制造、信息技术、医疗照护、家政、养老托育等用工矛盾突出的行业和网约配送、直播销售等新业态，持续大规模开展面向新生代农民工等的职业技能培训。推动公共实训基地共建共享，支持职业技能培训线上平台建设。探索通过社保卡为符合条件的农民工发放电子培训券。扩大职业院校面向农业转移人口的招生规模，探索通过技能水平测试等对农民工进行学历教育学分认定。提高职业院校课程设置与市场需求的契合度，加快培育"双师型"教师队伍。

（九）强化随迁子女基本公共教育保障。 保障随迁子女在流入地受教育权利，以公办学校为主将随迁子女纳入流入地义务教育保障范围。根据人口流动实际调整人口流入流出地区教师编制定额，加大人口集中流入城市义务教育阶段学位供给。逐步将农业转移人口纳入流入地中等职业教育、普通高中教育、普惠性学前教育保障范围。

(十)巩固提高社会保险统筹层次和参保覆盖率。推进全民参保计划,实现社会保险法定人群全覆盖。稳步推进基本养老保险全国统筹。做实基本医疗保险市级统筹,推动省级统筹。推进实现失业保险省级统筹,巩固完善工伤保险省级统筹,实施新就业形态就业人员职业伤害保障办法。逐步放开放宽居民在常住地或就业地参加社会保险的户籍限制。加强社会保险、基本医疗保险关系转移接续,完善全国统一的社会保险和医疗保障信息服务平台。加强执法监督,全面落实企业为农民工缴纳职工养老、医疗、工伤、失业、生育等社会保险费用的责任。支持有条件的地区有序推进居住证持有人在常住地申办最低生活保障。

(十一)强化农民工劳动权益保障。建立劳动者平等参与市场竞争的就业机制,逐步消除性别、户籍、身份等各类影响平等就业的不合理限制或就业歧视,增强劳动力市场包容性。强化劳务派遣用工监管,加强对劳动密集型企业和中小微企业的劳动用工指导,建立新就业形态劳动者劳动权益保障机制。完善欠薪治理长效机制,持续推进根治拖欠农民工工资工作。引导法律援助机构为农民工提供支付劳动报酬、给予社保待遇、工伤赔偿等法律援助服务。在城市管理和综合执法过程中对外来人口、本地人口一视同仁。引导农民工参加群团组织,开展工会、共青团、妇联关爱帮扶农民工及随迁家属活动。

(十二)完善农业转移人口市民化配套政策。健全中央和省级财政农业转移人口市民化奖励机制,建立财政、发改、公安等部门工作协同机制,中央财政和省级财政分别对吸纳跨省域、跨市域农业转移人口落户多的地区给予支持。加大中央财政均衡性转移支付中非户籍常住人口因素权重。推动中央预算内投资安排向吸纳农业转移人口落户多的城市倾斜,中央财政在安排城市基础设施建设、保障性住房等资金时,对吸纳农业转移人口多的地区给予适当支持,省级政府制定实施相应配套政策。各级国土空间规划编制修订充分考虑人口规模因素特别是进城落户人口数量,科学测算和合理安排城镇新增建设用地规模,在人口集中流入地区优先保障义务教育校舍建设和保障性住房建设用地需求。

四、优化城镇化空间布局和形态

提升城市群一体化发展和都市圈同城化发展水平,促进大中小城市和小城镇协调发展,形成疏密有致、分工协作、功能完善的城镇化空间格局。

(十三)分类推动城市群发展。 增强城市群人口经济承载能力,建立健全多层次常态化协调推进机制,打造高质量发展的动力源和增长极。深入实施京津冀协同发展、长三角一体化发展、粤港澳大湾区建设等区域重大战略,加快打造世界一流城市群。积极推进成渝地区双城经济圈建设,显著提升经济实力和国际影响力。实施长江中游、北部湾等城市群发展"十四五"实施方案,推动山东半岛、粤闽浙沿海、中原、关中平原等城市群发展。引导哈长、辽中南、山西中部、黔中、滇中、呼包鄂榆、兰州—西宁、宁夏沿黄、天山北坡等城市群稳步发展。构筑城市间生态和安全屏障,构建布局合理、功能完备的城镇体系,形成多中心、多层级、多节点的网络型城市群结构。加强城市群对周边欠发达地区、革命老区、边境地区、生态退化地区、资源型地区、老工业城市等特殊类型地区发展的辐射带动。

(十四)有序培育现代化都市圈。 依托超大特大城市及辐射带动能力强的Ⅰ型大城市,以促进中心城市与周边城市(镇)同城化发展为导向,以1小时通勤圈为基本范围,培育发展都市圈。编制实施都市圈发展规划及重点领域专项规划,建立健全省级统筹、中心城市牵头、周边城市协同的同城化推进机制。提高都市圈交通运输连通性便利性,统筹利用既有线与新线因地制宜发展城际铁路和市域(郊)铁路,有序发展城市轨道交通,构建高速公路环线系统,打通各类未贯通公路和"瓶颈路",推动市内市外交通有效衔接和轨道交通"四网融合",有序推进城际道路客运公交化运营。引导都市圈产业从中心至外围梯次分布、合理分工、链式配套,推动产业园区和创新基地合作共建。鼓励都市圈社保和落户积分互认,统筹布局新建大型公共服务设施,促进教育医疗资源共享。

(十五)健全城市群和都市圈协同发展机制。 在城市群和都市圈内探索经济管理权限与行政区范围适度分离,建立跨行政区利益共享和成本共担机制。鼓励机场港口等运营企业以资本为纽带,采取共同出资、互相持股等市场化方式,提高资源利用效率和管理服务水平。支持在跨行政区合作园区联合成立管委会、整合平台公司,协作开展开发建设运营,允许合作园区内企业自由选择注册地。建立市场监管协调机制,统一监管标准,推动执法协作及信息共享。建立完善横向生态保护补偿机制,推动大气、水等污染联防联治。探索跨行政区开展能源、通讯、应急救援等服务,建立健全自然灾害、公共卫生等重大突发事件和重要输电通道安全风险联防联控机制。探索经济统计分算方式。率先在都市圈推动规划统一编制实施,探索土地、人口等统一管理。

(十六)推动超大特大城市转变发展方式。统筹兼顾经济、生活、生态、安全等多元需要,转变超大特大城市开发建设方式,积极破解"大城市病",推动超大特大城市瘦身健体。科学确定城市规模和开发强度,合理控制人口密度。有序疏解中心城区一般性制造业、区域性物流基地、专业市场等功能和设施,以及过度集中的医疗和高等教育等公共服务资源。优化提升中心城区功能,增强全球资源配置、科技创新策源、高端产业引领功能,率先形成以现代服务业为主体、先进制造业为支撑的产业结构,提高综合能级与国际竞争力。高质量高标准推进国家级新区规划建设,充分发挥引领示范作用。完善郊区新城功能,引入优质资源、促进产城融合,强化与中心城区快速交通连接,实现组团式发展。加强超大特大城市治理中的风险防控,增强能源安全保障能力,结合实际加大粮油肉菜等生活必需品和疫情防控、抗灾救灾应急物资及生产供应配送等相关设施保障投入。

(十七)提升大中城市功能品质。充分发挥资源和产业优势,承接符合自身功能定位、发展方向的超大特大城市产业转移和功能疏解,推动制造业差异化定位、规模化集群化发展,因地制宜建设先进制造业基地、商贸物流中心和区域专业服务中心,夯实实体经济发展基础。完善对外交通通道及设施,增强区域交通枢纽或节点功能。优化公共设施布局和功能,支持三级医院和高等学校在大中城市布局,增加文化体育资源供给,积极拓展绿化空间,营造现代时尚的消费场景,提升城市生活品质。支持中西部有条件的地区培育发展省域副中心城市,引导人口经济合理分布。

（十八）**增强小城市发展活力**。依托资源禀赋和区位条件，推动要素条件良好、产业基础扎实、发展潜力较大的小城市加快发展，培育发展特色优势产业，持续优化公共服务供给，增强要素集聚能力、产业承接能力和人口吸引力。顺应城市兴衰规律，顺势而为、因势利导，引导人口流失城市严控增量、盘活存量，促进人口和公共服务资源向城区集中。支持资源枯竭城市因地制宜发展接续替代产业，加强民生保障和救助扶助。

（十九）**推进以县城为重要载体的城镇化建设**。顺应县城人口流动趋势，选择一批条件好的县城重点发展，因地制宜补齐短板弱项，增强综合承载能力，满足农民到县城就业安家需要。推进县城产业配套设施提质增效，完善产业平台、商贸流通、消费平台等配套设施。推进市政公用设施提档升级，健全市政交通、市政管网、防洪排涝、防灾减灾设施，加强数字化改造，实施老旧小区改造。推进公共服务设施提标扩面，健全医疗卫生、教育、养老托育、文化体育、社会福利设施。推进环境基础设施提级扩能，建设垃圾、污水收集处理设施，加强低碳化改造，打造蓝绿公共空间。推进县乡村功能衔接互补，促进县城基础设施和公共服务向乡村延伸覆盖，增强县城对乡村的辐射带动能力。更好发挥财政性资金作用，引导金融机构和央企等大型企业加大投入力度。高质量完成120个县城建设示范地区示范任务。

（二十）**分类引导小城镇发展**。坚持规模适度、突出特色、强化功能，因地制宜发展小城镇。支持大城市周边小城镇充分对接城市需求，加强规划统筹、功能衔接和设施配套，发展成为卫星镇。支持具有区位优势或独特资源的小城镇强化要素资源配置，发展成为先进制造、交通枢纽、商贸流通、文化旅游等专业功能镇。支持远离城市的小城镇完善基础设施和公共服务，增强服务乡村、带动周边功能，发展成为综合性小城镇。推进大型易地扶贫搬迁安置区新型城镇化建设。

（二十一）**优化边境地区城镇布局**。构建以边境地级市为带动、边境县城和口岸为依托、抵边村镇为支点的边境城镇体系。重点支持满洲里、宽甸、珲春、绥芬河、东兴、腾冲、米林、塔城、可克达拉等边境城镇提升承载能力。建设里孜、黑河、同江、黑瞎子岛口岸，改造提升吉隆、樟木、磨憨、霍尔果斯、阿拉山口、满洲里、二连浩特、瑞丽、友谊关、红其拉甫、甘其毛都、策克、吐尔尕特、伊尔克什坦口岸，持续优化口岸服务能力。推进沿边重点开发开放试验区建设。强化疫情防控和公共卫生重大突发事件应对处置,严格实施边境地区防疫措施,筑牢外防输入防线。

(二十二)**强化综合交通运输网络支撑。**基本贯通综合运输大通道,提高铁路和高速公路城市覆盖率。建设城市群一体化交通网,加快推进京津冀、长三角、粤港澳大湾区城际铁路和市域(郊)铁路建设,有序推进成渝地区双城经济圈和其他重点城市群多层次轨道交通建设,到2025年新增城际铁路和市域(郊)铁路运营里程3000公里,基本实现主要城市间2小时通达。系统布局和优化完善枢纽机场、支线机场、通用机场和货运机场,实现市地级行政中心60分钟到运输机场覆盖率达到80%。建设综合交通枢纽集群,优化综合交通枢纽城市功能,打造一体化综合客运枢纽系统,推动新建枢纽布局立体换乘设施,鼓励同台换乘,实施既有枢纽换乘设施便捷化改造。发展旅客联程运输和货物多式联运,推广全程"一站式"、"一单制"服务,降低物流成本、提高物流效率。

五、推进新型城市建设

坚持人民城市人民建、人民城市为人民,顺应城市发展新趋势,加快转变城市发展方式,建设宜居、韧性、创新、智慧、绿色、人文城市。

(二十三)**增加普惠便捷公共服务供给。**科学布局义务教育学校,推进优质教育资源均衡配置,提高公办义务教育规模占比,鼓励建设九年一贯制学校,加强普通高中建设。逐步提升公立医院医疗水平,增强基层医疗卫生机构诊疗能力,组建紧密型城市医疗集团。提高公办养老机构服务水平,推动党政机关和国有企事业单位的培训疗养机构转型发展养老服务,支持民办养老机构健康发展,推进医养结合,扩大护理型床位供给。扩大3岁以下婴幼儿托位供给,支持社会力量发展托育服务设施。严格落实城镇小区配套园政策,大力发展公办幼儿园,扶持民办幼儿园提供普惠性服务,增加普惠性幼儿园学位数量。推进公共设施适老化适幼化改造,完善无障碍环境建设。按照每百户居民拥有不低于30平方米建筑面积标准,优化社区综合服务设施。统筹发展生活性服务业,开展高品质生活城市建设行动,打造城市一刻钟便民生活圈。

(二十四)**健全市政公用设施。**优化公交地铁站点线网布局,完善

"最后一公里"公共交通网络。按照窄马路、密路网、微循环方式,构建级配合理的城市路网体系,完善机动车道、非机动车道、人行道"三行系统",改善行人过街设施。完善以配建停车场为主、路外公共停车场为辅、路内停车为补充的停车设施体系,推进居住小区和机构停车位错时共享,在人流密集的公共场所增加非机动车停放设施。优化公共充换电设施建设布局,完善居住小区和公共停车场充电设施,新建居住小区固定车位全部建设充电设施或预留安装条件。推进水电气热信等地下管网建设,因地制宜在新城新区和开发区推行地下综合管廊模式,推动有条件城市路面电网和通信网架空线入廊入地。加强城市景观照明节约用电管理和用能清洁化。

(二十五)完善城市住房体系。坚持房子是用来住的、不是用来炒的定位,建立多主体供给、多渠道保障、租购并举的住房制度,夯实城市政府主体责任,稳地价、稳房价、稳预期。建立住房和土地联动机制,实施房地产金融审慎管理制度,支持合理自住需求,遏制投资投机性需求。培育发展住房租赁市场,盘活存量住房资源,扩大租赁住房供给,完善长租房政策,逐步使租购住房在享受公共服务上具有同等权利。加快住房租赁法规建设,加强租赁市场监管,保障承租人和出租人合法权益。完善住房保障基础性制度和支持政策,有效增加保障性住房供给。以人口流入多的大城市为重点,扩大保障性租赁住房供给,着力解决符合条件的新市民、青年人等群体住房困难问题。单列租赁住房用地供应计划,主要利用集体经营性建设用地、企事业单位自有闲置土地、产业园区配套用地和存量闲置房屋建设,适当利用新供应国有建设用地建设。改革完善住房公积金制度,健全缴存、使用、管理和运行机制。

(二十六)有序推进城市更新改造。重点在老城区推进以老旧小区、老旧厂区、老旧街区、城中村等"三区一村"改造为主要内容的城市更新改造,探索政府引导、市场运作、公众参与模式。开展老旧小区改造,推进水电路气信等配套设施建设及小区内建筑物屋面、外墙、楼梯等公共部位维修,促进公共设施和建筑节能改造,有条件的加装电梯,打通消防通道,统筹建设电动自行车充电设施,改善居民基本居住条件。基本完成大城市老旧厂区改造,推动一批大型老旧街区发展成为新型文旅商业消费集聚区,因地制宜将一批城中村改造为城市社区或其他空间。注重改造活化既有建筑,防止大拆大建,防止随意拆除老建筑、搬迁居民、砍伐老树。

(二十七)**增强防灾减灾能力。**系统排查灾害风险隐患,健全灾害监测体系,提高预警预报水平。采取搬迁避让和工程治理等手段,防治山洪、泥石流、崩塌、滑坡、地面塌陷等地质灾害。开展既有重要建筑抗震鉴定及加固改造,新建建筑要符合抗震设防强制性标准。同步规划布局高层建筑、大型商业综合体等人员密集场所火灾防控设施,在森林、草原与城镇接驳区域建设防火阻隔带。合理布局应急避难场所,改进体育场馆等公共建筑和设施应急避难功能。完善供水、供电、通信等生命线备用设施,加强应急救灾和抢险救援能力建设。建设一批综合性国家储备基地,建立地方和企业储备仓储资源信息库,优化重要民生商品、防疫物资及应急物资等末端配送网络,重点加强突发公共卫生事件应对处置有关应急物资储备。开展自建房安全专项整治,完善自建房安全体检制度,严厉打击危及建筑安全的违法违规行为。完善和落实安全生产责任制,建立公共安全隐患排查和安全预防控制体系。

(二十八)**构建公共卫生防控救治体系。**加强疾病预防控制机构能力建设,地级市至少建成1个生物安全二级水平实验室,县级疾控中心重点提升疫情发现和现场处置能力,基层医疗卫生机构配备从事公共卫生工作的人员。增强救治能力,地级及以上城市建成传染病医院或相对独立的综合性医院传染病区,县级医院提高传染病监测和诊治能力,重点加强感染性疾病科和相对独立的传染病病区建设。建立疾控机构和医疗机构协同监测机制,提高早期识别和快速报告能力。提升平疫结合能力,预留应急空间,确保新建改建大型公共设施具备快速转化为救治与隔离场所的条件。

(二十九)**加大内涝治理力度。**坚持防御外洪与治理内涝并重、工程措施与生态措施并举,因地制宜基本形成源头减排、管网排放、蓄排并举、超标应急的排水防涝工程体系。老城区改造更新按有关标准补齐防洪排涝基础设施短板,全面消除历史上严重影响生产生活秩序的易涝积水点;高标准规划、建设新城区,不再出现"城市看海"现象。治理修复河湖水系,增加雨水调蓄空间。实施排水管网和泵站建设与改造,修复破损失效设施。建设排涝通道,整治河道、湖塘、排洪沟和道路边沟,确保与管网系统排水能力相匹配。推进雨水源头减排,因地制宜配套建设雨水集蓄利用设施,增强地面蓄水渗水能力。加强洪水监测预报和调度预演能力建设,完善堤线布置和河流护岸,在山洪易发地区合理建设截洪沟等设施,降低外洪入城风险。

(三十)**推进管网更新改造和地下管廊建设。**全面推进燃气管道老化更新改造,重点改造城市及县城不符合标准规范、存在安全隐患的燃气管道、燃气场站、居民户内设施及监测设施。统筹推进城市及县城供排水、供热等其他管道老化更新改造。指导各地在城市老旧管网更新改造等工作中因地制宜协同推进管廊建设,在城市新区根据功能需求积极发展干、支线管廊,合理布局管廊系统,统筹各类管线敷设。加快明确入廊收费政策,多措并举解决投融资受阻问题。做好统筹协调,优化项目空间布局,合理安排建设时序,避免反复开挖。健全市政公用设施常态化管护机制,确保设施运行稳定安全。

(三十一)**增强创新创业能力。**强化国家自主创新示范区、高新技术产业开发区、经济技术开发区等创新功能。推动科研平台和数据向企业开放,鼓励大企业向中小企业开放资源、场景和需求。建设成本低、要素全、便利化、开放式的孵化器等众创空间,支持创新型中小微企业成长。促进特色小镇规范健康发展。强化对企业研发的政策支持和奖励。促进创新型应用型技能型人才成长、集聚和发挥作用,完善外籍人才停居留政策。加强公共就业创业服务,为劳动者和企业提供政策咨询、职业介绍、用工指导等便捷化服务。优化营商环境,全面推行"证照分离"、"照后减证",简化企业生产经营审批条件。提高监管效能,实现事前事中事后全链条全领域监管。

(三十二)**推进智慧化改造。**推进第五代移动通信(5G)网络规模化部署和基站建设,确保覆盖所有城市及县城,显著提高用户普及率,扩大千兆光网覆盖范围。推行城市数据一网通用,建设国土空间基础信息平台,因地制宜部署"城市数据大脑"建设,促进行业部门间数据共享、构建数据资源体系,增强城市运行管理、决策辅助和应急处置能力。推行城市运行一网统管,探索建设"数字孪生城市",推进市政公用设施及建筑等物联网应用、智能化改造,部署智能交通、智能电网、智能水务等感知终端。依托全国一体化政务服务平台,推行政务服务一网通办,提供市场监管、税务、证照证明、行政许可等线上办事便利。推行公共服务一网通享,促进学校、医院、养老院、图书馆等公共服务机构资源数字化,提供全方位即时性的线上公共服务。丰富数字技术应用场景,发展远程办公、远程教育、远程医疗、智慧出行、智慧街区、智慧社区、智慧楼宇、智慧商圈、智慧安防和智慧应急。

(三十三)加强生态修复和环境保护。坚持山水林田湖草沙一体化保护和系统治理,落实生态保护红线、环境质量底线、资源利用上线和生态环境准入清单要求,提升生态系统质量和稳定性。建设生态缓冲带,保留生态安全距离。持续开展国土绿化,因地制宜建设城市绿色廊道,打造街心绿地、湿地和郊野公园,提高城市生态系统服务功能和自维持能力。加强河道、湖泊、滨海地带等城市湿地生态和水环境修护,强化河流互济、促进水系连通、提高水网密度,加强城镇饮用水水源地保护和地下水超采综合治理。大力推进城市节水,提高用水效率和效益。基本消除劣V类国控断面和城市黑臭水体。推进生活污水治理厂网配套、泥水并重,推广污泥集中焚烧无害化处理,推进污水污泥资源化利用。地级及以上城市因地制宜基本建立分类投放、收集、运输、处理的生活垃圾分类和处理系统,到2025年城镇生活垃圾焚烧处理能力达到80万吨/日左右。健全危险废弃物和医疗废弃物集中处理设施、大宗固体废弃物综合利用体系。加强城市大气质量达标管理,推进细颗粒物(PM2.5)和臭氧(O_3)协同控制。加强塑料污染、环境噪声污染和扬尘污染治理。

(三十四)推进生产生活低碳化。锚定碳达峰碳中和目标,推动能源清洁低碳安全高效利用,有序引导非化石能源消费和以电代煤、以气代煤,发展屋顶光伏等分布式能源,因地制宜推广热电联产、余热供暖、热泵等多种清洁供暖方式,推行合同能源管理等节能管理模式。促进工业、建筑、交通等领域绿色K">低碳转型,推进产业园区循环化改造,鼓励建设超低能耗和近零能耗建筑,推动公共服务车辆电动化替代,到2025年城市新能源公交车辆占比提高到72%。开展绿色生活创建行动,倡导绿色出行和绿色家庭、绿色社区建设,推广节能产品和新建住宅全装修交付,建立居民绿色消费奖励机制。推进统一的绿色产品认证和标识体系建设,建立绿色能源消费认证机制。在60个左右大中城市率先建设完善的废旧物资循环利用体系。

(三十五)推动历史文化传承和人文城市建设。 保护延续城市历史文脉,保护历史文化名城名镇和历史文化街区的历史肌理、空间尺度、景观环境,严禁侵占风景名胜区内土地。推进长城、大运河、长征、黄河等国家文化公园建设,加强革命文物、红色遗址、世界文化遗产、文物保护单位、考古遗址公园保护。推动非物质文化遗产融入城市规划建设,鼓励城市建筑设计传承创新。推动文化旅游融合发展,发展红色旅游、文化遗产旅游和旅游演艺。根据需要完善公共图书馆等文化场馆功能,建设智慧广电平台和融媒体中心,完善应急广播体系。加强全民健身场地设施建设,有序建设体育公园,促进学校体育场馆开放。

六、提升城市治理水平

树立全周期管理理念,聚焦空间治理、社会治理、行政管理、投融资等领域,提高城市治理科学化精细化智能化水平,推进城市治理体系和治理能力现代化。

(三十六)优化城市空间格局和建筑风貌。 发挥发展规划引领作用,全面完成城市国土空间规划编制,划定落实耕地和永久基本农田、生态保护红线和城镇开发边界。坚持以水定城、以水定地、以水定人、以水定产,根据水资源承载能力优化城市空间布局、产业结构和人口规模。优化居住、工业、商业、交通、生态等功能空间布局,适当提高居住用地比例。合理控制老城区开发强度,推动新城新区高质量高标准建设,统筹布局各类市政公用设施和公共服务设施,促进产城融合、职住平衡。建立地下空间开发与运营管理机制,推行分层开发和立体开发。推动开展城市设计,加强城市风貌塑造和管控,促进新老建筑体量、风格、色彩相协调。落实适用、经济、绿色、美观的新时期建筑方针,治理"贪大、媚洋、求怪"等建筑乱象。严格限制新建超高层建筑,不得新建 500 米以上建筑,严格限制新建 250 米以上建筑。

(三十七)提高建设用地利用效率。 促进城镇建设用地集约高效利用,实行增量安排与消化存量挂钩,严格控制新增建设用地规模,推动低效用地再开发。鼓励地方结合实际划设工业用地控制线,推进"标准地"出让改革,健全长期租赁、先租后让、弹性年期等市场供应体系。提高低效工业用地容积率和单位用地面积产出率,建设城镇建设用地使用权二级市场。推动不同产业用地类型合理转换,探索增加混合产业、复合功能用地供给。鼓励地方完善老旧厂区和城中村存量建设用地用途转变规则,探索建设用地地表、地下、地上分设使用权。推广以公共交通为导向的开发(TOD)模式,打造站城融合综合体,鼓励轨道交通地上地下空间综合开发利用。

(三十八)提高街道社区治理服务水平。 健全党组织领导、社区居委会主导、人民群众为主体,各类组织积极参与,自治、法治、德治相结合的城市基层社会治理体系。坚持党对基层治理的全面领导,强化和巩固党建引领基层治理作用。完善网格化管理服务,依托社区统一划分综合网格。推进社区服务标准化,开发协商议事、政务办理等线上应用,完善社区应急组织体系和工作预案,加强防灾减灾知识宣传和应急演练。加强社会工作专业人才队伍建设,健全社区工作者职业体系,到2025年每万城镇常住人口基本实现拥有社区工作者18人。提高物业服务覆盖率,开展物业服务标准化试点,改进物业服务管理。推动人文关怀进家庭,发展家庭养老床位,加强邻里互助交流,针对困难群体和特殊人群建立"一对一"帮扶机制。

(三十九)健全社会矛盾综合治理机制。 坚持和发展新时代"枫桥经验",构建源头防控、排查梳理、纠纷化解、应急处置的社会矛盾综合治理机制。畅通和规范群众诉求表达、利益协调、权益保障通道,完善人民调解、行政调解、司法调解联动工作体系。健全矛盾风险防控协同、矛盾纠纷多元化解机制,充分发挥调解、仲裁、行政裁决、行政复议、诉讼等作用,建设一站式矛盾纠纷调处平台。健全社会心理服务体系和危机干预机制,针对重点人群加强帮扶救助、法律援助、心理疏导、社会融入、社区康复等服务。加强基层人民调解组织和队伍建设,推进警官、检察官、法官、律师进社区。推进社会治安防控体系建设,强化重点地区排查整治,健全协调联动机制。

(四十)优化行政资源配置和区划设置。 科学配备、动态调整人员编制,优先满足贴近群众生产生活的社会管理、公共服务等领域用编需求。完善街道经费保障机制,推动编制资源向街道倾斜,将更多直面群众的服务事项依法下放至街道。健全城市管理综合执法机制,提升执法人员文明执法、规范执法水平。深化街道管理体制改革,依法赋予街道综合管理权、统筹协调权和应急处置权,并结合本地实际依法赋予街道行政执法权。严格控制撤县建市设区,推进市辖区结构优化和规模适度调整。促进具备条件的开发区向城市综合功能区转型。完善镇和街道设置标准。

(四十一)健全投融资机制。夯实企业投资主体地位,放宽放活社会投资。发挥政府投资引导作用和放大效应,推动政府投资聚焦市场不能有效配置资源、需要政府支持引导的公共领域,主要投向公益性项目。优化财政资金支出结构,发行地方政府专项债券支持符合条件的公益性城镇基础设施建设项目。创新城市投资运营模式,推进公共设施建设和土地潜在价值挖掘相统筹,提高收支平衡水平。引导社会资金参与城市开发建设运营,规范推广政府和社会资本合作(PPP)模式,稳妥推进基础设施领域不动产投资信托基金(REITs)试点。持续深化投资审批制度改革,加强与用地、环评、报建等制度的协同衔接,全面改善投资环境。合理确定城市公用事业价格,拓宽多元化融资渠道,鼓励银行业金融机构按市场化原则增加中长期贷款投放。防范化解城市债务风险,强化政府预算约束和绩效管理,合理处置和分类化解存量债务,严控增量债务。

七、推进城乡融合发展

坚持以工补农、以城带乡,以县域为基本单元、以国家城乡融合发展试验区为突破口,促进城乡要素自由流动和公共资源合理配置,逐步健全城乡融合发展体制机制和政策体系。

(四十二)稳步推进农村土地制度改革。落实第二轮土地承包到期后再延长30年政策,完善农村承包地所有权、承包权、经营权分置制度,进一步放活经营权,稳妥推进集体林权制度创新。稳慎推进农村宅基地制度改革,加快推进房地一体的宅基地使用权确权登记颁证,探索宅基地所有权、资格权、使用权分置有效实现形式。在充分保障农民宅基地合法权益的前提下,探索农村集体经济组织及其成员采取自营、出租、入股、合作等方式,依法依规盘活闲置宅基地和闲置住宅。建立土地征收公共利益认定机制,缩小土地征收范围。坚决守住土地公有制性质不改变、耕地红线不突破、农民利益不受损三条底线,实现好、维护好、发展好农民权益。

(四十三)开拓乡村建设多元化融资渠道。 鼓励各级财政支持城乡融合发展。逐步提高地方土地出让收益用于农业农村比例。按照市场化原则,在依法合规、风险可控前提下,推动农村信用社、农商行和村镇银行扩大信贷投放,创新中小银行和地方银行金融产品,引导大型商业银行下沉服务重心、加强信贷支持,鼓励增加首贷和信用贷。运用支农支小再贷款、再贴现等政策工具,实施最优惠的存款准备金率,支持机构法人在县域、业务在县域的金融机构。扩大农村资产抵押担保融资范围,依法合规开展农村集体经营性建设用地使用权、承包地经营权、集体林权等抵质押融资,鼓励有条件的地区结合财力实际设立市场化运作的担保机构。

(四十四)引导城市人才入乡发展。 深入推行科技特派员制度,推动规划设计师、建筑师、工程师"三师入乡",建立科研人员入乡兼职兼薪和离岗创业制度,为乡村建设行动提供技术支撑。推进城市教文卫体等工作人员定期服务乡村,促进职称评定和工资待遇等向乡村教师、医生倾斜,优化乡村教师、医生中高级岗位结构比例。支持有技能有管理经验的农民工等人员返乡入乡创业,加强场地安排等政策支持。允许入乡就业创业人员在原籍地或就业创业地落户并依法享有相关权益。

(四十五)推进城乡一体规划设计。 统筹县域城镇和村庄规划建设,通盘考虑土地利用、产业发展、居民点建设、人居环境整治、生态保护、防灾减灾和历史文化传承,实现县乡村功能衔接互补。全面完成县级国土空间规划编制,结合实际编制乡镇国土空间规划。科学编制县域村庄布局规划,鼓励有条件的地区编制实用性村庄规划。规范开展全域土地综合整治,合理推进农用地和建设用地整理,坚决遏制耕地"非农化"、严格管控"非粮化",严禁随意撤并村庄搞大社区、违背农民意愿大拆大建。

(四十六)推进城镇公共服务向乡村覆盖。 强化基本公共服务供给县乡村统筹,增加乡村教育、医疗、养老等服务供给。推进城乡义务教育学校标准化建设,发展城乡教育联合体,深化义务教育教师"县管校聘"管理改革,促进县域内校长教师交流轮岗。在县城和规模较大中心镇建设一批高中和中等职业学校。办好乡镇公办中心幼儿园,完善农村学前教育公共服务网络。完善县级医院、乡镇卫生院和村卫生室诊疗条件，发展紧密型县域医疗卫生共同体，推行派驻、巡诊、轮岗等方式。健全县乡村衔接的三级养老服务网络，建设村级幸福院和日间照料中心，发展乡村普惠型养老服务和互助性养老。建设农村公益性殡葬设施，推动殡仪馆尚未覆盖的火葬区的县补齐短板。加强对农村留守儿童、妇女、老年人及困境儿童的关爱服务。

(四十七)推进城镇基础设施向乡村延伸。 推动城乡基础设施统一规划、统一建设、统一管护，促进向村覆盖、往户延伸。统筹规划各类市政公用设施，推动供水供气供热管网向城郊乡村和规模较大中心镇延伸。推进人口规模较大的自然村(组)通硬化路，建设村内主干道和资源路、产业路、旅游路。促进城乡道路客运一体化，拓展公路客运站综合服务功能。到2025年农村自来水普及率提高到88%，在有条件地区推进城乡供水一体化。推进燃气入乡，建设安全可靠的乡村储气罐站和微管网供气系统。建设数字乡村，以需求为导向逐步推进5G网络和千兆光网向乡村延伸。建设以城带乡的垃圾收集处理系统。发展联结城乡的冷链物流、配送投递、电商平台和农贸市场网络。加强乡村消防基础设施建设，改善消防安全条件。推进城镇基础设施建设运营单位开展统一管护，鼓励引入市场化管护企业。支持国家乡村振兴重点帮扶县加快补齐短板。

(四十八)促进城乡产业协同发展。 发展县域经济，构建以现代农业为基础、乡村新产业新业态为补充的多元化乡村经济。健全现代农业产业体系、生产体系、经营体系，推进粮经饲统筹、农林牧渔协调，以粮食生产功能区和重要农产品生产保护区为重点，到2025年建成10.75亿亩集中连片高标准农田，农作物耕种收综合机械化率提高到75%，发展多种形式适度规模经营，加强绿色食品、有机农产品和地理标志农产品认证管理。促进农村一二三产业融合发展，壮大农产品加工业和农业生产性服务业，培育休闲农业、乡村旅游、民宿经济和森林康养等新业态，建立生态产品价值实现机制和优秀农耕文化遗产保护利用机制，盘活用好乡村资源资产。建设现代农业产业园区，健全智能标准厂房和仓储保鲜等设施，完善检验检测、商贸流通、农村产权交易等平台。

(四十九)多渠道增加农民收入。 统筹推进农村劳动力转移就业和就地就近就业创业,促进农民收入持续稳定增长,逐步缩小城乡居民收入差距。健全农民工输出输入地劳务对接机制,加强劳务品牌建设。大规模开展高素质农民培训,建立农产品优质优价正向激励机制,发展农民合作社和家庭农场,引导龙头企业与农民共建农业产业化联合体,让农民分享加工销售环节收益。培育专业化社会化服务组织,帮助小农户节本增收。深化农村集体产权制度改革,创新农村集体经济运行机制,推动"资源变资产、资金变股金、农民变股东",增加农民财产性收入。结合深化粮食收储制度改革,健全农民直接补贴政策,保障农民种粮收益。

八、保障措施

(五十)**加强党的全面领导。**坚持和加强党的全面领导,把党的领导贯穿新型城镇化全过程、各领域、各环节。充分发挥各级党组织作用,为推动新型城镇化提供根本保证。以正确用人导向引领党员干部干事创业、担当作为。推动全面从严治党向纵深发展,营造风清气正的良好政治生态。

(五十一)**强化组织协调。**发挥城镇化工作暨城乡融合发展工作部际联席会议制度作用,依据《国家新型城镇化规划(2021—2035年)》和本方案,研究部署新型城镇化年度重点任务,协调解决重点难点问题。各有关部门按照职责分工,出台配套政策举措、推进体制机制改革、布局安排重大项目,加大财政、土地、金融、编制等方面对新型城镇化的支持保障力度。各地区要全面落实主体责任,结合实际抓好方案贯彻落实。方案实施中涉及的重要政策、重大工程、重点项目要按规定程序报批。

(五十二)**加强监测评估。**加强对各地区新型城镇化工作的指导和督促,完善新型城镇化数据库,开展方案实施情况动态监测和总结评估。定期总结提炼试点试验示范的改革探索成效,及时推广典型经验和制度成果。

韩正在中国国际工程咨询有限公司主持召开座谈会强调深入论证科学决策扎实做好重大项目建设工作

人民日报

新华社北京6月16日电　中共中央政治局常委、国务院副总理韩正16日在中国国际工程咨询有限公司主持召开座谈会，深入学习贯彻习近平总书记重要讲话和指示批示精神，贯彻落实党中央、国务院决策部署，分析国家重大项目前期论证和投资建设情况，研究部署做好下一步重点工作。

韩正表示，发展是我们党执政兴国的第一要务。要完整、准确、全面贯彻新发展理念，坚持创新驱动、绿色低碳，不断增强发展的内生动力，实现可持续发展。当前，我国发展面临的不确定性增多，要高效统筹疫情防控和经济社会发展，深入论证、科学决策，按照高质量发展的要求，扎实推进重大项目建设，更好发挥有效投资的关键作用，为稳住宏观经济大盘提供有力保障。

韩正强调，做好前期工作是推进重大项目建设的先决条件，各级投资主管部门要进一步加强统筹，坚持科学严谨的论证程序，扎实、深入、充分做好项目前期工作。要紧紧围绕国家中长期发展战略，谋划做好重大项目储备，为实现经济社会发展目标提供有力支撑。要增强资源要素配置的可持续性，节约集约利用土地，加强生态环境保护，守住安全底线。要坚持先评估后决策，广泛听取专家意见，做好多方案、多维度的论证研究，科学高效推进"十四五"规划102项重大项目建设。今年是中国国际工程咨询有限公司成立四十周年，多年来公司为国家重大项目咨询评估作了大量工作,下一步要更好履职尽责,加强重大问题研究,加快建设国家高端智库和世界一流咨询企业,在服务国家战略中作出更大贡献。

会前,韩正前往展厅,听取中国国际工程咨询有限公司的发展历程介绍,了解公司承担基础设施、重大工程等重点领域咨询任务以及高端智库建设等情况。

何立峰参加上述活动。

国家发展改革委办公厅关于做好基础设施领域不动产投资信托基金(REITs)新购入项目申报推荐有关工作的通知

国家发展改革委办公厅　发改办投资〔2022〕617号

各省、自治区、直辖市及计划单列市、新疆生产建设兵团发展改革委：

　　为贯彻落实党中央、国务院决策部署，按照《国务院办公厅关于进一步盘活存量资产扩大有效投资的意见》（国办发〔2022〕19号）、《中国证监会、国家发展改革委关于推进基础设施领域不动产投资信托基金（REITs）试点相关工作的通知》（证监发〔2020〕40号）、《国家发展改革委关于进一步做好基础设施领域不动产投资信托基金（REITs）试点工作的通知》（发改投资〔2021〕958号）等要求，做好基础设施领域不动产投资信托基金（以下简称"基础设施REITs"）新购入项目申报推荐等有关工作，现通知如下：

一、充分运用新购入项目机制推动基础设施REITs健康发展

　　国办发〔2022〕19号文要求，建立健全基础设施REITs扩募机制。鼓励已上市的基础设施REITs通过扩募等方式筹集资金购入优质资产，有利于扩大发起人（原始权益人）融资规模，增强发展能力，降低负债水平；有利于完善市场化法治化机制，推动基础设施REITs健康发展；有利于进一步拓宽基础设施项目资金来源，更好盘活存量资产、扩大有效投资。各地要充分认识建立健全基础设施REITs新购入项目机制的重要意义，高度重视、周密安排，确保新购入项目申报推荐各项工作高效

平稳推进。

二、合理简化新购入项目申报要求

根据证监发〔2020〕40号文和发改投资〔2021〕958号文有关规定，对基础设施REITs新购入项目申报要求进行适当简化。

（一）新购入项目时，如发起人（原始权益人）、基金管理人、资产支持证券管理人、运营管理机构等无重大变化，相关信息可不在申报材料中提供。

（二）新购入项目的不动产评估净值根据项目实际情况合理确定，不再参照首次发行时原则上不低于10亿元的相关要求执行。

（三）新购入项目时，项目发起人（原始权益人）的可扩募能力等情况，可不在申报材料中提供。

（四）新购入项目发行基础设施REITs的示范意义等情况，可不在申报材料中提供。

三、完善新购入项目申报推荐程序

（一）新购入项目时，发起人（原始权益人）应在基金管理人按照沪深证券交易所有关规定首次发布临时公告披露相关信息后，向新购入项目所在地省级发展改革委报送项目申报材料，相关材料应真实、准确、完整。

新购入项目所在地省级发展改革委应及时对项目申报材料进行初步审核，对基本符合条件的项目应于五个工作日内正式受理；材料不完整、不齐备的不予受理，并于五个工作日内作出回复。

项目受理后，省级发展改革委应明确专人对接，优化工作流程，加快工作进度，将符合条件的新购入项目申报文件和相关材料报送我委。发起人（原始权益人）应同时向其注册地省级发展改革委报备。

（二）中央企业可将新购入项目的申报文件、项目材料和项目所在地省级发展改革委意见直接报送我委。我委及时对项目申报材料进行初步审核，对基本符合条件的项目于五个工作日内正式受理；材料不完整、不齐备的不予受理，并于五个工作日内作出回复。

（三）自新购入项目申报材料受理之日起三个月内，我委和有关省级发展改革委将根据申报材料和相关政策规定，对新购入项目是否符合推荐条件进行综合评估，将符合条件的项目推荐至中国证监会，对不符合条件的将说明原因。发起人（原始权益人）根据要求补充、修改项目材料的时间不计算在三个月内。

（四）参与新购入项目交易筹划、论证、决策、审批等环节的相关机构和人员，以及因直系亲属关系、提供服务和业务往来等知悉或者可能知悉价格敏感信息的其他相关机构和人员等，在项目交易的价格敏感信息依法披露前负有保密义务，禁止利用该信息进行内幕交易。

四、切实保障新购入项目质量

各地要指导发起人（原始权益人）、基金管理人、资产支持证券管理人和其他中介机构等，充分借鉴已发行基础设施REITs经验，选择具备基本条件的项目进行购入。新购入项目如不属于首次发行项目申报材料中的拟扩募资产范围，应说明具体原因。要督促相关单位严格遵守有关规定，认真编制新购入项目申报材料，确保内容完整准确。要按照基础设施REITs发行的有关政策规定、项目条件和工作程序等，认真把关新购入项目质量，及时向我委投资司反映新购入项目推进中遇到的重点难点问题，研究确定合理解决方案。

五、积极协调落实发行条件

各地要严格落实国办发〔2022〕19号文要求，所有拟发行基础设施REITs的项目均应符合国家重大战略、发展规划、产业政策、投资管理法规等相关要求，保障项目质量，防范市场风险。要主动协调有关部门，在依法合规的前提下，重点围绕土地使用、PPP合同或特许经营协议签订、国有资产转让、相关手续证书办理等，对项目合规性手续完善工作给予积极支持。要与中国证监会当地派出机构、沪深证券交易所加强沟通，及时掌握项目进展，切实加快项目进度，尽可能压缩项目准备周期。

六、引导回收资金用于新项目建设

各地要按照国办发〔2022〕19号文、发改投资〔2021〕958号文要求,切实加强对新购入项目回收资金的监管督促。引导项目发起人(原始权益人)将回收资金以资本金注入等方式投入基础设施补短板等重点领域新项目建设,确保新项目符合国家重大战略、发展规划、产业政策等要求。对回收资金拟投入的新项目,协调加快前期工作和开工建设进度,尽快形成实物工作量。对原始权益人未按承诺将回收资金投入到相关项目的,要及时督促加快落实。

特此通知。

中华人民共和国国家发展和改革委员会
中华人民共和国商务部令

第 52 号

《鼓励外商投资产业目录(2022年版)》已经 2022 年 7 月 29 日国家发展和改革委员会第 22 次委务会议审议通过和商务部审签,并经国务院同意,现予以发布,自 2023 年 1 月 1 日起施行。

国家发展和改革委员会主任:何立峰

商务部部长:王文涛

2022 年 10 月 26 日

原文链接地址:

https://www.ndrc.gov.cn/xxgk/zcfb/fzggwl/202210/t20221028_1339662.html?code=&state=123

国家发展改革委关于进一步完善政策环境加大力度支持民间投资发展的意见

国家发展改革委 发改投资〔2022〕1652号

各省、自治区、直辖市人民政府,新疆生产建设兵团,国务院各部委、各直属机构,全国工商联,中国国家铁路集团有限公司:

全面建设社会主义现代化国家必须扎实推进高质量发展,必须完整、准确、全面贯彻新发展理念,坚持社会主义市场经济改革方向。党中央、国务院明确要求,着力做好"六稳"、"六保"工作,注重启动既能补短板调结构、又能带消费扩就业的一举多得项目,促进有效投资特别是民间投资合理增长。民间投资占全社会投资一半以上,坚持"两个毫不动摇",加大政策支持,用市场办法、改革举措激发民间投资活力,有利于调动各方投资积极性、稳定市场预期、增加就业岗位、促进经济高质量发展,助力实现中国式现代化。为贯彻落实党的二十大精神,进一步完善政策环境、加大力度支持民间投资发展,经国务院同意,现提出以下意见。

一、发挥重大项目牵引和政府投资撬动作用

(一)**支持民间投资参与102项重大工程等项目建设。**根据"十四五"规划102项重大工程、国家重大战略等明确的重点建设任务,选择具备一定收益水平、条件相对成熟的项目,多种方式吸引民间资本参与。已确定的交通、水利等项目要加快推进,在招投标中对民间投资一视同仁。支持民营企业参与铁路、高速公路、港口码头及相关站场、服务设施建设。鼓励民间投资以城市基础设施等为重点,通过综合开发模式参与

重点项目建设,提高数字化、网络化、智能化水平。鼓励民营企业加大太阳能发电、风电、生物质发电、储能等节能降碳领域投资力度。鼓励民间投资的重点工程项目积极采取以工代赈方式扩大就业容量。(国家发展改革委、住房城乡建设部、交通运输部、水利部、国家能源局等国务院相关部门,中国国家铁路集团有限公司及各地区按职责分工负责)

(二)发挥政府投资引导带动作用。 全面梳理适用于民间投资项目的投资支持政策,加大宣传推广力度。在安排各类政府性投资资金时,对民营企业一视同仁,积极利用投资补助、贷款贴息等方式,支持符合条件的民间投资项目建设。用好政府出资产业引导基金,加大对民间投资项目的支持力度。推动政府和社会资本合作(PPP)模式规范发展、阳光运行,引导民间投资积极参与基础设施建设。在政府投资招投标领域全面推行保函(保险)替代现金缴纳投标、履约、工程质量等保证金,鼓励招标人对民营企业投标人免除投标担保。(国家发展改革委、财政部牵头,国务院相关部门及各地区按职责分工负责)

(三)支持民间投资参与科技创新项目建设。 鼓励民间资本积极参与国家产业创新中心、国家技术创新中心、国家能源研发创新平台、国家工程研究中心、国家企业技术中心等创新平台建设,支持民营企业承担国家重大科技战略任务。鼓励中央企业、行业龙头企业加强对民营企业新产品、新技术的应用,引导民营企业参与重大项目供应链建设。在稳定产业链供应链相关项目招投标中,对大中小企业联合体给予倾斜,鼓励民营企业参与。支持平台经济规范健康持续发展,鼓励平台企业加快人工智能、云计算、区块链、操作系统、处理器等领域重点项目建设。(国家发展改革委、科技部、工业和信息化部、国务院国资委、国家能源局等国务院相关部门及各地区按职责分工负责)

二、推动民间投资项目加快实施

(四)深化"放管服"改革。 强化事前事中事后全链条全领域监管,全面开展市场准入效能评估,优化完善市场准入负面清单,健全重点案例督查督办机制,持续破除市场准入壁垒,创造公平市场准入环境。持续规范和完善以市场主体和公众满意度为导向的中国营商环境评价机制,不断优化市场化法治化国际化营商环境。支持各地区聚焦制造业、科技创新和服务业等民间投资重点领域,研究出台有针对性的具体支持措施,与符合政策鼓励方向的民间投资项目建立常态化沟通机制,密切跟进、主动服务,协调解决关键问题,营造有利于民间投资发展的政策环境。充分发挥全国投资项目在线审批监管平台作用,实现项目网上申报、并联审批、信息公开、协同监管,不断提高民间投资项目办理效率和服务质量。(国家发展改革委、科技部、工业和信息化部等国务院相关部门及各地区按职责分工负责)

(五)**加快民间投资项目前期工作。**加快民间投资项目核准备案、规划选址、用地用海、环境影响评价、施工许可等前期工作手续办理,落实各项建设条件。对符合法律法规和政策要求,在推动经济社会发展、促进产业转型、加快技术进步等方面有较强带动作用、投资规模较大的民间投资项目,积极纳入各地区重点投资项目库,加强用地(用海)、用能、用水、资金等要素保障,促进项目落地实施。(国家发展改革委、自然资源部、生态环境部、住房城乡建设部、银保监会、国家能源局等国务院相关部门及各地区按职责分工负责)

(六)**健全完善政府守信践诺机制。**在鼓励和吸引民间投资项目落地的过程中,要切实加强政务诚信建设,避免过头承诺,不开"空头支票"。地方各级政府要严格履行依法依规作出的政策承诺,对中小企业账款拖欠问题要抓紧按要求化解。加大失信惩戒力度,将政府拖欠账款且拒不履行司法裁判等失信信息纳入全国信用信息共享平台并向社会公开。(国家发展改革委、工业和信息化部、财政部等国务院相关部门及各地区按职责分工负责)

三、引导民间投资高质量发展

(七)**支持制造业民间投资转型升级。**鼓励民营企业立足我国产业规模优势、配套优势和部分领域先发优势,积极加大先进制造业投资,持续提升核心竞争力。鼓励民营企业应用先进适用技术,加快设备更新升级,推动传统产业高端化、智能化、绿色化转型升级,巩固优势产业领先地位。引导制造业民营企业顺应市场变化和高质量发展要求,充分发挥自身优势,积极开发新技术、推出新产品,构建新的增长引擎。(国家发展改革委、科技部、工业和信息化部等国务院相关部门及各地区按职责分工负责)

(八)鼓励民间投资更多依靠创新驱动发展。引导民间资本以市场为导向,发挥自身在把握创新方向、凝聚人才等方面的积极作用,持续加大研发投入,推动创新创业创造深入发展。支持有条件的地区建立混合所有制的产业技术研究院,服务区域关键共性技术开发。营造有利于科技型中小微企业成长的良好环境,鼓励民间资本参与5G应用、数据中心、工业互联网、工业软件等新型基础设施及相关领域投资建设和运营,发展以数据资源为关键要素的数字经济,积极培育新业态、新模式。(国家发展改革委、工业和信息化部等国务院相关部门及各地区按职责分工负责)

(九)引导民间投资积极参与乡村振兴。在充分保障农民权益的前提下,鼓励并规范民间资本到农村发展种苗种畜繁育、高标准设施农业、规模化养殖等现代种养业,参与高标准农田建设;支持民营企业投资农村新产业新业态,促进农业与文化体育、健康养老等业态融合,因地制宜发展休闲农业和乡村旅游产业,培育壮大特色产业。鼓励民间资本参与文化产业赋能乡村振兴建设,支持优势特色产业集群、现代农业产业园、农业产业强镇等项目,以及国家农村产业融合发展示范园建设,激发乡村产业发展活力。(国家发展改革委、民政部、农业农村部、文化和旅游部等国务院相关部门及各地区按职责分工负责)

(十)探索开展投资项目环境、社会和治理(ESG)评价。完善支持绿色发展的投资体系,充分借鉴国际经验,结合国内资本市场、绿色金融等方面的具体实践,研究开展投资项目ESG评价,引导民间投资更加注重环境影响优化、社会责任担当、治理机制完善。ESG评价工作要坚持前瞻性和指导性,帮助民营企业更好地预判、防范和管控投资项目可能产生的环境、社会、治理风险,规范投资行为,提高投资质量。(国家发展改革委牵头,国务院相关部门及各地区按职责分工负责)

四、鼓励民间投资以多种方式盘活存量资产

(十一)支持民间投资项目参与基础设施领域不动产投资信托基金(REITs)试点。 在发行基础设施REITs时,对各类所有制企业一视同仁,加快推出民间投资具体项目,形成示范效应,增强民营企业参与信心。积极做好政策解读和宣传引导,提升民营企业参与基础设施REITs试点的积极性,拿出优质项目参与试点,降低企业资产负债率,实现轻资产运营,增强再投资能力。(证监会、国家发展改革委牵头,国务院相关部门及各地区按职责分工负责)

(十二)引导民间投资积极参与盘活国有存量资产。 鼓励民间资本通过政府和社会资本合作(PPP)等方式参与盘活国有存量资产。通过开展混合所有制改革、引入战略投资人和专业运营管理方等,吸引民间资本参与基础设施项目建设、运营。对长期闲置但具有潜在开发利用价值的老旧厂房、文化体育场馆和闲置土地等资产,可采取资产升级改造与定位转型等方式,充分挖掘资产价值,吸引民间投资参与。(国家发展改革委、财政部、自然资源部、文化和旅游部、国务院国资委等国务院相关部门及各地区按职责分工负责)

(十三)通过盘活存量和改扩建有机结合等方式吸引民间投资。 鼓励民间投资参与盘活城市老旧资源,因地制宜推进城镇老旧小区改造,支持通过精准定位、提升品质、完善用途,丰富存量资产功能、提升资产效益。因地制宜推广污水处理厂下沉、地铁上盖物业、交通枢纽地上地下空间、公路客运场站及城市公共交通场站用地综合开发等模式,拓宽收益来源,提高资产综合利用价值,增强对民间投资的吸引力。(国家发展改革委、自然资源部、住房城乡建设部、交通运输部等国务院相关部门及各地区按职责分工负责)

(十四)鼓励民营企业盘活自身存量资产。 鼓励民营企业通过产权交易、并购重组、不良资产收购处置等方式盘活自身资产,加强存量资产优化整合。引导民营企业将盘活存量资产回收资金,用于新的助力国家重大战略、符合政策鼓励方向的项目建设,形成投资良性循环。(国家发展改革委、人民银行、银保监会等国务院相关部门及各地区按职责分工

负责）

五、加强民间投资融资支持

（十五）**加大对民间投资项目融资的政策支持。**加强涉企信用信息共享应用，引导金融机构对民营企业精准信用画像，客观合理判断企业风险。建立和完善社会资本投融资合作对接机制，通过项目对接会等多种方式，搭建有利于民间投资项目与金融机构沟通衔接的平台。发挥政府性融资担保机构作用，按市场化原则对符合条件的交通运输、餐饮、住宿、旅游行业民间投资项目提供融资担保支持，扩大民营企业融资担保业务规模。（国家发展改革委、财政部、文化和旅游部、人民银行、银保监会等国务院相关部门及各地区按职责分工负责）

（十六）**引导金融机构积极支持民间投资项目。**推动金融机构按市场化原则积极采用续贷、贷款展期、调整还款安排等方式对民间投资项目予以支持，避免因抽贷、断贷影响项目正常建设。完善民营企业债券融资支持机制，加大对民营企业发债融资的支持力度。引导金融机构创新金融产品和服务，降低对民营企业贷款利率水平和与融资相关的费用支出，加大对符合条件的民间投资项目的支持力度。督促金融机构对民营企业债券融资交易费用能免尽免。（国家发展改革委、人民银行、银保监会、证监会等国务院相关部门及各地区按职责分工负责）

（十七）**支持民营企业创新融资方式。**鼓励国有企业通过投资入股、联合投资、并购重组等方式，与民营企业进行股权融合、战略合作、资源整合，投资新的重点领域项目。支持民间资本发展创业投资，加大对创新型中小企业的支持力度。支持符合条件的高新技术和"专精特新"企业开展外债便利化额度试点。（国家发展改革委、工业和信息化部、国务院国资委、外汇局等国务院相关部门及各地区按职责分工负责）

六、促进民间投资健康发展

（十八）**深入落实降成本各项政策。**落实落细党中央、国务院关于降成本的各项决策部署，畅通政策落地"最后一公里"，持续推动合理降低企业税费负担,鼓励金融机构合理让利,推进降低企业用能、用地、房屋租金等成本。及时研究解决突出问题,切实降低民营企业生产经营成本,推动政策红利应享尽享。(国家发展改革委、财政部、自然资源部、住房城乡建设部、人民银行、银保监会等国务院相关部门及各地区按职责分工负责)

(十九)**引导民间投资科学合理决策。**引导民营企业正确看待国内外经济形势,准确理解国家政策意图,客观认识困难和挑战,发掘新的投资机遇,找准未来发展方向。引导民营企业加强投资项目管理,掌握投资决策的理论和方法,不断提高投资决策的科学性和精准性,提升投资效益,坚持依法合规生产经营,实现健康可持续发展。(国家发展改革委等国务院相关部门,全国工商联及各地区按职责分工负责)

(二十)**支持民营企业加强风险防范。**鼓励民营企业聚焦实业、做精主业、提升核心竞争力,避免片面追求热点、盲目扩大投资、增加运营风险。引导民营企业量力而行,自觉强化信用管理,合理控制债务融资规模和比例,避免超出自身能力的高杠杆投资,防止资金链断裂等重大风险。(国家发展改革委、工业和信息化部、人民银行、银保监会等国务院相关部门及各地区按职责分工负责)

(二十一)**进一步优化民间投资社会环境。**落实鼓励民营经济发展的各项政策措施,促进民营经济发展壮大。依法保护民营企业产权和企业家权益,在防止资本无序扩张的前提下设立"红绿灯",推出一批"绿灯"投资案例,规范和引导资本健康发展。做好拟出台政策与宏观政策取向一致性评估,防止出台影响民间投资积极性的政策措施。加强宣传引导,及时回应市场关切,稳定市场预期,增强民间投资信心,促进民间投资高质量发展。(国家发展改革委等国务院相关部门,全国工商联及各地区按职责分工负责)

附录三、鸣谢单位

2022年度提供数据的工程咨询单位列表

下列单位提供了数据，在此表示感谢！

（排名不分先后，按拼音首字母排序）

安徽安天利信工程管理股份有限公司	安徽省招标集团股份有限公司
安徽国顺交通咨询设计研究院有限公司	安徽万年台项目管理有限公司
安徽和昌工程咨询有限公司	安徽益鑫源工程咨询有限责任公司
安徽恒升工程项目管理有限公司	安徽中技工程咨询有限公司
安徽宏泰交通工程设计研究院有限公司	安徽中信工程咨询有限责任公司
安徽宏祥工程项目管理有限公司	安徽中义工程咨询有限责任公司
安徽宏源电力设计咨询有限责任公司	安徽众志工程咨询有限公司
安徽华东化工医药工程有限责任公司	安顺电力设计研究院
安徽华盛国际建筑设计工程咨询有限公司	安迅达工程咨询有限公司
安徽华运设计咨询股份有限公司	安阳市市政设计研究院有限责任公司
安徽华正建设工程咨询有限公司	安阳优创电力设计院有限责任公司
安徽利皖投资咨询管理有限公司	鞍山市鞍勤工程咨询有限责任公司
安徽升建工程管理有限公司	白城超越工程咨询有限公司
安徽省城乡规划设计研究院有限公司	白城市工程建设咨询有限责任公司
安徽省工程咨询研究院	白城市水利勘测设计院
安徽省工业工程设计院	白山市林业勘察设计院
安徽省公路工程建设监理有限责任公司	白山鑫泰电力勘测设计有限责任公司
安徽省广恒项目管理有限公司	百源建设集团有限公司
安徽省宏观工程咨询设计研究院有限公司	包头市华亿燃气设计有限公司
安徽省华都工程咨询有限公司	包头市千万通科技有限责任公司
安徽省交通规划设计研究总院股份有限公司	保定市城乡建筑设计研究院
安徽省林业调查规划院	保定市宏源管理咨询有限公司
安徽省农业工程设计院有限公司	保定市建筑设计院有限公司
安徽省农业科学院农业工程研究所	保山天乙工程咨询有限公司
安徽省生态环境科学研究院	北方实验室(沈阳)股份有限公司
安徽省水利水电勘测设计研究总院有限公司	北海市工程咨询设计有限公司

附 录

北海市市政工程设计院
北京财科智合管理咨询有限责任公司
北京城建设计发展集团股份有限公司
北京创毅力源工程技术咨询有限公司
北京东方畅想建筑设计有限公司
北京恩耐特分布能源技术有限公司
北京国道通公路设计研究院股份有限公司
北京国际工程咨询有限公司
北京国际招标有限公司
北京国金管理咨询有限公司
北京国文琰文化遗产保护中心有限公司
北京华麒通信科技有限公司
北京华融路通工程咨询有限公司
北京华银科技集团有限公司
北京环境工程技术有限公司
北京建智达工程管理股份有限公司
北京金航诚规划设计有限公司
北京金马威工程咨询有限公司
北京金准咨询有限责任公司
北京京研电力工程设计有限公司
北京京园诚得信工程管理有限公司
北京求实工程管理有限公司
北京石油化工工程有限公司
北京市建筑设计研究院有限公司
北京市热力工程设计有限责任公司
北京市水科学技术研究院
北京市水利规划设计研究院
北京双益兴工程咨询有限公司
北京双圆工程咨询监理有限公司
北京特希达交通勘察设计院有限公司
北京铁城建设监理有限责任公司
北京易柯森特科技有限公司
北京逸群工程咨询有限公司
北京圆之翰工程技术有限公司
北京中安兴业工程管理有限公司
北京中昌工程咨询有限公司
北京中交建设工程咨询有限公司
北京中金万瑞工程咨询有限公司

北京中丽制机工程技术有限公司
北京中瑞电子系统工程设计院有限公司
北京中森国际工程咨询有限责任公司
北京中水利德科技发展有限公司
北京中冶设备研究设计总院有限公司
北屯市恒丰勘察设计开发有限责任公司
毕节市勘测设计研究院
滨州市公路勘察设计院有限公司
滨州市水利勘测设计研究院有限责任公司
博智兴华工程顾问有限公司
博众工程咨询有限公司
沧州水利勘测规划设计院有限公司
常州常供电力设计院有限公司
常州市常能电力工程咨询有限公司
常州市市政工程设计研究院有限公司
朝阳百信环境咨询有限公司
朝阳博扬工程造价咨询有限公司
朝阳电力勘测设计院有限公司
朝阳市工程咨询有限公司
朝阳亿合工程咨询有限公司
朝阳正达电力建设有限责任公司
郴州郴能电力勘察设计有限公司
辰信项目管理有限公司
晨越建设项目管理集团股份有限公司
成都德信隆工程咨询有限责任公司
成都谦德方略工程管理咨询有限公司
成都睿途凯普规划设计有限公司
成都市工程咨询有限公司
成都市规划设计研究院
成都市经济发展研究院
成都天禧工程咨询有限公司
成都万安建设项目管理有限公司
成都西南交通大学设计研究院有限公司
成都伊斯特工程项目管理有限公司
成都泽典工程管理有限公司
成都长源工程咨询有限公司
成都正当时建筑设计有限公司
诚邦设计集团有限公司

城市建设技术集团浙江有限公司	德邻联合工程有限公司
池州电力规划设计院	滇鹰生态建设集团有限公司
驰远工程管理有限公司	鼎信数智技术集团股份有限公司
楚雄现代建筑设计有限公司	鼎信项目管理咨询有限公司
创辉达设计股份有限公司	鼎正工程咨询股份有限公司
创鑫工程咨询股份有限公司	定宇设计咨询有限公司
慈溪市水利建筑勘测设计院有限公司	东北林业大学工程咨询设计研究院有限公司
大邦工程咨询(杭州)有限公司	东创项目管理集团有限公司
大地工程咨询有限公司	东方电气(成都)工程设计咨询有限公司
大地桥基础设施投资咨询有限责任公司	东方国际集团上海环境科技有限公司
大理市设计院有限公司	东方经纬项目管理有限公司
大理州设计院有限公司	东华工程科技股份有限公司
大连城建设计研究院集团有限公司	东南建设管理有限公司
大连大化工程设计有限公司	都市发展设计集团有限公司
大连大顺建设项目咨询有限公司	度铎(上海)建筑设计有限公司
大连大禹工程项目管理咨询有限公司	鄂尔多斯市中交交通规划设计有限公司
大连大展科技发展有限公司	鄂州电力勘察设计院有限责任公司
大连港口设计研究院有限公司	恩施州交通规划设计有限公司
大连工程咨询中心有限公司	二十一冶建筑设计研究院有限责任公司
大连海阳渔业工程规划设计研究有限公司	泛华建设集团有限公司
大连河海水利水电勘测设计有限公司	丰汇国际项目管理有限公司
大连鸿润设计咨询有限公司	风脉能源(武汉)股份有限公司
大连华东投资管理有限公司	福建安华发展有限公司
大连华屹工程咨询有限公司	福建百禾市政建筑设计有限公司
大连汇能咨询有限公司	福建博电工程设计有限公司
大连汇通融鑫信用管理咨询有限公司	福建大盛工程咨询有限公司
大连建工工程造价咨询有限公司	福建大智慧工程咨询有限公司
大连市城市交通设计研究院有限公司	福建福大建筑规划设计研究院有限公司
大连市化工设计院有限公司	福建海洋规划设计院有限公司
大连市交通规划勘察设计院有限公司	福建宏电工程造价咨询有限公司
大连市市政设计研究院有限责任公司	福建华科工程咨询有限公司
大连水木工程管理有限公司	福建建龙工程咨询有限公司
大连亚东投资咨询有限公司	福建建盛工程管理有限公司
大连正评建设工程造价咨询有限公司	福建精品建设工程有限公司
大连中恒信工程造价咨询有限公司	福建茂盛工程咨询设计有限公司
大洲设计咨询集团有限公司	福建闽科环保技术开发有限公司
丹东市国际工程咨询研究中心有限公司	福建闽能勘测设计有限公司
丹东市市政工程设计研究院有限公司	福建铭海投资技术顾问有限公司

福建嵘宸工程咨询有限公司	福州华赛通信信息咨询有限公司
福建润闽工程顾问有限公司	福州闽川工程咨询有限公司
福建省安谱工程咨询有限公司	福州万山电力咨询有限公司
福建省城乡规划设计研究院	福州维思电力勘察设计有限公司
福建省电力建设工程咨询有限公司	抚州赣东公路设计院有限公司
福建省港航勘察设计院有限公司	抚州金思维工程项目管理有限公司
福建省华厦能源设计研究院有限公司	阜新市水利勘测设计研究院有限公司
福建省机电沿海建筑设计研究院有限公司	富春科技股份有限公司
福建省建筑轻纺设计院有限公司	甘肃安嘉泰工程设计咨询有限公司
福建省精创交通设计咨询有限公司	甘肃博通建筑勘察设计咨询有限公司
福建省林业勘察设计院	甘肃昶达勘察设计有限公司
福建省路港工程咨询有限公司	甘肃成泰信项目管理咨询有限公司
福建省闽科工程顾问有限公司	甘肃光明电力工程咨询监理有限责任公司
福建省闽咨造价咨询有限公司	甘肃海威公路勘察设计有限公司
福建省石油化学工业设计院有限公司	甘肃和诚工程咨询设计有限公司
福建省水产设计院	甘肃河川土木水利设计有限公司
福建省迅捷交通科技有限公司	甘肃恒基工程咨询设计有限公司
福建省沿海建筑设计院有限公司	甘肃宏电工程咨询有限公司
福建省冶金工业设计院有限公司	甘肃科兴生态农业技术咨询有限公司
福建省邮电规划设计院有限公司	甘肃庆东工程设计有限公司
福建硕贤工程技术咨询服务有限公司	甘肃睿达工程咨询有限责任公司
福建西海岸建筑设计院有限公司	甘肃省城乡工业设计院有限公司
福建欣实信工程技术有限公司	甘肃省建材科研设计院有限责任公司
福建兴诚建建设项目管理集团有限公司	甘肃省建筑设计研究院有限公司
福建亿兴电力设计院有限公司	甘肃省轻纺工业设计院有限责任公司
福建永福电力设计股份有限公司	甘肃省生态资源监测中心
福建优胜招标项目管理集团有限公司	甘肃省水利水电勘测设计研究院有限责任公司
福建源发电力勘察设计有限公司	甘肃新一工程咨询有限公司
福建中诚信工程管理有限公司	甘肃信联工程咨询设计有限公司
福建中路天辰建设发展有限公司	甘肃正拓工程咨询有限公司
福建中试所电力调整试验有限责任公司	甘肃中辉盛达工程咨询有限公司
福建中天电力咨询有限公司	赣州华昇资产房地产评估咨询有限公司
福建中咨工程咨询有限公司	赣州市润普工程咨询有限公司
福建众和工程管理有限公司	高博技术与战略研究所(杭州)有限公司
福建众亿工程项目管理有限公司	格尔木海电实业有限责任公司
福陆(中国)工程建设有限公司	公和设计集团有限公司
福州大禹建设工程造价咨询有限公司	固原市公路勘察设计院有限公司
福州电力设计院有限公司	光大生态环境设计研究院有限公司

广安投资咨询中心
广东诚审工程设计咨询有限公司
广东诚誉工程咨询监理有限公司
广东大雄经济技术咨询有限公司
广东德骏工程项目管理有限公司
广东工程建设监理有限公司
广东公评房地产与土地估价有限公司
广东广信粤诚工程咨询有限公司
广东国仕工程咨询有限公司
广东海美投资有限公司
广东海外建设咨询有限公司
广东航鑫咨询有限公司
广东弘德电力科技有限公司
广东华晨项目管理咨询有限公司
广东华迪工程管理有限公司
广东华纬工程咨询有限公司
广东华禹工程咨询有限公司
广东晖达工程顾问有限公司
广东佳正工程顾问有限公司
广东建科水利水电咨询有限公司
广东京能电力建设有限公司
广东南方电信规划咨询设计院有限公司
广东普信项目管理有限公司
广东人信工程咨询有限公司
广东瑞兴工程设计有限公司
广东申睿工程技术咨询有限公司
广东省国际工程咨询有限公司
广东省航运规划设计院有限公司
广东省机电建筑设计研究院有限公司
广东省建筑科学研究院集团股份有限公司
广东省建筑设计研究院有限公司
广东省林业调查规划院
广东顺建规划设计研究院有限公司
广东天广能源科技发展有限公司
广东同益达工程顾问有限公司
广东万诚房地产土地评估有限公司
广东伟达工程咨询顾问有限公司
广东协本工程顾问有限公司

广东信怡工程咨询有限公司
广东粤能工程管理有限公司
广东致诚土地房地产资产评估与规划设计有限公司
广东智越项目管理有限公司
广东中灏勘察设计咨询有限公司
广东中山建设监理咨询有限公司
广东珠荣工程设计有限公司
广宏咨询集团有限公司
广西八桂电力勘察设计有限公司
广西百晟工程咨询有限公司
广西百洲投资项目管理有限公司
广西博环环境咨询服务有限公司
广西诚信工程投资咨询有限责任公司
广西城建咨询有限公司
广西城市设计有限公司
广西春秋工程管理咨询有限公司
广西达成咨询有限公司
广西大通建设监理咨询管理有限公司
广西大学设计院有限公司
广西德元工程项目管理有限责任公司
广西德正建设项目管理有限责任公司
广西鼎策工程顾问有限责任公司
广西鼎睿咨询有限公司
广西鼎信建设工程咨询有限公司
广西方胜工程咨询有限责任公司
广西福源电力设计有限责任公司
广西工程咨询集团有限公司
广西工业设计集团有限公司
广西冠宁工程咨询有限公司
广西冠宇电力有限公司
广西广晟电力设计有限公司
广西广信电力设计有限公司
广西广业云沣电力工程有限公司
广西规亿工程技术集团有限公司
广西桂宝工程监理咨询有限公司
广西桂环投资咨询有限公司
广西桂通工程管理集团有限公司
广西桂物能源工程设计有限公司

广西汉昌工程咨询有限公司
广西翰林工程咨询有限公司
广西合士嘉项目咨询有限公司
广西恒传数字信息设计院有限公司
广西恒基建设工程咨询有限公司
广西恒鑫全过程工程咨询有限公司
广西弘燊电力设计有限公司
广西鸿泰勘察设计有限公司
广西鸿兴工程咨询有限公司
广西鸿业建设工程管理咨询有限公司
广西华景城建筑设计有限公司
广西华业建筑工程有限公司
广西华泽工程咨询有限公司
广西华筑设计有限公司
广西环达工程咨询有限公司
广西辉腾工程管理有限公司
广西汇智成农业工程咨询有限公司
广西嘉达工程咨询管理有限公司
广西建川工程技术集团有限公司
广西建坤工程咨询有限公司
广西建荣工程项目管理有限公司
广西建洲工程咨询有限公司
广西建筑材料科学研究设计院有限公司
广西交科工程咨询有限公司
广西交科集团有限公司
广西交通设计集团有限公司
广西金盛交通勘察设计有限公司
广西金网电力勘察设计有限公司
广西金宇电力开发有限公司
广西景瑞工程设计有限公司
广西科烁工程咨询有限公司
广西蓝川设计有限公司
广西联信科技顾问有限责任公司
广西隆泰工程咨询有限公司
广西路桥工程集团有限公司
广西路桥集团勘察设计有限公司
广西绿能电力勘察设计有限公司
广西明鑫工程咨询有限公司

广西纳海交通设计咨询有限公司
广西南宁德星工程咨询有限公司
广西南宁桂航工程设计咨询有限公司
广西南宁宏港设计有限公司
广西南宁华拓节能环保技术服务有限公司
广西南宁水利电力设计院有限公司
广西南宁中多投资咨询有限公司
广西品睿工程管理有限公司
广西其宏项目管理有限公司
广西钦州韬略工程咨询有限公司
广西全捷工程咨询有限公司
广西荣泰建筑设计有限责任公司
广西瑞信工程设计咨询有限公司
广西睿森大数据服务有限公司
广西昇合工程设计咨询有限公司
广西盛麒科技有限公司
广西盛元华工程咨询有限公司
广西双建工程咨询有限公司
广西太极肯思捷信息系统咨询有限公司
广西泰能工程咨询有限公司
广西同泽工程项目管理股份有限公司
广西彤茂工程咨询有限公司
广西万众工程科技有限公司
广西新亮工程咨询有限公司
广西新厦工程咨询有限公司
广西鑫盟工程咨询有限公司
广西鑫雍北工程咨询有限公司
广西鑫源电力勘察设计有限公司
广西信科工程咨询有限公司
广西信永工程咨询有限责任公司
广西讯源环保科技有限公司
广西阳运工程咨询有限公司
广西冶金研究院有限公司
广西业恒建设有限公司
广西银泰工程管理有限公司
广西玉林水利电力勘测设计研究院
广西展沿建设工程管理有限公司
广西振达管理咨询有限公司

广西智立方工程咨询有限公司	贵州海河建设工程有限公司
广西中创建设工程有限公司	贵州昊华工程技术有限公司
广西中创数字科技股份有限公司	贵州弘典建设咨询有限公司
广西中马国际咨询有限公司	贵州江源电力建设有限公司
广西中信恒泰工程顾问有限公司	贵州聚源项目咨询有限公司
广西中泽建筑设计有限公司	贵州省城乡规划设计研究院
广西中咨投资咨询有限公司	贵州省公路勘察设计院有限公司
广西众联工程项目管理有限公司	贵州省国际工程咨询中心
广西珠委南宁勘测设计院有限公司	贵州省建筑材料科学研究设计院有限责任公司
广西壮族自治区百色水利电力设计院有限责任公司	贵州省煤矿设计研究院有限公司
广西壮族自治区河池水利电力勘测设计研究院	贵州省水利水电工程咨询有限责任公司
广西壮族自治区建筑科学研究设计院	贵州省水利水电勘测设计研究院有限公司
广西壮族自治区林业勘测设计院	贵州省铜仁公路勘察设计院有限公司
广西壮族自治区水利电力勘测设计研究院有限责任公司	贵州省邮电规划设计院有限公司
广西壮族自治区水利科学研究院	贵州首钢国际工程技术有限公司
广西壮族自治区梧州水利电力设计院	贵州天能电力咨询有限公司
广州博厦建筑设计研究院有限公司	贵州通远公路勘察设计咨询有限公司
广州菲达建筑咨询有限公司	贵州同盛建筑设计有限公司
广州工建工程咨询有限公司	贵州新基石建筑设计有限责任公司
广州固源电力工程设计有限公司	贵州沅丰恒工程有限公司
广州宏达工程顾问集团有限公司	贵州中水建设管理股份有限公司
广州汇隽电力工程设计有限公司	贵州中正恒义工程咨询有限公司
广州建筑工程监理有限公司	桂林建筑规划设计集团有限公司
广州金良工程咨询有限公司	桂林市工业设计研究院
广州市城建规划设计有限公司	桂林市汇通路桥勘察设计有限公司
广州市国际工程咨询有限公司	桂林市交运勘察设计有限公司
广州市环境保护工程设计院有限公司	桂林市水利电力勘测设计研究院
广州市环境保护科学研究院	国电环境保护研究院有限公司
广州市设计院集团有限公司	国电南京自动化股份有限公司
广州中地国际工程咨询(集团)有限公司	国鼎和诚项目管理集团有限公司
贵阳电力设计院有限公司	国华工程科技(集团)有限责任公司
贵阳建筑勘察设计有限公司	国家林业和草原局华东调查规划院
贵阳铝镁设计研究院有限公司	国家林业和草原局林草调查规划院
贵阳市建筑设计院有限公司	国家林业和草原局西北调查规划院
贵阳市交通规划勘察设计研究院有限公司	国家林业和草原局中南调查规划院
贵州大学勘察设计研究院有限责任公司	国家林业局昆明勘察设计院
贵州电力规划设计院有限公司	国家信息中心
贵州东方世纪科技股份有限公司	国能(山东)能源环境有限公司

国融兴华工程管理(云南)有限公司	海逸恒安项目管理有限公司
国投经开(武汉)工程咨询有限公司	海之特工程管理有限公司
国网(北京)综合能源规划设计研究院有限公司	邯郸市华威公路设计咨询有限公司
国网上海电力设计有限公司	汉嘉设计集团股份有限公司
国网天津电力勘测设计咨询有限公司	杭州博望建设工程招标投标代理有限公司
国信国际工程咨询集团股份有限公司	杭州城投建设有限公司
国药集团重庆医药设计院有限公司	杭州大地科技有限公司
国正联工程技术咨询有限公司	杭州大坤建筑工程咨询有限公司
国众联建设工程管理顾问有限公司	杭州港湾交通设计咨询有限公司
哈尔滨爱德瑞电力设计有限责任公司	杭州广厦建筑咨询有限公司
哈尔滨电力勘察设计有限公司	杭州国电电力科技发展有限公司
哈尔滨市国际工程咨询有限公司	杭州国电能源环境设计研究院有限公司
哈尔滨智能热电设计院	杭州杭氧化医工程有限公司
哈密红星勘测设计有限责任公司	杭州好邦建筑工程咨询有限公司
海口市设计集团有限公司	杭州鸿晟电力设计咨询有限公司
海南博信建设投资项目管理有限公司	杭州建设工程造价咨询有限公司
海南大通振业投资项目咨询管理有限公司	杭州江川水利工程设计咨询有限公司
海南大通卓越工程咨询有限公司	杭州交联电力设计股份有限公司
海南电网设计有限责任公司	杭州交通工程监理咨询有限公司
海南昊能综合能源服务有限公司	杭州交通工程咨询有限公司
海南华诚工程管理咨询有限公司	杭州交通建设管理有限公司
海南华得投资咨询有限公司	杭州凯达电力建设有限公司
海南华鹏工程咨询有限公司	杭州科谐科技咨询有限公司
海南华昇投资咨询有限公司	杭州绿第环境科技有限公司
海南汇德咨询有限公司	杭州市城建设计研究院有限公司
海南经典环保工程有限公司	杭州市城乡建设设计院股份有限公司
海南科创伟业信息技术有限公司	杭州市电力设计院有限公司
海南联合振华土地房地产评估咨询有限公司	杭州市工程咨询中心有限公司
海南瑞拓工程勘察设计有限公司	杭州市建筑设计研究院有限公司
海南省国际工程咨询有限公司	杭州市交通规划设计研究院有限公司
海南省交通规划勘察设计研究院	杭州市市政工程集团有限公司
海南省农垦设计院有限公司	杭州市综合交通运输研究中心
海南世佳工程勘察设计咨询有限公司	杭州水处理技术研究开发中心有限公司
海南祥泰咨询有限公司	杭州水利水电勘测设计院有限公司
海南长屿工程咨询有限公司	杭州舜禹水利工程设计咨询有限公司
海南正德润泰项目管理有限公司	杭州思太极工程咨询有限公司
海南正理项目投资顾问有限公司	杭州天恒投资建设管理有限公司
海宁市水利勘测设计所有限责任公司	杭州铁路设计院有限责任公司

杭州显宏信息工程咨询有限公司	河南吉诚电力工程有限公司
杭州萧山环境投资发展有限公司	河南嘉合祥盛工程咨询有限公司
杭州萧山交通规划设计研究院有限公司	河南建筑材料研究设计院有限责任公司
杭州鑫泰电力设计有限公司	河南玖润农业项目咨询有限公司
杭州信达投资咨询估价监理有限公司	河南省朝阳建筑设计有限公司
杭州阳斯信息技术有限公司	河南省城乡规划设计研究总院股份有限公司
杭州园林设计院股份有限公司	河南省纺织建筑设计院有限公司
杭州浙大恒立水利水电勘测设计有限公司	河南省恒诚工程管理有限公司
杭州臻鸿市政工程设计咨询有限公司	河南省华信电力工程勘测设计咨询有限公司
杭州政智经济信息咨询有限公司	河南省建筑科学研究院有限公司
杭州中宇建筑设计有限公司	河南省交通规划设计研究院股份有限公司
杭州众诚咨询监理有限公司	河南省交通勘察设计有限公司
航天长征化学工程股份有限公司	河南省农业科学院
禾泽都林设计集团有限公司	河南省水利勘测设计研究有限公司
合肥电力规划设计院	河南省中纬测绘规划信息工程有限公司
合肥丰润工程咨询有限公司	河南省中豫工程咨询集团有限公司
合肥工业大学设计院(集团)有限公司	河南省众慧电力工程咨询有限责任公司
合肥科力工程咨询有限公司	河南天泰工程技术有限公司
合肥市工程咨询服务有限责任公司	河南永正项目管理有限公司
合肥市规划设计研究院	河南昱仁工程咨询有限公司
合合(天津)建设工程咨询有限公司	河南豫西路桥勘察设计有限公司
河北承水水务科技有限公司	河南中核五院研究设计有限公司
河北海德工程设计咨询有限公司	河南中油电力设计工程有限公司
河北华飞工程设计有限公司	河南中原公路勘察设计有限公司
河北铭嘉工程设计有限公司	河源市振丰工程造价咨询有限公司
河北省工程咨询研究院	核工业西南勘察设计研究院有限公司
河北省水利科学研究院	菏泽天润电力勘测设计有限公司
河北省水运工程规划设计院	贺州市华彩电力设计咨询有限责任公司
河北永诚工程项目管理有限公司	鹤壁鹤源电力工程设计有限公司
河北正润环境科技有限公司	黑龙江省林业设计研究院
河北中惠琪丰工程设计咨询有限公司	恒实建设管理股份有限公司
河海大学设计研究院有限公司	恒泰工程咨询集团有限公司
河南安建建设工程设计有限公司	恒天(江西)纺织设计院有限公司
河南安靠电力工程设计有限公司	恒万达设计咨询有限公司
河南畜牧规划设计研究院	恒信咨询管理有限公司
河南德泓工程管理咨询有限公司	衡天咨询集团有限公司
河南鼎原工程咨询有限公司	红河州红路交通市政设计有限责任公司
河南海纳建设管理有限公司	红河州意成建筑设计有限公司

宏正工程设计集团股份有限公司
呼伦贝尔市略图经济发展咨询有限公司
湖北邦兴工程咨询有限公司
湖北宝路通工程咨询有限公司
湖北才汇投资咨询有限公司
湖北晟世工程设计有限公司
湖北公力工程咨询服务有限公司
湖北共晟工程咨询服务有限公司
湖北广益投资咨询有限公司
湖北国永工程咨询有限公司
湖北浩瀚云盘项目管理有限公司
湖北恒普科技有限公司
湖北宏大工程咨询有限公司
湖北华瑞工程造价咨询有限公司
湖北华中帷幄咨询有限公司
湖北环发协力工程咨询有限公司
湖北吉泓建设项目咨询有限公司
湖北建科国际工程有限公司
湖北交科交通设计有限公司
湖北金浪勘察设计有限公司
湖北九州伟业工程咨询有限公司
湖北路港工程咨询有限公司
湖北淼森工程管理咨询有限公司
湖北瑞拓工程技术有限公司
湖北睿明天规划设计有限公司
湖北省城建设计院股份有限公司
湖北省工程咨询股份有限公司
湖北省规划设计研究总院有限责任公司
湖北省河海水利设计院有限公司
湖北省化学工业研究设计院
湖北省机电研究设计院股份公司
湖北省林业勘察设计院
湖北省生态环境科学研究院
湖北省水利水电科学研究院
湖北胜捷工程咨询有限责任公司
湖北事必得规划设计咨询有限公司
湖北新盛工程项目管理有限公司
湖北信安信息系统管理技术有限公司

湖北星际建设工程管理有限公司
湖北兴业东昌勘测评估咨询有限公司
湖北宜昌君逸工程咨询有限公司
湖北永信行房地产土地资产评估咨询有限公司
湖北邮电规划设计有限公司
湖北岳华工程项目管理有限公司
湖北正德项目管理有限公司
湖北正太工程咨询有限公司
湖北正天工程咨询有限公司
湖北中翔工程管理有限公司
湖北中业宏工程咨询有限公司
湖北中卓勘察设计有限公司
湖南艾布鲁环保科技股份有限公司
湖南百利工程科技股份有限公司
湖南百益工程咨询有限公司
湖南秉赋工程咨询有限公司
湖南德谷咨询有限公司
湖南迪泰尔综合能源规划设计有限公司
湖南第一工业设计研究院有限公司
湖南鼎洲项目管理咨询有限公司
湖南动力源电力勘测设计有限公司
湖南高速工程咨询有限公司
湖南高速设计咨询研究院有限公司
湖南格瑞工程建设集团有限公司
湖南国电瑞驰电力勘测设计有限公司
湖南海利工程咨询设计有限公司
湖南海岩工程咨询有限公司
湖南恒业腾飞工程咨询有限公司
湖南衡大电力设计有限公司
湖南鸿嘉工程咨询有限公司
湖南华杰工程咨询有限公司
湖南华沃工程咨询有限公司
湖南化工设计院有限公司
湖南怀德全过程工程咨询有限公司
湖南稼沛工程咨询有限公司
湖南交建勘测设计咨询有限公司
湖南经研电力设计有限公司
湖南久清环保工程有限公司

湖南聚源电力勘测设计有限公司	湖州电力设计院有限公司
湖南君创咨询管理有限公司	湖州交通规划设计院
湖南科鑫电力设计有限公司	湖州南太湖水利水电勘测设计院有限公司
湖南全过程工程技术有限公司	湖州南浔长三角工程咨询有限公司
湖南三人行工程咨询有限公司	湖州市发展规划研究院
湖南省城交设计研究院有限公司	湖州市规划设计研究院
湖南省城市更新工程咨询有限公司	华春建设工程项目管理有限责任公司
湖南省国际工程咨询中心有限公司	华电电力科学研究院有限公司
湖南省和益汇工程咨询有限公司	华鼎工程咨询集团有限公司
湖南省环境保护科学研究院	华东电力试验研究院有限公司
湖南省建筑材料研究设计院有限公司	华东建筑设计研究院有限公司
湖南省建筑科学研究院有限责任公司	华东理工大学工程设计研究院有限公司
湖南省建筑设计院集团股份有限公司	华峰集团上海工程有限公司
湖南省交通规划勘察设计院有限公司	华汇工程设计集团股份有限公司
湖南省交通科学研究院有限公司	华昆工程管理咨询有限公司
湖南省农林工业勘察设计研究总院	华蓝设计(集团)有限公司
湖南省轻纺设计院有限公司	华联世纪工程咨询股份有限公司
湖南省水利水电勘测设计规划研究总院有限公司	华陆工程科技有限责任公司
湖南省湘怡移民工程监理咨询有限公司	华伦博邦项目管理有限公司
湖南省湘咨工程项目管理有限公司	华南理工大学建筑设计研究院有限公司
湖南省冶金规划设计院有限公司	华侨大学建筑设计院(泉州)有限责任公司
湖南省邮电规划设计院有限公司	华清(大连)咨询有限公司
湖南盛龙工程项目管理有限公司	华瑞国际项目管理有限公司
湖南天立工程咨询有限公司	华设设计集团股份有限公司
湖南天智交通建设技术有限公司	华设设计集团浙江工程设计有限公司
湖南万达项目管理有限公司	华腾鸿业项目管理有限公司
湖南希浩工程技术咨询有限公司	华庭工程设计有限公司
湖南湘达水保科技服务有限公司	华维设计集团股份有限公司
湖南湘信房地产估价有限公司	华昕设计集团有限公司
湖南新九方科技有限公司	华新项目管理集团有限公司
湖南新天电数科技有限公司	华信咨询设计研究院有限公司
湖南新星项目管理有限公司	华泽工程技术(天津)有限公司
湖南新中项目管理有限公司	怀化恒光电力勘测设计有限公司
湖南有色金属研究院有限责任公司	淮安市财建工程咨询有限公司
湖南振兴乡村工程技术有限公司	淮安市水利勘测设计研究院有限公司
湖南中大设计院有限公司	淮北工业建筑设计院有限公司
湖南中规设计院有限公司	黄冈强源电力设计有限公司
湖南咨道工程项目管理有限公司	黄冈市公路规划勘测设计院

黄河水利委员会黄河水利科学研究院
黄石电力勘测设计有限公司
汇龙工程咨询有限公司
绘宇电力科技有限公司
惠生工程(中国)有限公司
惠通建管科技有限公司
惠州城际工程咨询有限公司
惠州市华禹水利水电工程勘测设计有限公司
机械工业第九设计研究院股份有限公司
吉安金点工程咨询有限公司
吉安市水利水电规划设计院
吉林东北亚国际工程技术集团有限公司
吉林恒通电力设计股份有限公司
吉林衡润工程科技咨询有限公司
吉林鸿邦冶金设计研究院有限公司
吉林吉大通信设计院股份有限公司
吉林建宇工程咨询有限公司
吉林绿城设计集团有限公司
吉林省碧水中基市政设计有限公司
吉林省东泰项目管理有限公司
吉林省纺织工业设计研究院
吉林省公路测设技术服务中心
吉林省国源建设工程设计有限公司
吉林省海华电力勘察设计有限公司
吉林省昊智工程设计咨询有限公司
吉林省合汇工程勘察设计有限公司
吉林省和生投资咨询有限公司
吉林省恒裕工程管理服务有限公司
吉林省红利电力设计有限公司
吉林省宏信工程咨询有限公司
吉林省宏宇工程咨询服务有限公司
吉林省环科工程设计咨询有限公司
吉林省环科环保技术有限公司
吉林省机电研究设计院
吉林省吉规城市建筑设计有限责任公司
吉林省吉润工程咨询有限公司
吉林省吉正工程设计咨询有限公司
吉林省加华工程设计有限公司

吉林省建能电力设计有限公司
吉林省建友建设项目管理有限公司
吉林省交通规划设计院
吉林省交通科学研究所
吉林省凯捷工程咨询有限公司
吉林省林业勘察设计研究院
吉林省路桥设计有限公司
吉林省绿色食品工程研究院
吉林省明华商务咨询服务有限公司
吉林省铭信工程项目管理有限公司
吉林省轻工业设计研究院
吉林省热力工程设计研究有限责任公司
吉林省荣邦工程设计咨询有限责任公司
吉林省润通电力工程设计有限公司
吉林省赛宝信息服务有限公司
吉林省三泰工程咨询有限责任公司
吉林省石油化工设计研究院
吉林省天泰建筑工程项目管理有限公司
吉林省欣茂电力工程有限公司
吉林省星胜电力勘察设计有限公司
吉林省一金电力工程有限公司
吉林省邮电规划设计院有限公司
吉林省长春电力勘测设计院有限公司
吉林省正信工程管理咨询有限公司
吉林省志同电力工程勘察设计有限公司
吉林省智宏工程项目管理有限公司
吉林省中北化工工程设计有限公司
吉林省中实环保工程开发有限公司
吉林省中蕴华太科技发展有限公司
吉林石油集团石油工程有限责任公司
吉林市龙华盛达电力设计有限公司
吉林市燃气热力设计研究院有限公司
吉林市水利水电勘测设计研究院
吉林双利建设工程项目管理有限公司
吉林泰德工程咨询有限责任公司
吉林铁道勘察设计院有限公司
吉林医药设计院有限公司
吉林优能电力工程有限公司

吉林正泰工程咨询有限公司
吉林中汇工程咨询有限公司
吉林中交工程建设咨询有限公司
吉林中源建筑市政工程设计有限公司
济南市工程咨询院
济南市市政工程设计研究院(集团)有限责任公司
济南市水利建筑勘测设计研究院有限公司
嘉兴恒创电力设计研究院有限公司
嘉兴市发展规划研究院
嘉兴市规划设计研究院有限公司
嘉兴市华信工程咨询有限公司
嘉兴市千秋工程咨询有限公司
嘉兴市世纪交通设计有限公司
嘉兴市水利水电勘察设计研究院有限公司
嘉兴市银建工程咨询评估有限公司
嘉兴市中诚建设咨询有限公司
嘉园环保有限公司
建成工程咨询股份有限公司
建经投资咨询有限公司
建融建设管理集团有限责任公司
建银工程咨询有限责任公司
江河水利开发中心有限责任公司
江门市科禹水利规划设计咨询有限公司
江苏安厦工程项目管理有限公司
江苏春天工程设计院有限公司
江苏大成工程咨询有限公司
江苏大图工程设计咨询有限公司
江苏德宁建设工程咨询有限公司
江苏东交智控科技集团股份有限公司
江苏国衡中测土地房地产资产评估咨询有限公司
江苏河海环境科学研究院有限公司
江苏宏建工程建设咨询有限公司
江苏宏天工程管理有限公司
江苏宏业工程项目管理咨询有限公司
江苏鸿渐投资咨询管理有限公司
江苏环保产业技术研究院股份有限公司
江苏汇诚投资咨询管理有限公司
江苏佳文投资咨询有限公司

江苏嘉越工程项目管理有限公司
江苏建达全过程工程咨询有限公司
江苏建发建设项目咨询有限公司
江苏建科工程咨询有限公司
江苏建威建设管理有限公司
江苏建协全过程工程咨询有限公司
江苏交科交通设计研究院有限公司
江苏交通工程投资咨询有限公司
江苏锦丰工程咨询有限公司
江苏骏通建设项目管理咨询有限公司
江苏科明工程咨询有限公司
江苏科能电力工程咨询有限公司
江苏兰瑞工程咨询有限公司
江苏龙腾工程设计股份有限公司
江苏仁禾中衡工程咨询房地产估价有限公司
江苏省标定工程咨询有限公司
江苏省城市规划设计研究院有限公司
江苏省第一工业设计院股份有限公司
江苏省纺织工业设计研究院有限公司
江苏省工程咨询中心有限公司
江苏省化工设计院有限公司
江苏省环境工程技术有限公司
江苏省建信招投标有限公司
江苏省建筑材料研究设计院有限公司
江苏省建筑设计研究院股份有限公司
江苏省科佳工程设计有限公司
江苏省路润工程技术有限责任公司
江苏省农村经济产业指导服务中心
江苏省水利工程科技咨询股份有限公司
江苏省水利科学研究院
江苏省苏辰建设投资顾问有限公司
江苏省太湖水利规划设计研究院有限公司
江苏省元之臻工程咨询有限公司
江苏省招标中心有限公司
江苏时代投资咨询有限公司
江苏势起工程项目管理有限公司
江苏苏维工程管理有限公司
江苏泰和工程咨询有限公司

江苏天宏华信工程投资管理咨询有限公司
江苏天信建设项目咨询有限公司
江苏同方房地产资产评估规划勘测有限公司
江苏唯诚建设咨询有限公司
江苏唯特工程咨询有限公司
江苏伟业房地产土地评估造价咨询有限公司
江苏纬信工程咨询有限公司
江苏信德工程管理咨询有限公司
江苏益诚建设工程咨询有限公司
江苏永辉水利工程设计有限公司
江苏泽宇电力设计有限公司
江苏兆信工程项目管理有限公司
江苏志诚工程咨询管理有限公司
江苏中博工程咨询房地产估价有限公司
江苏中诚工程管理有限公司
江苏中建业工程项目管理咨询有限公司
江苏中设集团股份有限公司
江苏中顺节能科技有限公司
江苏中鑫项目管理有限公司
江苏中研工程设计有限公司
江苏筑森建筑设计有限公司
江苏咨苏工程咨询有限责任公司
江西博星项目咨询有限公司
江西诚达工程咨询监理有限公司
江西丰和工程项目管理有限公司
江西赣源电力工程咨询有限公司
江西共享智库咨询有限公司
江西函夏工程咨询有限公司
江西恒泰电力勘测设计有限公司
江西宏远电力勘测设计院有限公司
江西华道工程技术有限公司
江西金正大工程项目管理有限公司
江西俊达工程项目管理有限公司
江西能创电力勘测设计有限公司
江西求是经济咨询有限公司
江西三龙电力勘察设计有限公司
江西省城乡规划市政设计研究总院有限公司
江西省地矿资源勘查开发有限公司

江西省福欣生态工程与旅游研究院有限公司
江西省赣建工程建设监理有限公司
江西省赣西土木工程勘测设计院
江西省港航设计院有限公司
江西省公路科研设计院有限公司
江西省桂能综合设计研究院有限公司
江西省恒立建工咨询有限公司
江西省化学工业设计院
江西省吉伟工程咨询有限公司
江西省江咨工程咨询有限公司
江西省交通设计研究院有限责任公司
江西省林业资源监测中心
江西省轻工业设计院有限公司
江西省人居环境研究院
江西省生态环境科学研究与规划院
江西省水投工程咨询集团有限公司
江西省冶金设计院有限责任公司
江西省邮电规划设计院有限公司
江西省中赣投勘察设计有限公司
江西双睿工程咨询有限公司
江西腾达电力设计院有限公司
江西天瑞工程设计有限公司
江西新钢工程技术有限公司
江西修江水利集团有限公司
江西亿科工程咨询有限公司
江西赢通项目管理咨询有限公司
江西豫鑫工程咨询监理有限公司
江西中昌工程咨询监理有限公司
江西中电建工程造价咨询有限公司
江阴市锡能实业有限公司
焦作电力勘察设计有限责任公司
阶梯项目咨询有限公司
捷宏润安工程顾问(江苏)有限公司
金华电力设计院有限公司
金华市建筑设计院有限公司
金华市交通规划设计院有限公司
金华市市政设计院有限公司
金华市水利水电勘测设计院有限公司

金华市婺东水利水电勘测设计有限责任公司	昆明耀龙供用电有限公司
金华意诺工程咨询有限公司	昆明冶金研究院有限公司
金建工程设计有限公司	昆明有色冶金设计研究院股份公司
金柯信(天津)工程咨询有限公司	昆明卓图华构建筑工程设计有限公司
金良智晟投资咨询有限公司	昆明自动化成套集团股份有限公司
津政汇土(天津)建设工程咨询有限公司	昆山鼎诚项目建设管理咨询有限公司
锦鑫国际工程咨询有限公司	昆山建元项目管理有限公司
锦州市经纬工程咨询有限公司	昆山品正建设顾问有限公司
缙云县城投规划建筑设计有限公司	昆山市中建项目管理有限公司
荆门市大信金恒工程咨询有限公司	兰州煤矿设计研究院有限公司
荆门市盛和电力勘测设计有限责任公司	兰州市水电勘测设计院有限责任公司
荆州市城市规划设计研究院	兰州西部投资咨询有限公司
荆州市工程项目咨询有限公司	兰州现代农业工程设计研究所
荆州市荆力工程设计咨询有限责任公司	兰州有色冶金设计研究院有限公司
精佳建设工程集团有限公司	乐清市电力实业有限公司
境和设计集团有限公司	乐山城电电力工程设计有限公司
九江石化设计工程有限公司	乐山恒信工程咨询有限公司
酒泉市工程咨询中心	乐山市城乡规划设计院有限公司
开封光利电力设计有限公司	黎明化工研究设计院有限责任公司
开封市汴龙勘察设计有限公司	立信国际工程咨询有限公司
开封市市政工程设计研究有限公司	立信中德勤(北京)工程咨询有限公司
开封市通达公路勘察设计有限公司	丽水利源工程咨询有限公司
开元数智工程咨询集团有限公司	丽水市万源水利水电工程技术咨询有限公司
康立时代建设集团有限公司	丽水市正阳电力设计院有限公司
康泰斯(上海)化学工程有限公司	联合泰泽环境科技发展有限公司
科设勘察设计有限公司	辽宁北方工程咨询有限公司
克拉玛依市建筑规划设计院有限公司	辽宁北方环境保护有限公司
矿冶科技集团有限公司	辽宁晟博项目管理有限公司
昆明帮克土地房地产资产评估有限公司	辽宁德鉴项目管理咨询有限公司
昆明常业建筑设计有限公司	辽宁方大工程设计有限公司
昆明供电设计院有限责任公司	辽宁钢都集团建筑设计有限公司
昆明建设咨询管理有限公司	辽宁昊衡设计咨询有限公司
昆明兰德设计有限公司	辽宁合建项目管理咨询有限公司
昆明理工大学设计研究院有限公司	辽宁恒申项目管理咨询有限公司
昆明理工泛亚设计集团有限公司	辽宁宏发工程管理咨询有限公司
昆明龙慧工程设计咨询有限公司	辽宁嘉翼工程项目管理有限公司
昆明市建筑设计研究院股份有限公司	辽宁科立工程咨询有限公司
昆明市政工程设计研究院(集团)有限公司	辽宁连信项目管理咨询有限公司

辽宁清远环境能源科技有限公司
辽宁润德电力勘察设计有限公司
辽宁省公路勘测设计公司
辽宁省国际工程咨询中心有限公司
辽宁省建筑设计研究院有限责任公司
辽宁省交通规划设计院有限责任公司
辽宁省石油化工规划设计院有限公司
辽宁省市政工程设计研究院有限责任公司
辽宁水利土木工程咨询有限公司
辽宁天信工程设计咨询有限公司
辽宁万方安和工程管理咨询有限公司
辽宁希地环球建设工程顾问有限公司
辽宁襄平电力勘测设计有限公司
辽宁新青年工程咨询有限公司
辽宁新天地建筑设计有限公司
辽宁冶金设计研究院有限公司
辽宁中成建正工程管理咨询有限公司
辽宁中亚工程咨询有限公司
辽宁卓肯项目管理有限公司
辽宁卓能电力工程设计股份有限公司
辽阳市公路规划设计有限公司
聊城市环境科学工程设计院有限公司
聊城市鲁西化工工程设计有限责任公司
临沂市公路勘察设计院有限公司
凌辉建设工程咨询有限公司
凌源钢铁集团设计研究有限公司
留印工程咨询(浙江)有限公司
柳州电力勘察设计有限公司
柳州市市政设计科学研究院有限公司
六安市工程咨询院有限公司
龙岩电力勘察设计院有限公司
龙源(北京)风电工程设计咨询有限公司
龙源(北京)太阳能技术有限公司
泸州锦弘工程项目管理有限公司
罗田县工程咨询评审出心
罗田县工程咨询评审中心
洛阳电力勘察设计有限公司
洛阳市规划建筑设计研究院有限公司

洛阳市建设工程咨询有限责任公司
洛阳水利勘测设计有限责任公司
洛阳一拖华建工程设计有限公司
洛阳智达石化工程有限公司
漯河汇力电力勘察设计有限公司
马钢集团设计研究院有限责任公司
茂名瑞派石化工程有限公司
茂名市大成工程咨询有限公司
煤炭工业合肥设计研究院有限责任公司
煤炭工业石家庄设计研究院有限公司
民航中南机场设计研究院(广州)有限公司
明科建设咨询有限公司
南昌华信投资咨询有限公司
南昌南供电力设计院有限公司
南昌市城市规划设计研究总院集团有限公司
南昌市工程咨询有限公司
南昌市公路勘察设计院
南昌铁路勘测设计院有限责任公司
南昌众悦电力工程设计有限公司
南京城市建设管理集团有限公司
南京大学建筑规划设计研究院有限公司
南京德阳工程监理咨询有限公司
南京东大能源工程设计院有限公司
南京工程咨询中心有限公司
南京广顺建设项目咨询有限公司
南京国环科技股份有限公司
南京国联电力工程设计有限公司
南京寰汇市政工程设计有限公司
南京嘉誉工程咨询有限公司
南京金凌石化工程设计有限公司
南京林业大学工程规划设计院有限公司
南京略豹工程咨询有限公司
南京普兰宁建设工程咨询有限公司
南京市燃气工程设计院有限公司
南京市市政设计研究院有限责任公司
南京市水利规划设计院股份有限公司
南京市园林规划设计院有限责任公司
南京苏计规划设计有限公司

南京天得建设工程咨询有限公司
南京万通城市建设设计咨询有限公司
南京昕瑞工程项目管理有限公司
南京长城土地房地产资产评估造价咨询有限公司
南宁市古今园林规划设计院有限公司
南宁市建筑规划设计集团有限公司
南宁市全宇电力设计有限责任公司
南宁市新点线交通勘测设计有限责任公司
南平闽延电力勘察设计有限公司
南瑞电力设计有限公司
南通电力设计院有限公司
南通港口规划设计院有限公司
南通和信工程勘测设计院有限公司
南通景成交通规划设计咨询有限公司
南通市水利勘测设计研究院有限公司
南阳飞龙电力设计有限公司
南阳市工程咨询中心
南阳市建筑设计研究院
南阳通途公路勘察设计有限公司
南越建设管理有限公司
内蒙古博儒投资咨询有限公司
内蒙古博盛投资咨询有限公司
内蒙古城科规划设计院有限公司
内蒙古城市规划市政设计研究院有限公司
内蒙古创联投资咨询有限公司
内蒙古电力集团经济技术研究有限责任公司
内蒙古电力勘测设计院有限责任公司
内蒙古工程技术咨询有限公司
内蒙古恒基工程技术咨询有限责任公司
内蒙古呼铁工程咨询有限公司
内蒙古华智工程咨询有限公司
内蒙古慧电规划设计有限公司
内蒙古建研咨询有限公司
内蒙古轻纺工业设计研究院有限公司
内蒙古润友工程勘察设计有限公司
内蒙古尚京工程咨询有限公司
内蒙古天翼房地产估价有限责任公司
内蒙古天翼工程咨询有限责任公司

内蒙古铁道勘察设计院有限公司
内蒙古新绿工程技术咨询有限公司
内蒙古鑫安能源咨询评估有限公司
内蒙古鑫恒基工程咨询有限公司
内蒙古旭安工程有限公司
内蒙古招标有限责任公司
内蒙古筑业工程勘察设计有限公司
内蒙古自治区水利水电勘测设计院
内蒙古自治区邮电规划设计院有限公司
能拓能源股份有限公司
宁波公路市政设计有限公司
宁波国际投资咨询有限公司
宁波市水利水电规划设计研究院有限公司
宁波市斯正项目管理咨询有限公司
宁波中交水运设计研究有限公司
宁德市交投勘察设计有限公司
宁夏公路勘察设计院有限责任公司
宁夏恒为电力工程设计有限公司
宁夏华林博源工程咨询有限公司
宁夏环境科学研究院有限责任公司
宁夏回族自治区电力设计院有限公司
宁夏煤矿设计研究院有限公司
宁夏宁电电力设计有限公司
宁夏朔源电力设计咨询有限公司
宁夏先科电力设计咨询有限公司
宁夏正浩工程管理有限公司
农业农村部工程建设服务中心
农业农村部规划设计研究院
攀钢集团工科工程咨询有限公司
攀枝花攀钢集团设计研究院有限公司
盘锦德顺工程咨询有限公司
盘锦市水利勘测设计有限公司
盘锦中睿工程造价咨询有限公司
磐安县安泰水利水电规划设计有限公司
鹏信工程项目管理顾问有限公司
平顶山电力设计院有限公司
平顶山市公路交通勘察设计院
平顶山市汇诚建设工程咨询有限公司

平凉市泾东水利水电勘测设计有限责任公司
萍乡金泰工程项目管理有限公司
莆田荔源电力勘察设计有限公司
濮阳龙源电力设计有限公司
濮阳市工程咨询过公司
普诚正华工程咨询有限公司
普洱均焱电力工程设计有限公司
普洱市建筑勘察设计院
普元电力发展有限公司
七彩工程咨询(杭州)有限公司
千亿设计集团有限公司
前郭县建设工程招标造价咨询有限责任公司
前研(阜新)咨询有限公司
黔西南州宏源电力勘察设计有限公司
钦州市水利电力勘测设计院
秦皇岛市中咨工程咨询院有限公司
秦能齐源电力工程设计有限公司
青岛畅通市政工程设计有限公司
青岛海湾化工设计研究院有限公司
青岛基钰工程咨询有限公司
青岛建惠工程咨询有限公司
青岛凯信工程造价咨询有限公司
青岛利业建设咨询有限公司
青岛市工程咨询院
青岛市公用建筑设计研究院有限公司
青岛市建筑设计研究院集团股份有限公司
青岛市市政工程设计研究院有限责任公司
青岛市水利勘测设计研究院有限公司
青岛伊科思技术工程有限公司
青海安顺工程咨询有限公司
青海宝盈电力设计咨询有限公司
青海晟铭电力设计咨询有限公司
青海创睿工程咨询有限公司
青海德坤工程咨询有限公司
青海东亚工程建设管理咨询有限公司
青海方营项目管理有限公司
青海国盛工程项目管理有限公司
青海和成工程咨询服务有限公司

青海鸿景电力设计咨询有限公司
青海华建工程设计有限公司
青海黄河水利水电设计咨询有限公司
青海嘉业工程设计有限责任公司
青海江豪建设集团有限公司
青海金晟工程咨询有限公司
青海科信电力设计院有限公司
青海科兴水利工程咨询有限公司
青海煤矿设计研究院有限责任公司
青海瑞泰工程勘察设计有限公司
青海三渡工程咨询有限公司
青海三佳工程设计有限公司
青海省工程咨询中心有限责任公司
青海省规划设计研究院有限公司
青海省国宏工程咨询监理有限公司
青海省化工设计研究院有限公司
青海省交通工程咨询有限公司
青海省交通规划设计研究院有限公司
青海省林业工程咨询有限公司
青海省农牧业工程项目咨询有限责任公司
青海省轻工业研究所有限公司
青海省水利水电勘测规划设计研究院有限公司
青海省水利水电科学研究院有限公司
青海省土木建筑设计院有限公司
青海省质量认证咨询检验中心有限公司
青海天慧电力设计咨询有限公司
青海天润电力设计院有限公司
青海天阳工程咨询有限公司
青海文华工程咨询有限公司
青海西拓交通工程咨询有限公司
青海先创工程设计有限公司
青海兴太工程咨询有限公司
青海中岭工程咨询有限责任公司
青海中油燃气工程有限公司
青海中岳工程项目管理有限公司
青矩工程顾问有限公司
轻工业杭州工程建筑设计院有限公司
轻工业设计研究院(新疆)控股有限公司

衢州光明电力设计有限公司	山东省纺织建筑设计院有限公司
衢州市交通设计有限公司	山东省工程咨询院
衢州信安工程管理咨询有限公司	山东省建鲁智华工程咨询研究院有限公司
泉州城市规划设计集团有限公司	山东省建筑设计研究院有限公司
泉州市贯弘投资咨询有限公司	山东省能源建筑设计院
泉州市政府投资项目评审中心	山东省轻工业设计院有限公司
泉州水务工程建设集团有限公司	山东省水利勘测设计院有限公司
泉州协达建设项目咨询有限公司	山东省鑫峰工程设计有限公司
锐铭工程设计集团有限公司	山东省阳光工程设计院有限公司
瑞安市同邦建设工程咨询有限公司	山东省邮电规划设计院有限公司
瑞恒项目管理有限公司	山东省造纸工业研究设计院
赛鼎工程有限公司	山东水务工程咨询有限公司
赛富电力集团股份有限公司	山东同力建设项目管理有限公司
三明亿源电力勘察设计有限公司	山东同舟工程咨询有限公司
三信建设咨询集团有限公司	山东新汇建设集团有限公司
厦门合立道工程设计集团股份有限公司	山东兴源热电设计有限公司
厦门龙兴工程项目管理有限公司	山东展弘绿色低碳科技有限公司
厦门市国土空间和交通研究中心(厦门规划展览馆)	山东正维勘察测绘有限公司
厦门市政水务规划设计研究院有限公司	山东正中信息技术股份有限公司
山东半蓝项目管理有限公司	山东至信建设集团股份有限公司
山东标至信建设项目管理有限公司	山金设计咨询有限公司
山东滨化集团化工设计研究院有限责任公司	山西银桥电力设计有限公司
山东晨之晟工程咨询有限公司	陕西泛华工程咨询有限公司
山东诚和工程咨询管理有限公司	陕西公立投资咨询有限公司
山东大齐石油化工设计有限公司	陕西昊森工程咨询有限公司
山东东泰设计咨询有限公司	陕西恒瑞项目管理有限公司
山东港口工程管理咨询有限公司	陕西华泰工程项目管理有限公司
山东高速鸿林工程技术有限公司	陕西建华工程咨询有限公司
山东国材工程有限公司	陕西龙方信息技术有限公司
山东恒力新能源工程有限公司	陕西仁智工程咨询有限公司
山东淮海水利工程有限公司	陕西省林业调查规划院(陕西省森林资源监测中心)
山东建筑大学设计集团有限公司	陕西省水利电力勘测设计研究院
山东杰润能源科技有限公司	陕西省现代建筑设计研究院有限公司
山东凯泰科技股份有限公司	陕西省政府投资评审中心
山东美誉工程咨询有限公司	陕西天一建设项目管理有限公司
山东明信工程咨询有限公司	陕西万睿规划设计咨询有限公司
山东平安路桥工程咨询有限公司	陕西新盛世工程咨询有限公司
山东省城建设计院	陕西轩诚项目管理有限公司

陕西益友投资管理咨询有限公司
汕尾市水利水电建筑工程勘测设计室
商丘市天宇电力工程勘测设计有限公司
上策信息技术有限公司
上宸工程设计集团有限公司
上海艾能电力工程有限公司
上海百通项目管理咨询有限公司
上海宝川水利设计有限公司
上海宝钢工程咨询有限公司
上海宝信建设咨询股份有限公司
上海宝冶集团有限公司
上海北瑄工程咨询有限公司
上海碧波水务设计研发中心
上海彪玛建筑工程咨询有限公司
上海博英信息科技有限公司
上海财瑞建设管理有限公司
上海岑芮工程技术咨询服务有限公司
上海昌泰求实电力新技术股份有限公司
上海城测工程造价咨询有限公司
上海城畅市政工程设计咨询有限公司
上海城建工程咨询有限公司
上海城建市政工程(集团)有限公司
上海城市交通设计院有限公司
上海城市水资源开发利用国家工程中心有限公司
上海城市综合交通规划科技咨询有限公司
上海城西城建工程勘测设计院有限公司
上海城兴市政工程设计有限公司
上海丛鑫建设咨询有限公司
上海达珩工程管理咨询有限公司
上海大华工程造价咨询有限公司
上海大儒建筑工料测量有限公司
上海丹利投资咨询有限公司
上海得民颂信息科技发展有限公司
上海第一测量师事务所有限公司
上海电缆研究所有限公司
上海电力设计院有限公司
上海电气工程设计有限公司
上海电子工程设计研究院有限公司

上海顶新工程规划设计有限公司
上海东大建筑设计研究院(集团)有限公司
上海东方工程咨询有限公司
上海东方投资监理有限公司
上海东方延华节能技术服务股份有限公司
上海东华建设造价咨询有限公司
上海东捷电力设计有限公司
上海发电设备成套设计研究院有限责任公司
上海纺织建筑设计研究院有限公司
上海奉贤工程建设管理有限公司
上海富达工程管理咨询有限公司
上海富申不动产工程咨询有限公司
上海工程勘察设计有限公司
上海公信中南工程造价咨询有限公司
上海广境规划设计有限公司
上海国孚电力设计工程股份有限公司
上海国际投资咨询有限公司
上海国脉久恒信息咨询有限公司
上海海科工程咨询有限公司
上海汉智工程设计与顾问有限公司
上海航天建筑设计院有限公司
上海豪申工程造价咨询有限公司
上海浩韵水务工程规划有限公司
上海灏佳建筑工程咨询有限公司
上海合泽电力工程咨询有限公司
上海和运工程咨询有限公司
上海河口海岸科学研究中心
上海河图工程股份有限公司
上海核工程研究设计院股份有限公司
上海恒基建设工程项目管理有限公司
上海宏波工程咨询管理有限公司
上海宏同万邦建设工程咨询有限公司
上海沪港建设咨询有限公司
上海沪闵建筑设计院有限公司
上海沪中建设工程造价咨询有限公司
上海华城工程建设管理有限公司
上海华东电信研究院
上海华建工程建设咨询有限公司

上海华融工程设计(集团)有限公司	上海科瑞真诚建设项目管理有限公司
上海华瑞建设经济咨询有限公司	上海兰德公路工程咨询设计有限公司
上海华谊工程有限公司	上海蓝科石化环保科技股份有限公司
上海化工研究院有限公司	上海利柏特工程技术有限公司
上海环境工程建设项目管理有限公司	上海联合工程监理造价咨询有限公司
上海环境工程设计研究院有限公司	上海联予工程咨询有限公司
上海环境卫生工程设计院有限公司	上海林同炎李国豪土建工程咨询有限公司
上海洹盛交通工程咨询有限公司	上海临港新城建设工程管理有限公司
上海寰球工程有限公司	上海龙胜建设咨询有限公司
上海黄浦江大桥建设有限公司	上海梅山工业民用工程设计研究院有限公司
上海煌浦建设咨询有限公司	上海民防建筑研究设计院有限公司
上海济安交通工程咨询有限公司	上海民航新时代机场设计研究院有限公司
上海济邦投资咨询有限公司	上海明波水利设计有限公司
上海嘉定水务工程设计有限公司	上海明华电力科技有限公司
上海建津建设工程咨询有限公司	上海能源建设工程设计研究有限公司
上海建经投资咨询有限公司	上海能源科技发展有限公司
上海建科工程项目管理有限公司	上海宁信建设工程咨询有限公司
上海建科工程咨询有限公司	上海诺山工程设计咨询有限公司
上海建科造价咨询有限公司	上海鹏安数通管理咨询有限公司
上海建瓴工程咨询有限公司	上海浦东工程建设管理有限公司
上海建实财务监理有限公司	上海浦东建筑设计研究院有限公司
上海建腾建筑工程监理有限公司	上海浦东新区投资咨询公司
上海建筑设计研究院有限公司	上海浦海求实电力新技术股份有限公司
上海江南建筑设计院(集团)有限公司	上海浦河工程设计有限公司
上海交通建设管理有限公司	上海浦洋工程咨询有限公司
上海教育建设管理咨询有限公司	上海千年城市规划工程设计股份有限公司
上海金桥建设监理有限公司	上海青山建设咨询有限公司
上海津旭电力设计有限公司	上海清正建设咨询有限公司
上海锦兴市政设计咨询有限公司	上海渠观工程设计咨询有限公司
上海泾景水利工程设计有限公司	上海全顺保险经纪有限公司
上海泾欣工程设计咨询有限公司	上海泉绮水务工程设计有限公司
上海经纬建筑规划设计研究院股份有限公司	上海仁泓工程咨询有限公司
上海景康工程项目管理有限公司	上海容基工程项目管理有限公司
上海久隆电力(集团)有限公司	上海如济交通工程咨询有限公司
上海骏泓工程咨询管理有限公司	上海软中信息系统咨询有限公司
上海开艺设计集团有限公司	上海瑞和工程咨询有限公司
上海勘测设计研究院有限公司	上海瑞桥土木工程咨询有限公司
上海勘察设计研究院(集团)有限公司	上海三凯工程咨询有限公司

附 录

上海三维工程建设咨询有限公司	上海市市政工程建设发展有限公司
上海上咨工程造价咨询有限公司	上海市市政工程建设有限公司
上海上咨规划建筑设计有限公司	上海市市政规划设计研究院有限公司
上海上咨建设工程咨询有限公司	上海市水利工程设计研究院有限公司
上海上咨市场咨询有限公司	上海市水务规划设计研究院
上海上梓建设造价咨询有限公司	上海市隧道工程轨道交通设计研究院
上海尚能电力工程设计有限公司	上海市卫生建筑设计研究院有限公司
上海社发浦众建设管理有限公司	上海市信息安全测评认证中心
上海社发项目管理服务有限公司	上海市岩土工程检测中心有限公司
上海申诚隧道轨道交通工程建设监理有限公司	上海市园林工程有限公司
上海申辅工程设计咨询有限公司	上海市园林设计研究总院有限公司
上海申建工程设计院有限公司	上海市政工程设计研究总院(集团)有限公司
上海申康卫生基建管理有限公司	上海市政工程设计有限公司
上海申能能源服务有限公司	上海市政交通设计研究院有限公司
上海申莘建设工程造价咨询有限公司	上海市政科技发展有限公司
上海申通轨道交通研究咨询有限公司	上海水石景观环境设计有限公司
上海申邑工程咨询有限公司	上海水业设计工程有限公司
上海申元工程投资咨询有限公司	上海斯美科汇建设工程咨询有限公司
上海盛通电力设计有限公司	上海松江新城投资咨询有限公司
上海市安装工程集团有限公司	上海松冉投资咨询有限公司
上海市产业发展研究和评估中心	上海隧道工程有限公司
上海市城市规划设计研究院	上海拓盛投资管理有限公司
上海市城市建设设计研究总院(集团)有限公司	上海探墨企业咨询策划有限责任公司
上海市地下空间设计研究总院有限公司	上海天佑工程咨询有限公司
上海市房屋建筑设计院有限公司	上海通翌招标代理有限公司
上海市工程建设咨询监理有限公司	上海同测工程咨询有限公司
上海市机电设计研究院有限公司	上海同测质量检测技术有限公司
上海市机械设备成套(集团)有限公司	上海同大规划建筑设计有限公司
上海市建工设计研究总院有限公司	上海同丰工程咨询有限公司
上海市建设工程监理咨询有限公司	上海同济工程项目管理咨询有限公司
上海市建筑科学研究院有限公司	上海同济工程咨询有限公司
上海市交通发展研究中心	上海同济环保咨询有限公司
上海市节能减排中心有限公司	上海同建工程建设监理咨询有限责任公司
上海市经济和信息化发展研究中心	上海同洽建设咨询有限公司
上海市南供电设计有限公司	上海同渠工程咨询有限公司
上海市能效中心	上海同文建筑规划设计有限公司
上海市浦东新区规划建筑设计有限公司	上海投资咨询集团有限公司
上海市上规院城市规划设计有限公司	上海湾润建设管理咨询有限公司

上海万世长策建设科技有限公司	上海中交水运设计研究有限公司
上海惟勤电力设计有限公司	上海中凯华建工程技术有限公司
上海文汇工程咨询有限公司	上海中世建设咨询有限公司
上海西市信息技术有限公司	上海众合检测应用技术研究所有限公司
上海祥浦建设工程监理咨询有限责任公司	上海众咨信息科技有限公司
上海祥阳水利勘测设计有限公司	上海珠宇工程咨询管理有限公司
上海翔波工程咨询有限公司	上海卓成建设项目管理有限公司
上海欣发建设工程监理有限公司	上海子亚工程造价咨询有限公司
上海新光工程咨询有限公司	上饶和信工程咨询有限公司
上海新建设工程咨询有限公司	上饶市兴洛咨询管理有限公司
上海新建设建筑设计有限公司	上饶市众恒工程项目管理有限公司
上海鑫元建设工程咨询有限公司	邵阳宝源电力勘测设计有限公司
上海信产管理咨询有限公司	邵阳市鼎城项目咨询服务有限公司
上海信惠经济发展咨询有限公司	绍兴大明电力设计院有限公司
上海信投建设有限公司	绍兴市工业科学设计研究院有限公司
上海信息投资咨询有限公司	绍兴市开元工程咨询有限公司
上海信息系统工程咨询有限公司	绍兴市水利水电勘测设计院有限公司
上海亚圣建设工程造价咨询有限公司	绍兴中投工程咨询有限公司
上海亚新城市建设有限公司	申都设计集团有限公司
上海易芯工程设计咨询有限公司	深圳宏博工程咨询有限公司
上海瀛能电力设计有限公司	深圳华仑诚工程管理有限公司
上海优华系统集成技术股份有限公司	深圳华粤城市建设工程设计有限公司
上海邮电设计咨询研究院有限公司	深圳建昌工程设计有限公司
上海友为工程设计有限公司	深圳群伦项目管理有限公司
上海禹波工程管理有限公司	深圳睿洋水务科技有限公司
上海禹佑勘测设计有限公司	深圳市宝安建筑设计院有限公司
上海誉平建设工程咨询有限公司	深圳市诚信行工程咨询有限公司
上海云间建设工程咨询有限公司	深圳市东鹏工程建设监理有限公司
上海韵水工程设计有限公司	深圳市栋森工程项目管理有限公司
上海箴欣道路工程设计咨询有限公司	深圳市都市交通规划设计研究院有限公司
上海正弘建设工程顾问有限公司	深圳市广汇源环境水务有限公司
上海之景市政建设规划设计有限公司	深圳市昊源建设监理有限公司
上海至贤工程管理咨询有限公司	深圳市华伦投资咨询有限公司
上海智达工程顾问有限公司	深圳市华阳国际工程造价咨询有限公司
上海智通建设发展股份有限公司	深圳市建鑫泰工程造价咨询有限公司
上海智英化工技术有限公司	深圳市建筑设计研究总院有限公司
上海中北航务勘察设计有限公司	深圳市普利工程咨询有限公司
上海中建建筑设计院有限公司	深圳市全至工程咨询有限公司

深圳市燃气工程设计有限公司	水利部南京水利水文自动化研究所
深圳市市政设计研究院有限公司	水利部农村电气化研究所
深圳市水务规划设计院股份有限公司	司晨设计集团有限公司
深圳市西伦土木结构有限公司	四川百瑞勤工程管理咨询有限公司
深圳市新城市规划建筑设计股份有限公司	四川比尔投资咨询有限公司
深圳市新港汇工程技术有限公司	四川晨泰工程管理咨询有限公司
深圳市亚华投资咨询有限公司	四川川北公路规划勘察设计有限责任公司
深圳市一统土地房地产评估工程咨询勘测有限公司	四川川电电力设计有限公司
深圳天致信息工程咨询有限公司	四川川高工程技术咨询有限责任公司
深圳中海世纪建筑设计有限公司	四川川咨建设工程咨询有限公司
沈阳国际工程咨询集团有限公司	四川大学工程设计研究院有限公司
沈阳机电研究设计院	四川电力设计咨询有限责任公司
沈阳建筑大学建设项目管理公司	四川鼎恒永信工程建设项目管理有限公司
沈阳瑞博嘉实咨询有限公司	四川东升工程设计有限责任公司
沈阳石油化工设计院有限公司	四川敦复工程管理咨询有限公司
沈阳市电信规划设计院股份有限公司	四川飞红工程管理咨询有限公司
沈阳市公路规划设计院有限公司	四川工正工程技术经济咨询有限公司
沈阳市规划设计研究院有限公司	四川海洪投资顾问有限公司
沈阳市市政工程设计研究院有限公司	四川航洋电力工程设计有限公司
沈阳铁道勘察设计院有限公司	四川禾田投资咨询有限责任公司
沈阳一方正和工程技术咨询有限公司	四川衡立泰工程管理咨询有限公司
沈阳裕发电力工程设计有限公司	四川宏业建设工程项目管理有限公司
沈阳智乾电力工程设计有限公司	四川华果石油天然气工程设计有限公司
生态环境部南京环境科学研究所	四川华跃耀昇工程咨询有限公司
胜帮科技股份有限公司	四川环月工程勘察设计有限公司
嵊州市万诚建设咨询有限公司	四川汇民智工程项目管理有限公司
石河子建筑规划设计研究院有限公司	四川建科工程建设管理有限公司
石家庄水利水电勘测设计研究院有限责任公司	四川锦能电力设计有限公司
石油和化学工业规划院	四川劲拓工程咨询有限公司
石嘴山天净电力勘测设计有限公司	四川经纬工程技术咨询有限公司
首创爱华(天津)市政环境工程有限公司	四川九鼎投资咨询有限公司
首佳顾问咨询(北京)集团有限公司	四川久联工程管理有限公司
首盛国际工程咨询集团有限公司	四川空分集团工程有限公司
水电水利规划设计总院	四川蓝创工程勘察设计有限公司
水电水利规划设计总院有限公司	四川利能燃气工程设计有限公司
水发(北京)建设有限公司	四川联辉工程项目管理有限公司
水发规划设计有限公司	四川良友建设咨询有限公司
水利部海河水利委员会科技咨询中心	四川泸天化弘图工程设计有限公司

四川明力建设工程项目管理有限公司	四川汶浩建设工程咨询有限公司
四川南充电力设计有限公司	四川西南交大土木工程设计有限公司
四川融智绿色创新城乡规划设计咨询有限公司	四川新永一集团有限公司
四川瑞熙工程咨询有限公司	四川兴诚信工程造价事务所有限公司
四川神州工程项目管理咨询有限公司	四川兴天华建设项目管理有限公司
四川省畜牧科学研究院	四川兴鑫建设工程项目管理有限公司
四川省川机工程技术有限公司	四川修鲲工程咨询有限公司
四川省大卫建筑设计有限公司	四川易弘工程管理有限公司
四川省法图工程管理有限公司	四川正科建设工程咨询有限公司
四川省富盛工程项目管理有限公司	四川正益工程项目管理有限公司
四川省工程咨询研究院	四川中砝建设咨询有限责任公司
四川省公路工程咨询监理事务所有限责任公司	四川中融信通企业管理咨询有限公司
四川省河海工程咨询有限公司	四川众策工程管理咨询有限公司
四川省化工设计院	四平电力设计有限公司
四川省建能电力设计有限公司	四平市公路勘测设计院有限责任公司
四川省金通咨询资信评估有限责任公司	四平市市政勘察设计院有限公司
四川省康能电力设计咨询有限公司	四平市同济工程咨询有限公司
四川省林业勘察设计研究院有限公司	四平永鑫电力工程咨询有限公司
四川省林业科学研究院	松辽水利水电开发有限责任公司
四川省绿态农业规划设计有限公司	松原电力勘测设计有限公司
四川省名扬建设工程管理有限公司	苏交科集团股份有限公司
四川省盛阳工程项目管理有限公司	苏邑设计集团有限公司
四川省食品发酵工业研究设计院有限公司	苏州电力设计研究院有限公司
四川省通谊投资咨询有限公司	苏州规划设计研究院股份有限公司
四川省冶金设计研究院	苏州市水利设计研究院有限公司
四川省医药设计院有限公司	苏州信衡造价咨询房产评估有限公司
四川省远科电力设计咨询有限公司	苏州中咨工程咨询有限公司
四川盛达兴工程项目管理有限公司	宿迁电力设计院有限公司
四川盛泰建筑勘察设计有限公司	宿迁市水务勘测设计研究有限公司
四川水发勘测设计研究有限公司	台州宏远电力设计院有限公司
四川驷鹏工程咨询有限公司	台州市交通勘察设计院有限公司
四川天和汇智工程咨询有限公司	台州市水利水电勘测设计院有限公司
四川天宇工程项目管理咨询有限公司	台州市天诚工程造价咨询有限公司
四川通和工程项目管理有限公司	太原市城乡规划设计研究院
四川通信科研规划设计有限责任公司	泰安市睿泰建设项目管理有限公司
四川同创建设工程管理有限公司	泰宇建筑工程技术咨询有限公司
四川万豪企业管理咨询有限公司	泰州开泰电力设计有限公司
四川伟业启航集团有限公司	唐山电力勘察设计院有限公司

唐山庆泽工程项目管理有限公司
唐山市工程咨询中心
唐山市新地工程勘察设计有限公司
唐山陶瓷集团设计研究有限公司
滕州市盘古工程咨询有限公司
天和国咨控股集团有限公司
天圜工程有限公司
天津滨海建投项目管理有限公司
天津滨海经建工程项目管理有限公司
天津滨海旺辉工程咨询有限公司
天津渤化工程有限公司
天津宸颖工程咨询有限公司
天津丞明工程咨询有限公司
天津丞明咨询有限公司
天津城建设计院有限公司
天津城投建设工程管理咨询有限公司
天津晟嵘工程咨询有限公司
天津晟远工程造价咨询有限公司
天津楚能电力技术有限公司
天津大港油田工程咨询有限公司
天津大港油田集团工程建设有限责任公司
天津大学建筑设计规划研究总院有限公司
天津东方泰瑞科技有限公司
天津房友工程咨询有限公司
天津高甋咨询有限公司
天津公路工程设计研究院有限公司
天津广正建设项目咨询股份有限公司
天津国际工程咨询集团有限公司
天津恒乐智道工程咨询有限公司
天津华北工程管理有限公司
天津华冶工程设计有限公司
天津环渤海环保产业研究院
天津汇丰综合能源规划设计有限公司
天津建滨工程咨询有限公司
天津津港建设有限公司
天津津建工程咨询有限公司
天津锦潼电力科技股份有限责任公司
天津君合工程咨询有限公司

天津平云电力科技有限公司
天津普泽工程咨询有限责任公司
天津融强工程管理咨询有限公司
天津市博贤工程咨询有限公司
天津市城市规划设计研究总院有限公司
天津市地质工程勘测设计院有限公司
天津市泛亚工程咨询有限公司
天津市国腾公路咨询监理有限公司
天津市海岸带工程有限公司
天津市宏亚工程咨询有限公司
天津市华水工程咨询有限责任公司
天津市环境保护技术开发中心设计所有限责任公司
天津市建设工程招标有限公司
天津市建通工程招标咨询有限公司
天津市建筑设计研究院有限公司
天津市交通科学研究院
天津市金环建设工程管理有限公司
天津市勘察设计院集团有限公司
天津市联合环保工程设计有限公司
天津市龙网科技发展有限公司
天津市明正工程咨询有限公司
天津市赛英工程建设咨询管理有限公司
天津市森宇建筑技术法律咨询有限公司
天津市水利科学研究院
天津市水务规划勘测设计有限公司
天津市泰达工程设计有限公司
天津市邮电设计院有限公司
天津市园林规划设计研究总院有限公司
天津市正天方圆建筑设计股份有限公司
天津市中水科技咨询有限责任公司
天津水泥工业设计研究院有限公司
天津水务集团华淼规划勘测设计研究院有限公司
天津水运工程勘察设计院有限公司
天津泰达工程管理咨询有限公司
天津泰来勘测设计有限公司
天津天电瑞莲娜能源科技有限公司
天津天乐国际工程咨询设计有限公司
天津天咨国际工程项目管理有限公司

天津万泽建设工程咨询有限公司	温州市交通规划设计研究院有限公司
天津兴业工程咨询有限公司	温州市经济建设规划院有限公司
天津倚天工程咨询有限公司	温州市水利电力勘测设计院有限公司
天津昱丞高科工程设计有限公司	乌鲁木齐地铁咨询有限公司
天津昱隆达电力工程有限公司	乌鲁木齐鸿明远电力设计有限公司
天津中德工程设计有限公司	乌鲁木齐金源燃气设计研究院有限公司
天津中交鸿达道桥技术开发有限责任公司	乌鲁木齐市城建设计研究院
天津中捷能电力工程勘察设计有限公司	乌鲁木齐天助工程设计院有限公司
天津中盐海晶投资咨询有限公司	无锡工业建筑设计研究院有限公司
天津中怡建筑规划设计有限公司	无锡江鹰宏图工程咨询有限公司
天津仲恒电力科技有限公司	无锡市广盈电力设计有限公司
天俱时工程科技集团有限公司	无锡市恒禾工程咨询设计有限公司
天勤工程咨询有限公司	无锡市建筑设计研究院有限责任公司
天尚设计集团有限公司	梧州市城乡建设规划设计院
天水市工程咨询中心有限公司	梧州市工程咨询有限公司
天阳建设管理有限公司	梧州市建筑设计院
天宇中开工程咨询有限公司	五洲工程顾问集团有限公司
铁道第三勘察设计院有限公司	武汉诚智工程咨询有限责任公司
通化电力勘测设计有限公司	武汉东研智慧设计研究院有限公司
通利晟信管理咨询有限公司	武汉供电设计院有限公司
同诚工程咨询集团股份有限公司	武汉广联三山信息系统工程有限公司
同创工程设计有限公司	武汉国佳房地产评估咨询有限公司
同济大学建筑设计研究院(集团)有限公司	武汉恒顺通勘察设计有限公司
同炎数智科技(重庆)有限公司	武汉衡通公路勘察设计院有限公司
同致诚工程咨询有限公司	武汉华新农大城乡规划设计院有限公司
铜陵华诚工程咨询有限公司	武汉建筑材料工业设计研究院有限公司
铜陵有色设计研究院有限责任公司	武汉江汉化工设计有限公司
铜仁市城乡规划勘测设计研究院有限公司	武汉金玮投资咨询有限公司
铜仁市建筑勘察设计院有限公司	武汉金中工程技术有限公司
铜仁市水利电力勘测设计院有限公司	武汉开来建筑设计股份有限公司
万邦工程管理咨询有限公司	武汉坤达工程造价咨询有限责任公司
万隆建设工程咨询集团有限公司	武汉炼化工程设计有限责任公司
万世先行数智交通科技有限公司	武汉实麟信息技术有限公司
威海市天垣工程咨询管理有限公司	武汉实为信息技术股份有限公司
温州诚达交通发展股份有限公司	武汉市博文佳咨询有限公司
温州电力设计有限公司	武汉市承远市政工程设计有限公司
温州市工业设计院有限公司	武汉市工程咨询部有限公司
温州市建设工程咨询有限公司	武汉市水务科学研究院

武汉铁四院工程咨询有限公司	新疆北疆建筑规划设计研究院有限责任公司
武汉现代都市农业规划设计院股份有限公司	新疆北朋土木工程检测咨询有限公司
武汉新江城环境事务咨询有限责任公司	新疆兵团勘测设计院(集团)有限责任公司
武汉长江航运规划设计院有限公司	新疆昌吉方汇水电设计有限公司
武汉中科水生生态环境股份有限公司	新疆东方瀚宇建筑规划设计有限公司
西安航天神舟建筑设计院有限公司	新疆东硕工程咨询有限公司
西安建筑科技大学设计研究总院有限公司	新疆方信工程设计咨询有限公司
西安绿环林业技术服务有限责任公司	新疆光源电力勘察设计院有限责任公司
西安普迈项目管理有限公司	新疆广维现代建筑设计研究院有限责任公司
西安热工研究院有限公司	新疆瀚博工程咨询有限公司
西安天则项目管理有限公司	新疆恒信农业工程设计研究院有限责任公司
西安文海工程咨询有限公司	新疆恒泽宸路桥设计有限公司
西安西北民航项目管理有限公司	新疆宏图工程勘测设计有限公司
西安星宇工程咨询有限公司	新疆泓润源水利水电勘测设计研究院有限公司
西安正建工程咨询有限公司	新疆化工设计研究院有限公司
西北矿冶研究院	新疆环宇石油工程有限公司
西北综合勘察设计研究院	新疆汇隆工程咨询有限公司
西藏旭能能源科技有限公司	新疆汇智工程咨询有限公司
西城工程设计集团有限公司	新疆佳联城建规划设计研究院有限公司
西恒工程咨询集团有限公司	新疆建业建设工程项目管理有限公司
西南化工研究设计院有限公司	新疆建筑科学研究院有限责任公司
西宁方盛电力设计有限公司	新疆交通科学研究院有限责任公司
西宁宁光工程咨询有限公司	新疆经研电力设计院有限公司
希格玛工程造价咨询股份有限公司	新疆凯盛建材设计研究院有限公司
悉地(苏州)勘察设计顾问有限公司	新疆立弓交通勘察设计研究院有限公司
淅川县电力勘测设计院工程有限公司	新疆路虹公路勘察设计有限公司
锡林浩特市蒙德勒工程咨询有限公司	新疆绿谷研究发展(中心)有限公司
羲和电力有限公司	新疆煤炭设计研究院有限公司
咸宁市丰源电力勘测设计有限公司	新疆齐鲁建设项目管理咨询有限公司
湘能卓信项目管理有限公司	新疆瑞诚勘察设计研究院(有限公司)
湘潭市建筑设计院集团有限公司	新疆生产建设兵团建工设计研究院有限公司
湘西土家族苗族自治州交通规划勘察设计院	新疆市政建筑设计研究院有限公司
孝感科先电力工程咨询设计有限责任公司	新疆双河勘测设计有限公司
孝感市工程咨询设计集团有限公司	新疆丝途工程咨询服务有限公司
新昌县规划建筑设计院有限公司	新疆天成鲁源电气工程有限公司
新地中联工程设计有限公司	新疆天健建设工程项目管理有限公司
新华元电力工程设计有限公司	新疆铁道勘察设计院有限公司
新疆阿勒泰地区水利水电勘测设计院	新疆通信规划设计院有限责任公司

新疆同济智建投资有限公司	宜兴市宜能实业有限公司
新疆维吾尔自治区林业规划院	亿诚建设项目管理有限公司
新疆新能源研究院有限责任公司	义乌市安迪水利水电勘测设计股份有限公司
新疆新咨工程咨询有限公司	易景科技(天津)股份有限公司
新疆鑫源能电力设计院有限公司	益阳市水利水电勘测设计研究院有限公司
新疆兴利水利水电勘察设计所	益阳市银鑫工程咨询有限公司
新疆亚联胜工程管理咨询有限公司	益友工程咨询有限公司
新疆伊犁州水利电力勘测设计研究院有限公司	银川市规划建筑设计研究院有限公司
新疆益丰达工程咨询服务有限公司	银源工程咨询有限公司
新疆银桥工程项目咨询有限公司	英泰克工程顾问(上海)有限公司
新疆有色冶金设计研究院有限公司	永道工程咨询有限公司
新疆中晖协创电力设计咨询有限公司	永昊建设集团有限公司
新隆基项目管理有限公司	永康市规划建筑设计有限公司
新乡华源电力勘察设计有限公司	永利碳中和科技(南京)有限公司
新乡市规划设计研究院	永明项目管理有限公司
新乡市中原水利设计研究院	永信和瑞工程咨询有限公司
新沂市工程建设监理有限公司	永州电力勘测设计院有限公司
新余公路勘察设计院	永州市恒毅工程咨询有限公司
新余智汇工程咨询服务有限公司	友谊国际工程咨询股份有限公司
信利达(大连)项目管理咨询有限公司	余姚市交通规划设计研究院
信息产业电子第十一设计研究院科技工程股份有限公司	余姚市水利电力建筑勘测设计院
信阳华祥电力勘测设计院有限责任公司	榆林市交通规划设计研究院有限公司
信阳市国资运营研究院有限公司	玉林市建筑设计院有限公司
徐州华电电力勘察设计有限公司	誉光工程咨询有限公司
徐州市交通规划设计研究院	远东能服有限公司
许昌鲲鹏电力设计咨询有限公司	岳阳电力勘测设计院有限公司
亚太勤业工程咨询有限公司	岳阳市规划勘测设计院有限公司
烟台核电研发中心工程咨询研究院有限公司	岳阳市全过程项目管理有限公司
烟台万华化工设计院有限公司	云基智慧工程股份有限公司
延边电力勘察设计有限责任公司	云坤设计集团有限公司
延边惠能新能源服务有限公司	云南博奥建设工程咨询有限公司
盐城市水利勘测设计研究院有限公司	云南博路建筑工程设计有限公司
扬州筑苑工程招标咨询有限公司	云南城市规划建筑设计院(集团)有限公司
耀华建设管理有限公司	云南城市建设工程咨询有限公司
宜宾市长晟工程管理有限责任公司	云南滇中电力工程咨询有限公司
宜昌市交通规划勘察设计研究院有限公司	云南电力设计咨询研究院有限公司
宜春公路勘察设计院	云南鼎立房地产土地资产评估有限责任公司
宜春市利民工程服务有限公司	云南风蓝项目投资咨询集团有限公司

云南皓泰公路勘察设计有限公司
云南恒安电力工程有限公司
云南恒昌设计咨询有限公司
云南鸿图工程咨询有限公司
云南化工设计院有限公司
云南汇邦设计(院)有限公司
云南汇江工程技术咨询有限公司
云南汇智设计集团有限公司
云南佳信工程咨询有限公司
云南建都工程设计咨询有限公司
云南交通咨询有限公司
云南金信农业科技有限公司
云南金钊建设集团有限公司
云南九达交通建设有限公司
云南聚贤工程咨询有限公司
云南开发规划设计院有限公司
云南昆钢集团山河工程建设监理有限公司
云南立恒电力设计院有限公司
云南能阳水利水电勘察设计有限公司
云南润滇节水技术推广咨询有限公司
云南三匠建筑设计有限公司
云南省城乡规划设计研究院
云南省红河州水利水电勘察设计研究院
云南省建筑材料科学研究设计院有限公司
云南省建筑工程设计院有限公司
云南省建筑科学研究院有限公司
云南省交通规划设计研究院有限公司
云南省交通勘察设计研究院有限公司
云南省曲靖市设计研究院有限责任公司
云南省生态环境科学研究院
云南省水利水电勘测设计研究院
云南省通信产业服务有限公司
云南省移民开发技术服务中心
云南水运规划设计研究院有限公司
云南欣博工程咨询有限公司
云南旭峰工程设计咨询有限公司
云南银塔送变电设计有限公司
云南玉溪玉电电力设计院有限公司
云南远科工程设计有限公司
云南云达工程造价咨询有限公司
云南云岭工程造价咨询有限公司
云南云审建设工程造价咨询有限公司
云南智德环保科技有限公司
云南中匠工程咨询有限公司
云南中路工程勘察设计有限公司
云之龙咨询集团有限公司
泽荣集团工程设计咨询有限公司
泽圣勘察设计有限公司
张家界创远电力勘测设计有限责任公司
张家界全程工程咨询有限公司
漳州市工程咨询中心有限公司
漳州通正勘测设计院有限公司
长春电力设计有限公司
长春东电电力工程有限公司
长春黄金设计院有限公司
长春建工勘测规划设计有限公司
长春建业集团股份有限公司
长春经济技术开发区规划建筑设计有限公司
长春美华电力设计有限公司
长春市德瑞工程咨询有限公司
长春市公路规划勘测设计院有限公司
长春市规划编制研究中心
长春市海威市政工程设计有限公司
长春市宏程工程设计有限公司
长春市水利勘测设计研究院有限制责任公司
长春市园林规划设计研究院有限公司
长春市中诚建工程管理咨询有限公司
长春中孚投资咨询有限责任公司
长江航道设计院(武汉)有限公司
长江勘测规划设计研究有限责任公司
长江水利水电工程建设(武汉)有限责任公司
长江水利委员会长江科学院
长岭炼化岳阳工程设计有限公司
长三角一体化示范区(上海)城市咨询有限公司
长沙电力设计院有限公司
长沙华时捷环保科技发展股份有限公司

长沙金智工程咨询有限公司	浙江广川工程咨询有限公司
长沙市建筑设计院有限责任公司	浙江广顺工程管理有限公司
长沙星河能源环保咨询有限公司	浙江国宏工程咨询有限公司
长沙有色冶金设计研究院有限公司	浙江国华工程管理有限公司
招采进宝(上海)信息技术有限公司	浙江汉宇设计有限公司
招商局重庆交通科研设计院有限公司	浙江航冠工程设计有限公司
昭通市亚新咨询有限公司	浙江豪圣建设项目管理有限公司
兆达连合工程技术有限公司	浙江和诚房地产估价有限公司
浙江爱科乐环保有限公司	浙江恒欣设计集团股份有限公司
浙江安通工程设计集团有限公司	浙江宏昌水利设计有限公司
浙江本正工程管理有限公司	浙江宏诚工程咨询管理有限公司
浙江博宏工程管理咨询有限公司	浙江宏正项目管理有限责任公司
浙江昌能规划设计有限公司	浙江鸿海工程勘察设计有限公司
浙江诚远工程咨询有限公司	浙江华安工程设计咨询有限公司
浙江城建规划设计院有限公司	浙江华东工程咨询有限公司
浙江城建煤气热电设计院股份有限公司	浙江华杰工程咨询有限公司
浙江大成工程项目管理有限公司	浙江华阳能源工程咨询有限公司
浙江大兴建设项目管理咨询有限公司	浙江华耀建设咨询有限公司
浙江大学城乡规划设计研究院有限公司	浙江华域高宇项目管理有限公司
浙江大学建筑设计研究院有限公司	浙江华云电力工程设计咨询有限公司
浙江大学能源工程设计研究院有限公司	浙江华正建设项目管理有限公司
浙江大禹信息技术有限公司	浙江环科环境研究院有限公司
浙江道元工程技术有限公司	浙江汇城建筑设计有限公司
浙江德道电力工程设计有限公司	浙江惠川水利工程技术有限公司
浙江鼎晟工程项目管理有限公司	浙江佳诚工程咨询股份有限公司
浙江鼎峰工程咨询有限公司	浙江佳途勘测设计有限公司
浙江鼎格工程咨询有限公司	浙江嘉策工程咨询有限公司
浙江鼎力工程项目管理有限公司	浙江嘉宇工程管理有限公司
浙江东方工程管理有限公司	浙江建安工程管理有限公司
浙江东方建筑设计有限公司	浙江建诚工程管理咨询有限公司
浙江东禾工程设计有限公司	浙江建航工程咨询有限公司
浙江东南设计集团有限公司	浙江建业工程管理有限公司
浙江方圆工程咨询有限公司	浙江建友工程咨询有限公司
浙江富力诚欣工程顾问有限公司	浙江江南工程管理股份有限公司
浙江高博信息管理有限公司	浙江交工集团股份有限公司
浙江工程设计有限公司	浙江交科工程管理有限公司
浙江工业大学工程设计集团有限公司	浙江交科交通科技有限公司
浙江公路水运工程咨询有限责任公司	浙江交通勘察设计有限公司

浙江金穗工程项目管理有限公司
浙江经略规划咨询集团有限公司
浙江景成工程管理有限公司
浙江九州治水科技股份有限公司
浙江凯翔工程咨询管理有限公司
浙江科峰工程规划设计研究有限公司
浙江科佳工程咨询有限公司
浙江科腾工程咨询有限公司
浙江科信联合工程项目管理咨询有限公司
浙江利恩工程设计咨询有限公司
浙江联艺勘察规划设计有限公司
浙江绿城建筑设计有限公司
浙江美阳国际工程设计有限公司
浙江明康工程咨询有限公司
浙江铭远市政勘察设计咨询有限公司
浙江农林大学园林设计院有限公司
浙江求是工程咨询监理有限公司
浙江求真工程管理咨询有限公司
浙江容大电力工程有限公司
浙江三丽工程设计咨询有限公司
浙江尚诚交通设计有限公司
浙江申铁建设工程设计咨询有限公司
浙江深度求索工程管理咨询有限公司
浙江省超维建筑设计院
浙江省成套工程有限公司
浙江省成套招标代理有限公司
浙江省城乡规划设计研究院
浙江省地下建筑设计研究院有限公司
浙江省工程咨询有限公司
浙江省工业设计研究院有限公司
浙江省环境工程有限公司
浙江省环境科技有限公司
浙江省机电设计研究院有限公司
浙江省基础建设投资集团股份有限公司
浙江省建筑设计研究院
浙江省经济信息中心
浙江省农业科学院
浙江省钱塘江管理局勘测设计院

浙江省森林资源监测中心
浙江省省直建筑设计院有限公司
浙江省水利河口研究院
浙江省水利水电技术咨询中心
浙江省水利水电勘测设计院有限责任公司
浙江省天正设计工程有限公司
浙江省现代建筑设计研究院有限公司
浙江数智交院科技股份有限公司
浙江水利水电工程审价中心有限公司
浙江四维水利设计有限公司
浙江天成工程设计有限公司
浙江天成项目管理有限公司
浙江天地环保科技股份有限公司
浙江天沣环境科技有限公司
浙江天航咨询监理有限公司
浙江天惠工程设计有限公司
浙江天平投资咨询有限公司
浙江天信咨询监理有限公司
浙江通创工程咨询有限公司
浙江同川工程技术有限公司
浙江同和工程设计咨询有限公司
浙江同益咨询有限公司
浙江同洲项目管理有限公司
浙江文华建设项目管理有限公司
浙江五石中正工程咨询有限公司
浙江翔实建设项目管理有限公司
浙江欣成工程咨询有限公司
浙江欣盛工程设计咨询有限公司
浙江鑫润工程管理有限公司
浙江信达工程咨询有限公司
浙江勋达工程咨询有限公司
浙江宜路工程管理咨询集团有限公司
浙江艺佳地理信息技术有限公司
浙江赢坤电力设计有限公司
浙江永济工程技术有限公司
浙江永泽咨询设计集团有限公司
浙江友华工程咨询有限公司
浙江禹川勘测设计有限公司

浙江禹瑞工程咨询有限公司	智博国际工程咨询有限公司
浙江煜龙电力设计有限公司	智博建筑设计集团有限公司
浙江原班人马规划设计有限公司	智海工程设计有限公司
浙江远卓科技有限公司	智埔国际建设集团有限公司
浙江浙中建设工程管理有限公司	智远工程管理有限公司
浙江正大工程管理咨询有限公司	中北工程设计咨询有限公司
浙江正源水利水电勘测设计研究院有限公司	中博信息技术研究院有限公司
浙江政信建设工程项目管理有限公司	中岑工程咨询有限公司
浙江致远工程管理有限公司	中诚联创工程管理有限公司
浙江中诚工程管理科技有限公司	中船第九设计研究院工程有限公司
浙江中合工程管理有限公司	中船勘察设计研究院有限公司
浙江中和建筑设计有限公司	中创金建技术集团有限公司
浙江中泓设计咨询有限公司	中达安股份有限公司
浙江中际工程项目管理有限公司	中达工程管理咨询有限公司
浙江中磊工程咨询有限公司	中大宇辰项目管理有限公司
浙江中路交通设计有限公司	中道诚建设项目管理有限公司
浙江中明工程咨询有限公司	中道明华建设项目咨询集团有限责任公司
浙江中水工程技术有限公司	中德高路咨询(云南)有限公司
浙江中新电力工程建设有限公司	中德华建(北京)国际工程技术有限公司
浙江中洋工程管理咨询有限公司	中鼎誉润工程咨询有限公司
浙江中用市政园林设计股份有限公司	中都工程设计有限公司
浙江中悦工程管理有限公司	中钢集团鞍山热能研究院有限公司
浙江中正工程项目管理有限公司	中钢集团金信咨询有限责任公司
浙江子城工程管理有限公司	中钢集团天澄环保科技股份有限公司
振华(辽宁)工程管理咨询有限公司	中钢集团武汉安全环保研究院有限公司
镇海石化工程股份有限公司	中工武大设计集团有限公司
镇江电力设计院有限公司	中顾国际工程咨询有限公司
镇江建科工程管理有限公司	中冠工程管理咨询有限公司
镇江市工程咨询有限公司	中国兵器工业规划研究院
镇江万达工程咨询有限公司	中国电建集团河南省电力勘测设计院有限公司
正大鹏安建设项目管理有限公司	中国电建集团华东勘测设计研究院有限公司
郑州大学综合设计研究院有限公司	中国电建集团青海省电力设计院有限公司
郑州华路兴公路科技有限公司	中国电建集团西北勘测设计研究院有限公司
郑州市规划勘测设计研究院	中国电建集团中南勘测设计研究院有限公司
郑州市交通规划勘察设计研究院	中国电力工程顾问集团华东电力设计院有限公司
郑州问鼎电力设计有限公司	中国电力工程顾问集团中南电力设计院有限公司
郑州中粮科研设计院有限公司	中国电子工程设计院有限公司
政通建设管理有限公司	中国葛洲坝集团电力有限责任公司

中国国际工程咨询有限公司
中国海诚工程科技股份有限公司
中国核电工程有限公司
中国化学工程第六建设有限公司
中国化学工业桂林工程有限公司
中国建材国际工程集团有限公司
中国建筑材料工业规划研究院
中国建筑东北设计研究院有限公司
中国建筑西北设计研究院有限公司
中国建筑西南设计研究院有限公司
中国空分工程有限公司
中国联合工程有限公司
中国民航工程咨询有限公司
中国能源建设集团安徽省电力设计院有限公司
中国能源建设集团广东省电力设计研究院有限公司
中国能源建设集团广西电力设计研究院有限公司
中国能源建设集团湖南省电力设计院有限公司
中国能源建设集团辽宁电力勘测设计院有限公司
中国能源建设集团新疆电力设计院有限公司
中国能源建设集团浙江省电力设计院有限公司
中国轻工业南宁设计工程有限公司
中国轻工业上海工程咨询有限公司
中国轻工业武汉设计工程有限责任公司
中国轻工业长沙工程有限公司
中国热带农业科学院科技信息研究所
中国瑞林工程技术股份有限公司
中国石油集团工程咨询有限责任公司
中国市政工程西南设计研究总院有限公司
中国水利水电第十四工程局有限公司
中国水利水电第一工程局有限公司
中国水利水电建设工程咨询有限公司
中国天辰工程有限公司
中国铁道科学研究院集团有限公司
中国铁路设计集团有限公司
中国投资咨询有限责任公司
中国五环工程有限公司
中国新型建材设计研究院有限公司
中国烟草总公司合肥设计院

中国医药集团联合工程有限公司
中国移动通信集团设计院有限公司上海分公司
中国中材国际工程股份有限公司
中国中元国际工程有限公司
中海油能源发展装备技术有限公司
中海油能源经济咨询有限公司
中航材工程咨询(西安)有限公司
中航长沙设计研究院有限公司
中昊晨光化工研究院有限公司
中合一工程设计有限公司
中和德汇工程技术有限公司
中核第四研究设计工程有限公司
中核工程咨询有限公司
中核勘察设计研究院有限公司
中核坤华能源发展有限公司
中恒工程设计院有限公司
中衡设计集团工程咨询有限公司
中弘楚通(武汉)工程咨询有限公司
中机第一设计研究院有限公司
中机国际工程设计研究院有限责任公司
中机国能浙江工程有限公司
中基工程技术有限公司
中集安瑞科工程科技有限公司
中计信投资咨询有限责任公司
中技国际工程有限公司
中建材玻璃新材料研究院集团有限公司
中匠民大国际工程设计有限公司
中交城市能源研究设计院有限公司
中交第二公路勘察设计研究院有限公司
中交第二航务工程勘察设计院有限公司
中交第三航务工程勘察设计院有限公司
中交第四航务工程勘察设计院有限公司
中交第一公路勘察设计研究院有限公司
中交公路规划设计院有限公司
中交基础设施养护集团宁夏工程有限公司
中交上海港湾工程设计研究院有限公司
中交上海航道勘察设计研究院有限公司
中交水运规划设计院有限公司

中交铁道设计研究总院有限公司	中三信工程管理(湖北)有限责任公司
中交通力建设股份有限公司	中山市规划设计院有限公司
中交武汉港湾工程设计研究院有限公司	中山市建设工程咨询有限公司
中交远洲交通科技集团有限公司	中山市水利水电勘测设计咨询有限公司
中节能咨询有限公司	中设工程咨询(重庆)股份有限公司
中金泰富工程管理有限公司	中设建联工程设计有限公司
中经国际工程咨询集团有限公司	中设科欣设计集团有限公司
中经国际投资咨询有限责任公司	中申华达建设工程管理有限公司
中经建研设计有限公司	中石化南京工程有限公司
中景瑞晟(北京)管理咨询有限公司	中石化宁波工程有限公司
中科华水工程管理有限公司	中石化上海工程有限公司
中科经纬工程技术有限公司	中实建设工程咨询有限公司
中科瑞城设计有限公司	中水北方勘测设计研究有限责任公司
中科思成建设集团有限公司	中水电(天津)建筑工程设计院有限公司
中科天一工程管理有限公司	中水东北勘测设计研究有限公司
中科信工程咨询(北京)有限责任公司	中水绿景(山东)勘测设计有限公司
中科智信咨询(福建)有限公司	中韬华胜工程科技有限公司
中蓝连海设计研究院有限公司	中天成建筑工程管理咨询(北京)有限公司
中联路海集团有限公司	中天昊建设管理集团股份有限公司
中粮工科(西安)国际工程有限公司	中铁第六勘察设计院集团有限公司
中量工程咨询有限公司	中铁第四勘察设计院集团有限公司
中辽国际工程建设项目管理有限公司	中铁第五勘察设计院集团有限公司
中筑规划设计咨询有限公司	中铁二院成都勘察设计研究院有限责任公司
中煤科工集团北京华宇工程有限公司	中铁二院昆明勘测设计研究院有限责任公司
中煤科工集团杭州研究院有限公司	中铁二院重庆勘察设计研究院有限责任公司
中煤科工集团沈阳设计研究院有限公司	中铁上海设计院集团有限公司
中煤科工集团沈阳研究院有限公司	中铁十八局集团有限公司
中煤科工集团武汉设计研究院有限公司	中铁十一局集团第五工程有限公司
中煤科工集团重庆研究院有限公司	中铁武汉勘察设计院有限公司
中南建筑设计院股份有限公司	中铁西北科学研究院有限公司
中能建(北京)能源研究院有限公司	中铁协工程咨询有限公司
中农国科(南京)规划设计有限公司	中铁长江交通设计集团有限公司
中鹏工程咨询有限公司	中通服咨询设计研究院有限公司
中企利华国际工程咨询有限公司	中投咨询有限公司
中汽研汽车工业工程(天津)有限公司	中唯信工程顾问集团有限责任公司
中乾立源工程咨询有限公司	中维国际工程设计有限公司
中榕规划设计有限公司	中物联规划设计研究院有限公司
中融固成建设科技有限公司	中昕国际项目管理有限公司

中昕圣苑工程设计有限公司	重庆大唐建设工程咨询有限公司
中信重工工程技术有限责任公司	重庆谛威工程咨询有限公司
中兴铂码工程咨询(重庆)有限公司	重庆丰泰农林规划设计有限公司
中兴华咨(北京)房地产评估工程咨询有限公司	重庆港力环保股份有限公司
中轩项目管理有限公司	重庆国际投资咨询集团有限公司
中冶北方(大连)工程技术有限公司	重庆海特工程造价咨询有限责任公司
中冶东方工程技术有限公司	重庆恒申达工程造价咨询有限公司
中冶焦耐(大连)工程技术有限公司	重庆恒正工程咨询有限公司
中冶赛迪上海工程技术有限公司	重庆宏发造价咨询有限公司
中冶西北工程技术有限公司	重庆宏岭工程咨询有限公司
中冶长天国际工程有限责任公司	重庆宏源勘测设计有限公司
中益巨合电力设计有限公司	重庆泓展建设工程咨询有限公司
中盈永诚咨询集团有限公司	重庆华大工程管理有限公司
中邮科通信技术股份有限公司	重庆华网电力设计有限公司
中渝名威工程技术有限公司	重庆汇丰国鸿工程咨询有限公司
中誉杰森项目管理有限公司	重庆慧至益润建设项目管理有限公司
中元国际投资咨询中心有限公司	重庆佳源工程管理咨询有限公司
中元建设科技有限责任公司	重庆江源工程勘察设计有限公司
中远智信设计有限公司	重庆交通大学工程设计研究院有限公司
中赟国际工程有限公司	重庆锦宝建筑工程咨询有限公司
中招国际招标有限公司	重庆凯锐农业发展有限责任公司
中浙信科技咨询有限公司	重庆凯锐乡村规划设计院有限责任公司
中臻诚合(武汉)项目管理有限责任公司	重庆联盛建设项目管理有限公司
中证房地产评估造价集团有限公司	重庆龙翰环保工程有限公司
中政企(北京)工程咨询有限公司	重庆路达工程勘察设计咨询有限公司
中之皓工程咨询有限公司	重庆路华瑞刚工程造价咨询事务所有限公司
中咨工程管理咨询有限公司	重庆淇澳工程咨询有限公司
中咨工程有限公司	重庆赛迪工程咨询有限公司
中咨华源(北京)咨询有限公司	重庆市川东燃气工程设计研究院
中咨环北工程顾问有限公司	重庆市轨道交通设计研究院有限责任公司
中咨江西工程有限公司	重庆市汉东工程技术咨询有限公司
中咨智达工程咨询有限公司	重庆市弘禹水利咨询有限公司
中最众信工程咨询集团有限公司	重庆市建设项目管理有限公司
众一伍德工程有限公司	重庆市勘测院
重庆博济工程咨询有限公司	重庆市农业科学院
重庆驰久卓越工程管理有限公司	重庆市设计院有限公司
重庆川维石化工程有限责任公司	重庆市万州区光泰电力勘察设计有限公司
重庆大恒工程设计有限公司	重庆市渝西水利电力勘测设计院有限公司

重庆顺达决策咨询有限公司	舟山市交通规划设计院
重庆太可环保科技有限公司	舟山市水利勘测设计院有限公司
重庆天廷工程咨询有限公司	周口市电力规划设计有限公司
重庆同乘工程咨询设计有限责任公司	珠海华信达工程顾问有限公司
重庆同丰工程管理咨询有限公司	珠海市建筑设计院
重庆图强工程技术咨询有限公司	株洲电力勘测设计科研有限责任公司
重庆新时代工程咨询有限公司	株洲市金洞庭建设管理咨询服务有限公司
重庆信科设计有限公司	驻马店市工程咨询中心
重庆信联建筑工程咨询有限公司	专翼(上海)机场建设管理有限公司
重庆星能电气有限公司	卓知项目管理顾问有限公司
重庆亿兴工程咨询有限公司	紫泉能源技术股份有限公司
重庆元方实业(集团)有限公司	自贡川南工程咨询有限责任公司
重庆彰咏红建设工程咨询有限公司	自贡市城市规划设计研究院有限责任公司
重庆长鸣安全技术咨询有限公司	自贡市轻工业设计研究院有限责任公司
重庆智海电力技术有限公司	自然资源部第二海洋研究所
重庆众宸工程咨询有限公司	综合开发研究院(中国·深圳)
重庆纵横工程设计有限公司	纵横四海勘察设计有限公司
舟山启明电力设计院有限公司	遵义神禹科技实业有限责任公司
舟山市发展规划研究院	遵义市交通勘察设计有限公司
舟山市港航工程规划设计院有限公司	遵义市水利水电勘测设计研究院有限责任公司